AF142546

Zeitstrahl

1945–2016

KALTER KRIEG

1960

1970

er Europäischen
ft für Kohle und Stahl

1955
Beginn des Vietnamkrieges

1953
Volksaufstand in der DDR

1956
Volksaufstand in Ungarn

1961
Bau der Berliner Mauer

Der erste Mensch fliegt ins All.

1962
Kuba-Krise

1967/68
studentische Unruhen
in der Bundesrepublik

1968
Der Prager Frühling wird
niedergeschlagen.

1969
Der erste Mensch betritt
den Mond.

1970
Ostverträge der
Regierung Brandt

1975
Unterzeichnung der
KSZE-Schlussakte in Helsinki

Ende des Vietnamkrieges

ENDE DES KALTEN KRIEGES

2000

2010

hlen in der DDR

Verträge

en

ruch der Sowjetunion

1992
Unterzeichnung des Vertrages über
die Europäische Union

2001
Anschläge islamistischer Terroristen
auf die USA

2002
Einführung einer gemeinsamen
europäischen Währung

2007
Unterzeichnung des Vertrages
von Lissabon

26. Juni 2016
Die Bürgerinnen und Bürger
Großbritanniens stimmen in
einem Referendum für den
Austritt aus der EU.

Geschichte und Geschehen

Michael Sauer (Herausgeber)

Frank Britsche
Rolf Brütting
Ingrid Mertens
Michael Sauer
Helge Schröder
Martin Thunich

Ernst Klett Verlag
Stuttgart · Leipzig

Umschlagbild oben: Grenzsoldat der DDR auf der Berliner Mauer. laif, (Thomas Ebert, Köln), 1989; **unten**: Eine Menschenschlange vor der Kreissparkasse in Grimma, Sachsen (DDR). Alle DDR-Bürger müssen ein Konto einrichten für den kommenden Umtausch der DDR-Mark in D-Mark am 1. Juli 1990. dpa 1990

1. Auflage

1   8   7   6   5   4 | 27   26   25   24   23

Alle Drucke dieser Auflage sind unverändert und können im Unterricht nebeneinander verwendet werden.
Die letzte Zahl bezeichnet das Jahr des Druckes.

Das Werk und seine Teile sind urheberrechtlich geschützt. Jede Nutzung in anderen als den gesetzlich zugelassenen Fällen bedarf der vorherigen schriftlichen Einwilligung des Verlages. Hinweis § 52 a UrhG: Weder das Werk noch seine Teile dürfen ohne eine solche Einwilligung eingescannt und in ein Netzwerk eingestellt werden. Dies gilt auch für Intranets von Schulen und sonstigen Bildungseinrichtungen. Fotomechanische oder andere Wiedergabeverfahren nur mit Genehmigung des Verlages.

© Ernst Klett Verlag GmbH, Stuttgart 2017. Alle Rechte vorbehalten. www.klett.de

Herausgeber: Prof. Dr. Michael Sauer
Autorinnen und Autoren: Dr. Frank Britsche: 64–67; Dr. Rolf Brütting: 72–77; 124–127; 130–133; Dr. Rolf Brütting/ Martin Thunich: 120–121; Dr. Rolf Brütting/Martin Thunich/Dr. Helge Schröder: 148–149; Ingrid Mertens: 128–129; Ingrid Mertens/Dr. Helge Schröder: 42–43; Prof. Dr. Michael Sauer: 52–53; 104–105; Dr. Helge Schröder: 8–9; 14–41; 46–51; 54–63; 68–71; 122–123; 138–147; Dr. Helge Schröder, Martin Thunich: 10–13; 44–45; Martin Thunich: 78–103; 84–103; 106–119; 134–137

Redaktion: Stephanie Hempel, München; Dr. Gabriele Möhring
Herstellung: Kerstin Heisch
Bildassistenz: Katja Schnürpel

Layoutkonzeption und Umschlaggestaltung: Kognito Visuelle Gestaltung, Berlin
Zeichnungen/Illustrationen: Lutz-Erich Müller, Leipzig; Johanna Scholz, Göttingen
Kartografien: Kartografisches Büro Borleis & Weis, Leipzig; Joachim Zwick, Gießen
Satz: Jens Krause, Leipzig
Druck: Industriedruck Brandenburg GmbH, Wustermark

Printed in Germany
ISBN 978-3-12-443960-4

Einleitung

Liebe Schülerin, lieber Schüler,

der sechste Band deines Geschichtsbuches liegt nun vor dir und will dich wieder ein Jahr lang durch den Geschichtsunterricht begleiten. Sicher hast du schon einmal darin geblättert. Dann wird dir aufgefallen sein, dass auch in diesem Band neben den Texten viele farbige Abbildungen, Karten und Schaubilder abgedruckt sind. Das wird dir helfen, konkrete Vorstellungen über die Vergangenheit zu gewinnen, historische Ereignisse besser zu verstehen und diese fachkundig zu beurteilen.

Im Mittelpunkt dieses Bandes von Geschichte und Geschehen stehen solche historischen Sachverhalte, die das 20. Jahrhundert entscheidend geprägt und für das 21. Jahrhundert die Weichen gestellt haben.

- Du kannst erfahren, wie nach dem Zweiten Weltkrieg zwischen den demokratischen Staaten des Westens und den Staaten des Ostblocks ein neuer Konflikt entstand und wie dieser schließlich friedlich gelöst wurde.
- Du wirst dich damit beschäftigen, wie die Deutschen nach dem Zweiten Weltkrieg unter den Bedingungen des Kalten Krieges zwei Staaten aufbauten, wie sich die Bundesrepublik und die DDR entwickelten und am Ende wieder eins wurden.
- Du wirst dich damit auseinandersetzen, wie es zur europäischen Einigung kam und welchen Problemen die europäische Gemeinschaft sich derzeit stellen muss.

Im Internet wurden unter der Adresse www.klett.de/online wieder viele Informationen und Materialien zusammengestellt, die dir das Lernen erleichtern sollen. Du kannst z. B. mehr über das Grundgesetz und die Verfassung der DDR erfahren.

Viel Freude und Erfolg beim Entdecken der Geschichte wünschen dir

die Autorinnen und Autoren

3 Politische Wandlungsprozesse in Europa

Diese farbliche Unterlegung kennzeichnet die **Wahlpflichtbereiche.**

So arbeitest du mit Geschichte und Geschehen

Auf dieser Doppelseite möchten wir dir kurz die unterschiedlichen Seiten und Elemente von Geschichte und Geschehen vorstellen. Dir begegnen im Buch ganz unterschiedliche Medien: Bilder, Karten, Grafiken und Texte stehen beispielhaft für die unterschiedlichen Wege, auf denen man etwas über die Geschichte erfahren kann.

Das Buch umfasst drei Themeneinheiten. Jede beginnt mit einer **Orientierungsseite**. Ein kurzer Text führt in das Thema ein und nennt Fragen, die du am Schluss der Themeneinheit beantworten kannst. Eine Zeitleiste hilft dir, das Thema in die Zeit einzuordnen. Rot sind die wichtigsten Daten der Themeneinheit vermerkt. Bereits behandelte wichtige Daten sind schwarz vermerkt. Du siehst so auf den ersten Blick, was früher, was später oder was gleichzeitig war.

Auf jeder Orientierungsseite befindet sich eine Karte, damit du das Thema geografisch einordnen kannst.

Bilder sollen dein Interesse wecken und erste Ausblicke auf das Thema geben.

Die **Verfassertexte** haben Schulbuchautoren – meist Lehrerinnen und Lehrer – für dich geschrieben. Die Texte informieren dich zusammenhängend über das jeweilige Thema des Kapitels. Damit du sie zielgerichtet lesen kannst, schlagen die Verfasser Aufgaben vor.

Auch zum Erschließen von Bildern werden Aufgaben vorgeschlagen. Diese Aufgaben sind durch ein Symbol gekennzeichnet: ✎ X:

Unbekannte Begriffe werden in der Randspalte erklärt. Wenn du gezielt nach bestimmten Begriffen suchst, kannst du den Anhang des Buches benutzen.

Ebenfalls im Anhang findest du Hinweise zum Lösen der Aufgaben.

Die römischen Ziffern [II] bezeichnen die sogenannten Anforderungsbereiche. Mehr Informationen dazu findest du hinten im Buch unter „Hinweise für das Lösen der Aufgaben".

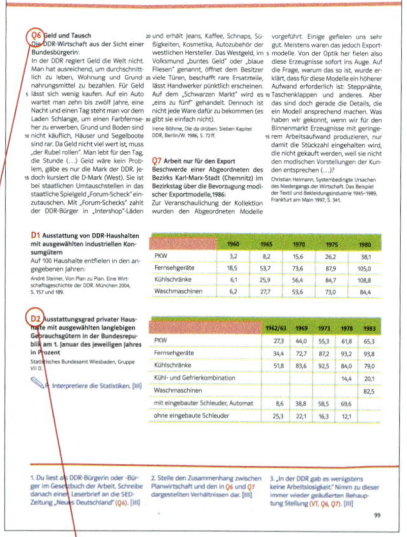

Du findest im Buch viele unterschiedliche Materialien. Mit einem Q sind Quellen (Texte, Bilder) gekennzeichnet, die aus der Zeit, um die es im Kapitel geht, erhalten geblieben sind. Später entstandene Texte und Bilder sind mit einem D (Darstellung) gekennzeichnet. Quellen und Darstellungen sind in jedem Kapitel durchnummeriert.

Am Ende eines jeden Kapitels stehen Aufgaben, mit denen du prüfen kannst, was du gelernt hast.

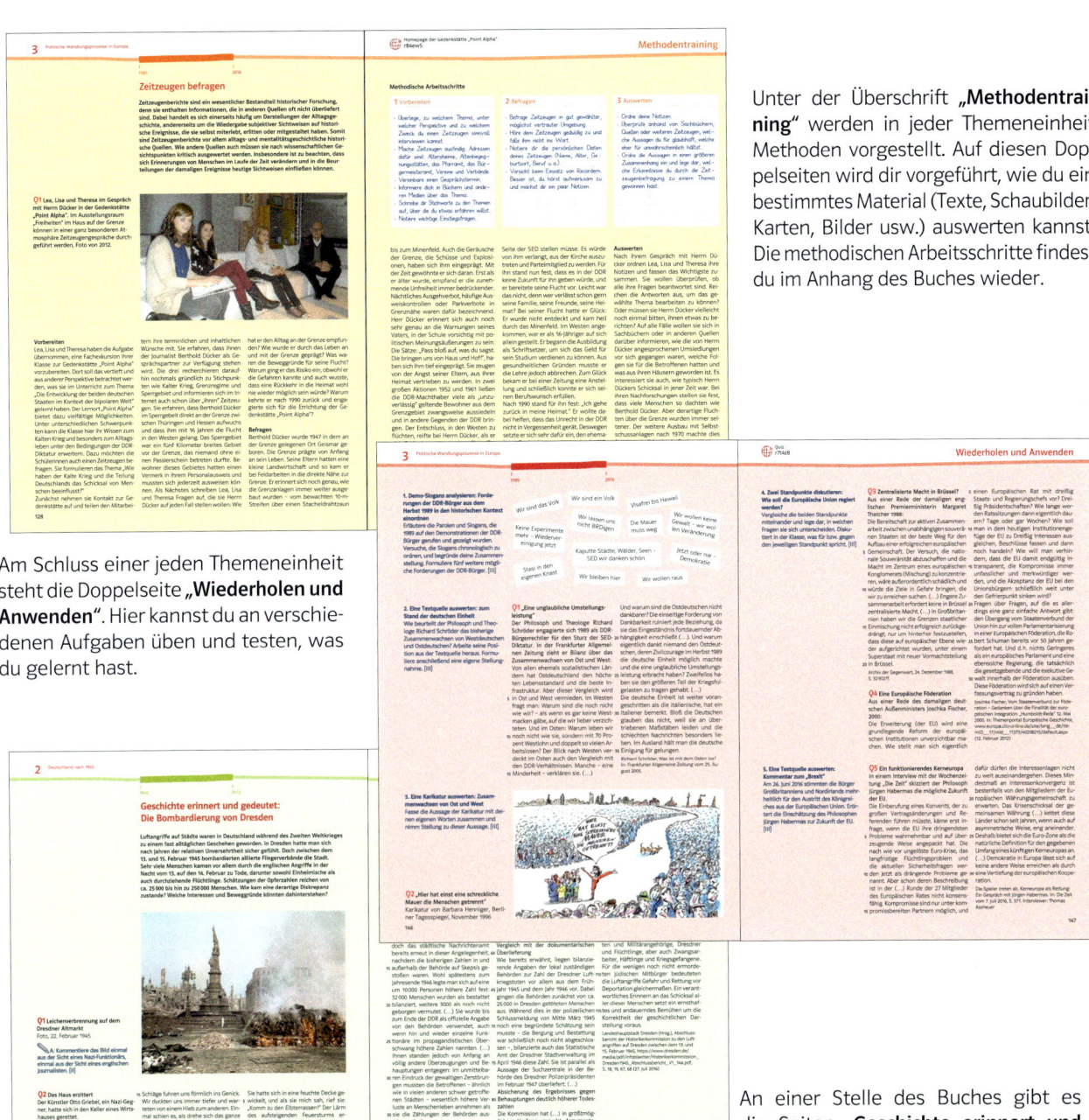

Unter der Überschrift **„Methodentraining"** werden in jeder Themeneinheit Methoden vorgestellt. Auf diesen Doppelseiten wird dir vorgeführt, wie du ein bestimmtes Material (Texte, Schaubilder, Karten, Bilder usw.) auswerten kannst. Die methodischen Arbeitsschritte findest du im Anhang des Buches wieder.

Am Schluss einer jeden Themeneinheit steht die Doppelseite **„Wiederholen und Anwenden"**. Hier kannst du an verschiedenen Aufgaben üben und testen, was du gelernt hast.

An einer Stelle des Buches gibt es die Seiten **„Geschichte erinnert und gedeutet"**. Hier kannst du sehen, wie Menschen aus späterer Zeit die Geschichte darstellen und deuten – oft ganz unterschiedlich.

Kleine Symbole helfen dir, dich im Buch leichter zurechtzufinden:

Hier findest du Literaturtipps zum Weiterlesen.

Das Zeichen bedeutet, dass du weiter hinten im Buch mehr dazu erfährst.

Dieses Zeichen sagt dir, dass du weiter vorn im Buch noch einmal nachlesen und wiederholen kannst.

Auf einigen Seiten im Buch findest du Geschichte-und-Geschehen-Codes. Diese führen dich zu weiteren Informationen, Materialien oder Übungen im Internet. Gib den Code einfach in das Suchfeld auf www.klett.de ein.

mehr Infos zum Kapitel
2pz5st

1 Längsschnitt: Die Beziehungen zwischen den USA und der UdSSR im 20. Jahrhundert

Mit dem Ende des Zweiten Weltkrieges schien eine neue friedliche Welt möglich zu werden. Doch daraus wurde nichts. Stattdessen bildeten sich feindliche Blöcke und ein nie da gewesenes Wettrüsten begann. Nuklearwaffen bedrohten schließlich die Existenz der gesamten Menschheit. Vier Jahrzehnte später keimte neue Hoffnung auf.

- Welche Ursachen hatten die weltweiten Konflikte?
- Mit welchen Ergebnissen wurde an der Konfliktbewältigung gearbeitet?
- Welche Ereignisse und Prozesse führten zur Überwindung des Kalten Krieges?

1940   **1950**   **1960**   **1970**

1948/49
Berliner Blockade

1962
In der Kubakrise steht die Welt am Rand eines Atomkrieges.

1972
Das SALT I–Abkommen begrenzt die Zahl der strategischen Atomwaffen der USA und der UdSSR.

1945
Die Vereinten Nationen (UNO) werden in San Francisco gegründet.

1950–1953
Koreakrieg

1956
Die Sowjetunion schlägt einen antikommunistischen Aufstand in Ungarn nieder.

1975
Der Vietnamkrieg endet.

1955
Der Vietnamkrieg beginnt.

1975
KSZE-Schlussakte von Helsinki wird verabschiedet.

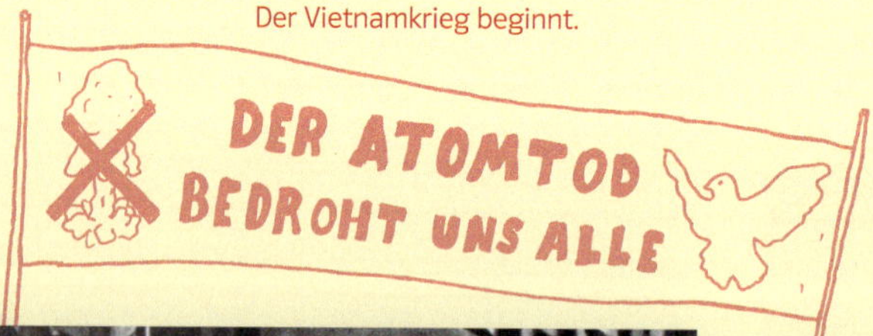

1949
China wird kommunistisch.

1968
Der „Prager Frühling" wird von der Sowjetunion niedergeschlagen.

1949
Die beiden deutschen Staaten werden gegründet.

DER ATOMTOD BEDROHT UNS ALLE

Der US-Präsident Harry S. Truman während einer Rede anlässlich der Gründung der Vereinten Nationen in San Francisco im Juni 1945

„Es wird hier dauernd von Frieden gesprochen – meine Herren, der Friede bin ich!", Karikatur von Henry Brockmann aus dem „Simplicissimus", Nr. 20, 1956

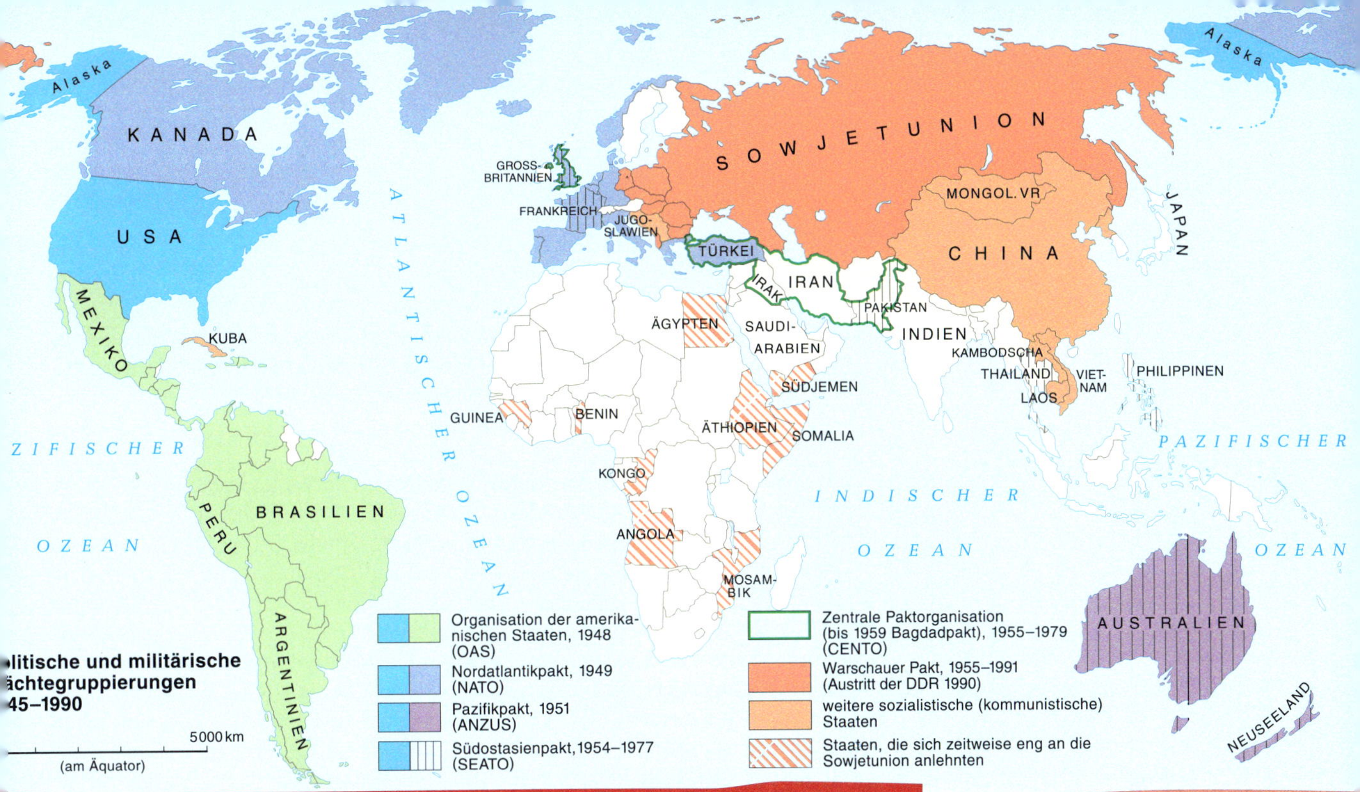

Alaska
KANADA
USA
MEXIKO
KUBA
GROSS-BRITANNIEN
FRANKREICH
JUGO-SLAWIEN
SOWJETUNION
MONGOL. VR
CHINA
JAPAN
TÜRKEI
IRAK
IRAN
PAKISTAN
INDIEN
KAMBODSCHA
THAILAND
LAOS
VIET-NAM
PHILIPPINEN
ÄGYPTEN
SAUDI-ARABIEN
SÜDJEMEN
GUINEA
BENIN
ÄTHIOPIEN
SOMALIA
KONGO
ANGOLA
MOSAM-BIK
BRASILIEN
PERU
ARGENTINIEN
AUSTRALIEN
NEUSEELAND
ATLANTISCHER OZEAN
INDISCHER OZEAN
PAZIFISCHER OZEAN
ZIFISCHER OZEAN
litische und militärische
ächtegruppierungen
45–1990
5000 km
(am Äquator)
Organisation der amerikanischen Staaten, 1948 (OAS)
Nordatlantikpakt, 1949 (NATO)
Pazifikpakt, 1951 (ANZUS)
Südostasienpakt, 1954–1977 (SEATO)
Zentrale Paktorganisation (bis 1959 Bagdadpakt), 1955–1979 (CENTO)
Warschauer Pakt, 1955–1991 (Austritt der DDR 1990)
weitere sozialistische (kommunistische) Staaten
Staaten, die sich zeitweise eng an die Sowjetunion anlehnten

1980 1990 2000

1979
NATO-Doppelbeschluss

1987
Vertrag über die Abschaffung aller Mittelstreckenraketen

1989
Ende des Kalten Krieges

1992
Erster Weltumweltgipfel in Rio de Janeiro

2001
Anschläge islamistischer Terroristen in den USA mit mehr als 3 000 Toten

2002
Einführung einer gemeinsamen europäischen Währung

BRING OUR MEN HOME NOW
BRING OUR MEN HOME

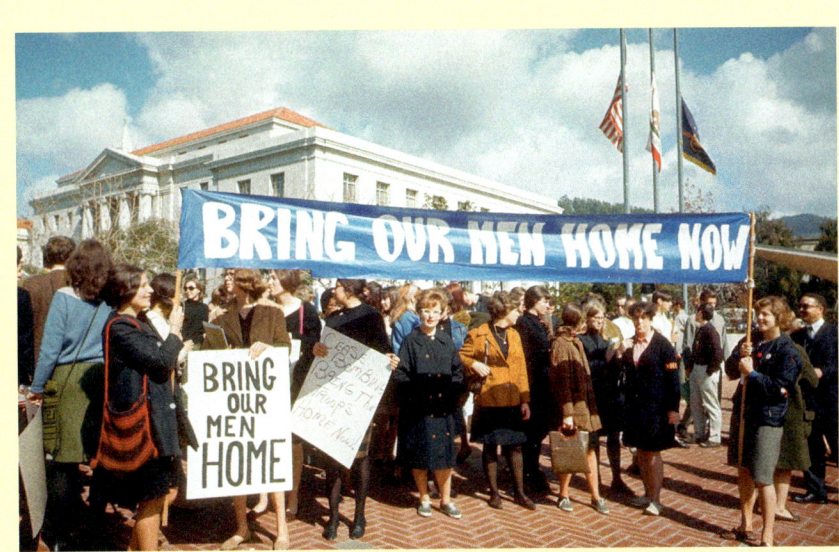

Demonstration gegen den Vietnamkrieg auf dem Gelände der Universität Berkeley, Kalifornien, undatiertes Foto aus den 1960er Jahren

USA
ХОЛОДНАЯ ВОЙНА

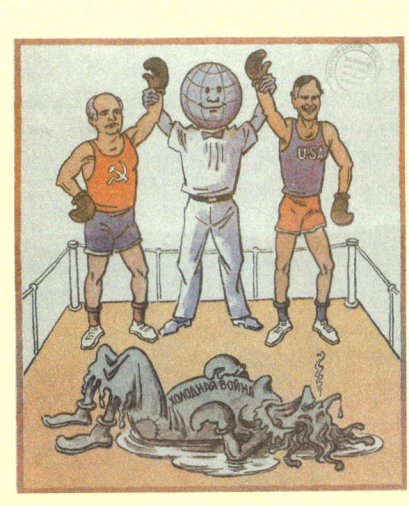

Sowjetische Karikatur anlässlich eines Treffens von Gorbatschow und Bush im September 1990 Die Aufschrift auf der am Boden liegenden Gestalt lautet: „Kalter Krieg".

1945   2016

Zwei Gegenpole? USA und UdSSR in den 1920er Jahren

Der Kriegseintritt der USA und die Revolution in Russland 1917 markieren zwei weltgeschichtliche Ereignisse. Beide Staaten wurden in den 1920er Jahren als entgegengesetzte Zukunftsmodelle betrachtet. Zu Recht?

USA: Eine Weltmacht zwischen selbst gewählter Isolation und Weltpolitik

Am Anfang des 20. Jahrhunderts waren die USA zur größten Wirtschaftsmacht der Welt aufgestiegen, die mit ihrem Kriegseintritt 1917 den Ersten Weltkrieg entschied. Bei den Friedensverhandlungen in Paris spielte der amerikanische Präsident Wilson eine zentrale Rolle und setzte z. B. die Gründung des Völkerbundes, des Vorläufers der heutigen UNO, durch. Nach seiner Rückkehr aus Europa lehnte das amerikanische Parlament jedoch den Beitritt zum Völkerbund ab. Die USA zogen sich aus der aktiven Weltpolitik zurück und verfolgten eine isolationistische Politik, bei der nur der Schutz des eigenen Gebietes und der eigenen Wirtschaftskraft von Interesse waren.

Allerdings galt diese Isolation nicht für die Finanzpolitik: Aufgrund der Waffen- und Munitionskäufe Großbritanniens und Frankreichs während des Ersten Weltkrieges waren die USA zur größten Gläubigernation der Welt geworden. So saßen Vertreter der USA bei den Verhandlungen über die Reparationszahlungen des Deutschen Reiches immer mit am Tisch.

Weitere aktive Einmischungen z. B. in europäische Probleme unterblieben jedoch. Diese isolationistische Phase dauerte mehr als zwanzig Jahre und endete erst mit dem Eintritt der USA in den Zweiten Weltkrieg.

Der Boom der 1920er Jahre

Zwischen 1921 und 1929 erlebte die amerikanische Wirtschaft einen beispiellosen Aufschwung; sie konnte ihre Produktion verdoppeln. Das Wachstum wurde hauptsächlich von neuen Konsumgütern getragen, die in Massen preisgünstig gefertigt und von vielen Menschen angeschafft wurden. So eroberten Automobile, Waschmaschinen, Kühlschränke und Radios die amerikanischen Haushalte. Hinzu kam, dass elektrische Energie billig, die Zinssätze niedrig und Kredite leicht zu bekommen waren. Für viele Menschen schien der „American Dream" in Erfüllung zu gehen, wonach jeder, der tüchtig und fleißig

Völkerbund
Der Völkerbund sollte die Einhaltung internationalen Rechts gewährleisten sowie die Unabhängigkeit, Sicherheit und Unverletzlichkeit der Grenzen der Staaten garantieren. Schiedsgerichte und nicht Kriege sollten Konflikte lösen. Mit der Gründung der UNO 1946 wurde der Völkerbund aufgelöst.

Q1 Die Theaterschauspieler Cleo Mayfield und Cecil Lean lauschen am Radiogerät der Direktübertragung eines Konzerts.
Foto, um 1925

A: Stell dir vor, dieses Foto erscheint in einer zeitgenössischen amerikanischen Zeitung. Formuliere eine Bildunterschrift. [I]

ist, zu Wohlstand gelangen kann. Daher verschuldeten sich nicht nur viele Unternehmen, sondern auch viele Privatpersonen in der Hoffnung auf den allgemein wachsenden Wohlstand. An der Börse stiegen die Aktienkurse. Auch hier investierten viele Amerikaner ihr Geld in Erwartung weiter steigender Kurse, in vielen Fällen auch hier mithilfe von Krediten.

UdSSR: Die Theorie vom „Aufbau des Sozialismus in einem Land"

Zu Beginn seiner Herrschaft im Jahr 1924 verkündete Stalin, man müsse in der UdSSR sofort eine gerechte sozialistische Gesellschaft aufbauen, auf eine Weltrevolution könne man nicht warten. Damit traf er in weiten Teilen der Bevölkerung auf Zustimmung. Jede andere Auffassung bezeichnete Stalin als Verrat an der Partei, der bestraft werden müsse. Um seinen Machtanspruch zu sichern und Kritiker auszuschalten, umgab er sich mit Parteifunktionären, die ihm treu ergeben waren. Gegen Widersacher ließ Stalin große Schauprozesse inszenieren und sicherte sich so die Alleinherrschaft. Der Terror konnte jeden treffen: Vermutlich bis zu 20 Millionen Menschen wurden in GULAG genannten Arbeitslagern festgehalten.

Die Industrialisierung in der UdSSR

Im Rahmen der Neuen Ökonomischen Politik hatte sich die Wirtschaft nach dem Einbruch aufgrund des Bürgerkrieges wieder ein wenig erholt. Gleichzeitig wurde deutlich, dass sowohl die Bauern als auch die Unternehmer im Klein- und Mittelgewerbe motiviert wurden, wenn sie selbstbestimmt und gewinnbringend produzieren konnten. Das passte aber gar nicht zu der kommunistischen Vorstellung, dass sämtliche Produktionsmittel verstaatlicht werden müssten, um die „kapitalistische Ausbeutung" abzuschaffen. Deswegen ordnete Stalin an, zunächst die Industrie und dann die gesamte Wirtschaft und Landwirtschaft einer zentralen Planung und Lenkung unterzuordnen. Am 1. Oktober 1928 trat der erste Fünfjahresplan in Kraft. Der Ausbau der Schwerindustrie bekam Vorrang vor der Konsumgüterindustrie. Es entstanden riesige Großprojekte wie der Dnjepr-Staudamm und das neue Stahlzentrum in der 1929 gegründeten Stadt Magnitogorsk im Südural. Diese Großprojekte galten als Symbol für den sozialistischen Aufbau.

Zwangskollektivierung

Unter Lenin hatten die Bauern in der Oktoberrevolution Boden zugeteilt bekommen. Nun sollten sie diese Äcker in Genossenschaften (Kolchosen) einbringen und gemeinsam unter einer zentralen Planung und Leitung bearbeiten. Daneben wurden auf ehemals privatem Land Staatsgüter (Sowchosen) eingerichtet. Durch diese Kollektivierung wurden aus selbstständigen Bauern bezahlte Lohnarbeiter. Es waren zunächst überwiegend die armen und mittellosen Bauern, die in die Kolchosen eintraten, weil sie so eine Chance sahen, ihre materielle Lage zu verbessern. Bauern, die es zu einem bescheidenen Besitz gebracht hatten, zogen es vor, auch weiterhin als Einzelbauern zu wirtschaften. Sie wurden von den Kommunisten abfällig als „Kulaken" bezeichnet und bekämpft. Wer nicht freiwillig in eine Kolchose eintrat, wurde enteignet und deportiert oder gar ermordet.

Q2 Deportierte Bauern und politische Gefangene leisten Zwangsarbeit beim Bau des Weißmeer-Ostseekanals. Foto, um 1932

B: Beschreibe die Arbeitsbedingungen, denen die Häftlinge ausgesetzt waren. Setze dich anhand dieser Arbeitsbedingungen auch mit dem wirtschaftlichen Nutzen der Zwangsarbeit auseinander. [III]

Neue Ökonomische Politik

1921 auf dem X. Parteikongress der Kommunistischen Partei beschlossene Wirtschaftspolitik, die bestimmte, dass die Bauern das Recht erhielten, überschüssige Produkte auf dem freien Markt zu verkaufen. Das Kleinhandwerk durfte auf eigene Rechnung produzieren. Die Verstaatlichung der Großbetriebe und Banken sowie die staatliche Planung und Lenkung der Wirtschaft blieben weiterhin bestehen.

C: Fasse die Ziele und das Vorgehen der kommunistischen Partei beim Aufbau der Wirtschaft in der UdSSR zusammen. [I]

I
1945

I
2016

Q3 Arbeiter bauen Ford-Modelle am Fließband zusammen.
Foto, um 1928

D: Stell dir vor, du besuchst als deutscher Reporter das Automobilwerk. Beschreibe deinen deutschen Lesern deine Eindrücke. [II]

Q4 Arbeiter in Magnitogorsk
Foto, um 1930
Im Hintergrund fordern Plakate dazu auf, das Arbeitstempo zu erhöhen. So heißt es auf dem rechten Plakat: „Im Bestarbeitertempo mit Volldampf für den Fünfjahresplan in vier Jahren!"

E: Versetze dich in die abgebildeten Arbeiter und formuliere, was sie über die Plakate dachten, die in dem Pausenraum angebracht worden waren. [II]

Q5 Die Macht der Regierung ist zu begrenzen

1928 warnte der republikanische Präsident Hoover:

Jeder Schritt zur Bürokratisierung des Geschäftslebens unseres Landes vergiftet die wahren Wurzeln des Liberalismus – d.h. politische Gleichheit,
5 Redefreiheit, Versammlungsfreiheit, Pressefreiheit und die Gleichheit der Chance. Es ist der Weg nicht zu größerer Freiheit, sondern zu geringerer Freiheit. (…) Selbst wenn eine Führung
10 der Geschäfte durch die Regierung uns mehr anstatt weniger Leistungsfähigkeit brächte, bliebe der grundlegende Einwand dagegen unverändert und ungeschwächt. Sie würde Initia-
15 tive und Erfindungsgeist ersticken. (…) Sie würde Gleichheit und Chance auslöschen. Sie würde den Geist der Freiheit und des Fortschritts austrocknen. Aus diesen Gründen in erster Linie muss ihr
20 widerstanden werden.

Zit. nach: Erich Angermann, Die Vereinigten Staaten von Amerika als Weltmacht. Klett-Tempora 1987, S. 23.

Q6 Lenins Modernisierungsprogramm

Aus einer Rede Lenins auf dem 8. Gesamtrussischen Sowjetkongress am 22. Dezember 1920:

Kommunismus – das ist Sowjetmacht plus Elektrifizierung des ganzen Landes. Sonst wird das Land ein kleinbäu-
5 erliches Land bleiben, und das müssen wir klar erkennen. Wir sind schwächer als der Kapitalismus, nicht nur im Weltmaßstab, sondern auch im Innern unseres Landes. Das ist allbekannt. Wir
10 haben das erkannt, und wir werden es dahin bringen, dass die wirtschaftliche Grundlage aus einer kleinbäuerlichen zu einer großindustriellen wird. Erst dann, wenn das Land elektrifiziert ist,
15 wenn die Industrie, die Landwirtschaft und das Verkehrswesen eine moderne großindustrielle technische Grundlage erhalten, erst dann werden wir endgültig gesiegt haben. (…) Man muss je-
20 doch wissen und darf nicht vergessen, dass die Elektrifizierung nicht mit Analphabeten durchzuführen ist. (…) Wir brauchen Menschen, die nicht nur des Lesens und Schreibens kundig sind,
25 sondern kulturell hochstehende, politisch bewusste, gebildete Werktätige; es ist notwendig, dass die Mehrheit der Bauern eine bestimmte Vorstellung von den Aufgaben hat, vor denen wir stehen. Dieses Programm der Partei
30 muss das wichtigste Lehrbuch werden, das in allen Schulen eingeführt werden sollte. (…) Wir müssen es dahin bringen, dass jede Fabrik, jedes Kraftwerk zu einer Stätte der Aufklärung wird,
35 und wenn Russland sich mit einem dichten Netz von elektrischen Kraftwerken und mächtigen technischen Anlagen bedeckt haben wird, dann wird unser kommunistischer Wirtschaftsauf-
40 bau zum Vorbild für das kommende sozialistische Europa und Asien werden.

Helmut Altrichter (Hrsg.), Die Sowjetunion. Von der Oktoberrevolution bis zu Stalins Tod, Bd. 2, München 1987, S. 109 f.

D1 Wer entwickelt sich dynamischer?

	Bevölkerung (in Mio)			Eisen-/Stahlproduktion (in Mio. Tonnen)			Industriepotential (Dtl.: 1913 = 100)		
	1913	1928	1938	1913	1930	1938	1913	1928	1938
USA	97,3	119,1	138,3	31,8	41,3	28,8	217	387	383
Russland	175,1	150,4	180,6	4,8	5,7	18,0	56	52	110

Angaben zusammengestellt nach: Paul Kennedy, Aufstieg und Fall der Großen Mächte. Ökonomischer Wandel und militärischer Konflikt von 1500 bis 2000, Frankfurt a. M. 1989, S. 308–311.

1. Überprüfe, welches Bild von den USA durch Q1, Q3 und Q5 vermittelt wird. [II]

2. Führe die Argumentation Hoovers fort, indem du aus seiner Perspektive erklärst, wozu der Staat da sein sollte (Q5). [II]

3. Liste auf, welche Voraussetzungen Lenin für die Umsetzung seines Programms für notwendig hielt (Q6). [I]

4. Vergleiche die wirtschaftliche Entwicklung der USA und der UdSSR im Bereich der Eisen- und Stahlproduktion sowie des Industriepotentials miteinander und nimm Stellung dazu. Berücksichtige auch die Entwicklung der Bevölkerungszahlen (VT, Q1–Q6, D1). [III]

1945   2016

Aus Verbündeten werden Gegner

Das Bündnis der alliierten Siegermächte überdauerte den Zweiten Weltkrieg nur kurze Zeit. Zwischen der Sowjetunion und den Westmächten spitzten sich die Gegensätze immer mehr zu. Zu einem ersten gefährlichen Konflikt kam es 1948 in Berlin.

A: Begründe, inwiefern sich im Konflikt um Berlin eine veränderte internationale Politik zwischen Ost und West widerspiegelte. [II]

Über Deutschlands Entwicklung nach Kriegsende erfährst du mehr ab S. 46.

Gemeinsam – und doch getrennt

Nach Kriegsende wurde Deutschland in vier Besatzungszonen aufgeteilt: eine amerikanische, eine englische, eine französische und eine sowjetische. Die Politik in den Besatzungszonen wurde zunächst von den jeweiligen Militärverwaltungen bestimmt. Hierbei deuteten sich bereits die ersten Unterschiede zwischen der Ostzone und den Westzonen an. Die drei Westalliierten strebten danach, die Grundlagen für eine demokratische Entwicklung nach westlichem Vorbild zu schaffen. Demgegenüber strebte die Sowjetunion in ihrer Besatzungszone eine Umgestaltung nach kommunistischen Grundsätzen an. Diese Problematik wurde besonders deutlich in Berlin. Die deutsche Hauptstadt war ebenfalls in vier Sektoren eingeteilt und gehörte zu keiner der Besatzungszonen. Ein Alliierter Kontrollrat, in dem alle vier Besatzungsmächte vertreten waren, war für Berlin verantwortlich. Konflikte blieben so nicht aus.

Berlin wird abgeriegelt

Die Lage spitzte sich im Frühjahr 1948 zu. In den Westzonen war als neue Währung die D-Mark eingeführt worden, kurz darauf in der Ostzone die Ostmark. Zwischen den Westmächten und der Sowjetunion kam es zum Streit darüber, welche Währung für Westberlin gelten sollte. Weil es zu keiner Einigung kam, führten die Westmächte die D-Mark ein. Die sowjetische Militärverwaltung reagierte sofort: Kurz vor Mitternacht am 23. Juni 1948 gingen in Westberlin die Lichter aus. Die Elektrizitätsversorgung aus der Sowjetzone

Q1 Karikatur vom 11. April 1945 aus der „Schweizer Illustrierten"

1 der sowjetische Staats- und Parteichef Stalin
2 USA-Präsident Roosevelt
3 der britische Premierminister Churchill
4 Hitler

B: Erläutere, wie der Karikaturist das Verhältnis zwischen den Alliierten einschätzt. Beachte auch das Erscheinungsdatum der Karikatur. [II]

Q2 Westberliner beobachten die Landung eines der Transportflugzeuge, die sie „Rosinenbomber" nannten.
Foto von Henry Ries, Oktober 1948

C: Fotos wie diese gingen um die Welt. Suche Gründe dafür, warum dieses Bild so berühmt wurde. Schreibe eine entsprechende Zeitungsmeldung dazu. [II]

war gekappt worden. Sechs Stunden später wurde der gesamte Eisenbahnverkehr nach Westberlin unterbrochen, die Binnenschifffahrt gestoppt. Die Blockade Westberlins zu Lande und zu Wasser war damit vollständig.

Eine Luftbrücke sichert das Überleben

Nun konnte Westberlin mit seinen 2,1 Millionen Einwohnern nur noch über drei Luftkorridore erreicht werden. Amerikaner und Engländer zogen daraufhin alle weltweit greifbaren Transportflugzeuge zusammen. Das größte Lufttransportunternehmen der Geschichte begann. Alles, was die Bevölkerung benötigte, wurde eingeflogen. Mehl, Zucker, Trockenkartoffeln, Trockengemüse, Trockenobst, Eipulver und Milchpulver sicherten das Überleben der Westberliner. Elektrizität stand ihnen nur zwei Stunden am Tag zur Verfügung. Deshalb wurden sogar die Einzelteile eines kompletten Kraftwerks über die Luftbrücke transportiert und am Bestimmungsort zusammengebaut. Der Winter 1948/49 war mild, das war ein Glück, denn die eingeflogenen Kohlevorräte reichten nur für sehr kleine Zuteilungen pro Wohnung. Insgesamt wurden in 15 Monaten mit mehr als 250 000 Einsätzen über zwei Millionen Tonnen Güter nach Berlin geflogen. Am 12. Mai 1949 war der Spuk vorüber. Die Sowjetunion hatte ihr Ziel nicht erreicht und gab die Blockade auf.

D: Erörtere die Befürchtung vieler Menschen, dass die Berliner Blockade zu einem Krieg führen könnte. Was sprach dafür, was dagegen? [III]

Der „Kalte Krieg" bricht an

Mit der Berliner Blockade trat eines deutlich zutage: Aus einstigen Verbündeten waren unversöhnliche Gegner geworden. Mitten in Deutschland standen sich die Weltmächte USA und UdSSR gegenüber. Welche Gefahr davon ausgehen konnte, zeigte der Vorschlag des amerikanischen Militärgouverneurs, mit einem bewaffneten Konvoi über den Landweg nach Berlin durchzubrechen. USA-Präsident Truman lehnte dies wegen des Kriegsrisikos ab. Und auch die Sowjetunion wagte es nicht, die Luftbrücke mit Gewalt zu verhindern. Die gegeneinander gerichtete feindselige Politik blieb jedoch die folgenden Jahrzehnte bestehen. Sie wird als „Kalter Krieg" bezeichnet.

1945

2016

Q3 Errichtung einer Straßensperre an der Berliner Friedrichstraße

Foto, wahrscheinlich 17. März 1949
Frauen schippen Trümmerschutt von
LKWs.

✎ E: Versetze dich sowohl in die
Lage der auf Westberliner Seite ste-
henden Zuschauer als auch der Frauen
auf den LKW-Ladeflächen. Schreibe ein
Gespräch auf, das sich zwischen diesen beiden Gruppen abgespielt haben
könnte. [III]

Q4 Die Berliner Blockade beginnt

Aus einer Meldung der Ostberliner Zeitung „Der Morgen" vom 25. Juni 1948:
Durch eine technische Störung an der
Eisenbahnstrecke war die Transportverwaltung der SMV (Sowjetische Mili-
5 tärverwaltung) gezwungen, (…) in der
Nacht zum 24. Juni den Passagier- und
Güterfernverkehr auf der Strecke Berlin–Helmstedt in beiden Richtungen
einzustellen.
Der Chef der Transportverwaltung der
10 SMV (…) erließ die notwendigen Anordnungen, um die Strecke schnells-
tens in Ordnung zu bringen. Wie ver-
lautet, ist es zur Zeit nicht möglich,
zur Aufrechterhaltung des Eisenbahn-
15 verkehrs in dieser Richtung eine Um-
leitung vorzunehmen, da sich das auf
den gesamten Eisenbahnverkehr der
sowjetischen Zone ungünstig auswirken würde.
20 Es ist daher im Augenblick schwer zu
übersehen, wann der inzwischen in
beiden Richtungen auf der Strecke Berlin–Helmstedt eingestellte Güter- und
Personalverkehr wieder aufgenommen
25 werden kann. Da die Lebensmittelver-
sorgung der drei westlichen Sektoren
Berlins von den über diese Strecken
herangeführten Transporten abhängig
ist, sind starke Besorgnisse über die
30 Versorgung entstanden.

Wolfgang Lautemann/Manfred Schlenke (Hrsg.),
Geschichte in Quellen, Bd. 7, München 1980,
S. 133.

Q5 Die USA zur Blockade

Aus einem offiziellen Schreiben der USA
an die Sowjetunion vom 6. Juli 1948:
Die Regierung der Vereinigten Staaten
teilt mit den Regierungen Frankreichs
und Großbritanniens die Verantwor-
5 tung für das materielle Wohlergehen
von 2 400 000 Menschen in den westlichen Sektoren Berlins. (…) Einschrän-
kende Maßnahmen, die die sowjetischen Behörden in Berlin ergriffen
10 haben, hätten zur Folge, dass die Regierungen der Vereinigten Staaten, Großbritanniens und Frankreichs daran ge-
hindert würden, dieser Verantwortung
in angemessener Weise nachzukom-
men.
15 Jene Verantwortung (…) ist eminent
humanitärer Natur. Zu dieser Bevölkerung gehören Hunderttausende von
Frauen und Kindern, deren Gesundheit
und Sicherheit fortgesetzte und aus-
20 reichende Transportmöglichkeiten für
Nahrungsmittel, Medikamente und andere Güter erfordert, die für das Leben
der Einwohner der westlichen Sektoren
Berlins unerlässlich sind. Die elemen-
25 tarsten menschlichen Rechte, zu deren Schutz unsere beiden Regierungen
feierlich verpflichtet sind, werden also
durch diese einschränkenden Maßnahmen gefährdet. Es ist untragbar, dass
30 irgendeine Besatzungsmacht versuchen sollte, über die Bevölkerung Berlins eine Blockade zu verhängen. (…)
Indem sie sich der Dringlichkeit der

35 Rechte und Verpflichtungen im amerikanischen Sektor von Berlin voll bewusst ist, (…) erklärt die Regierung der
Vereinigten Staaten, dass Zwang nicht
40 als Mittel angewandt werden sollte, die
Bereinigung irgendwelcher Meinungsverschiedenheiten zu versuchen, welche zwischen den Regierungen der Vereinigten Staaten und der Regierung der
Sowjetunion über irgendeinen Aspekt
45 der Berliner Lage bestehen mögen.
Sollten solche Meinungsverschiedenheiten bestehen, so sollten sie (…) auf
dem Verhandlungswege (…) beigelegt
werden. (…) Aus diesen Gründen ist die
50 Regierung der Vereinigten Staaten bereit, als ersten Schritt an Verhandlungen zwischen den vier Besatzungsbehörden in Berlin teilzunehmen, um jede
Streitfrage, die sich aus der Verwaltung
Berlins ergibt, beizulegen. Die Voraus-
55 setzung hierfür ist jedoch, dass die Ver-
bindungslinien und der Personen- und
Güterverkehr zwischen den britischen,
amerikanischen und französischen Sek-
60 toren von Berlin und den westlichen
Zonen vollauf wiederhergestellt worden sind.

Wolfgang Lautemann/Manfred Schlenke (Hrsg.),
Geschichte in Quellen, Bd. 7, München 1980,
S. 137f..

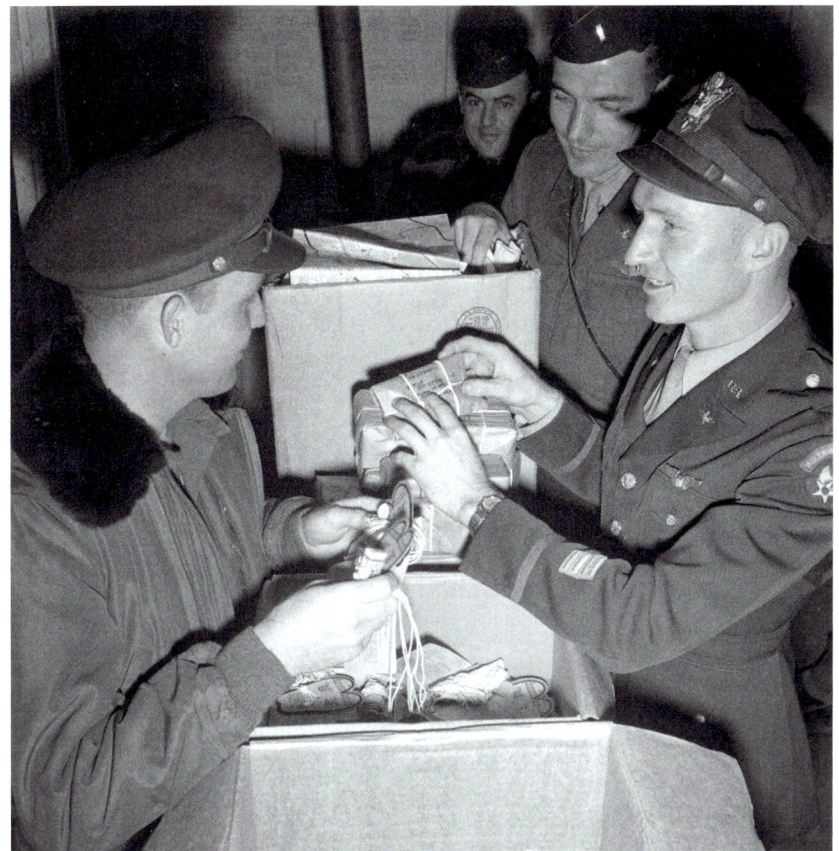

Q6 Amerikanische Soldaten in Celle beim Verpacken von Süßigkeiten

Foto, September 1948
Die Päckchen wurden an kleinen Fallschirmen über Westberlin abgeworfen.

F: Arbeite aus dem Bildinhalt heraus, wie sich die Aktion während der Berliner Blockade auf das Verhältnis zwischen den westlichen Besatzern und der Bevölkerung in Westberlin und den Westzonen ausgewirkt hat. Vergleiche mit Q3 und stelle die gleichen Überlegungen bezüglich der sowjetischen Besatzungsmacht an. [III]

Q7 Wer trägt die Schuld?

Aus dem Antwortschreiben der Sowjetunion an die USA vom 14. Juli 1948:

Die Regierung der Vereinigten Staaten erklärt, dass die vom sowjetischen Kommando eingeführten provisori-
schen Maßnahmen zur Einschränkung 5 der Transportverbindungen zwischen Berlin und den westlichen Zonen Schwierigkeiten in der Versorgung der Berliner Bevölkerung der westlichen Sektoren geschaffen haben.
10 Es kann jedoch nicht bestritten werden, dass diese Schwierigkeiten durch die Handlungen der Regierungen der USA, Großbritanniens und Frankreichs und vor allem durch die separaten Handlun- 15 gen zur Einführung einer neuen Währung in den westlichen Zonen Deutschlands und (…) in den westlichen Sektoren von Berlin hervorgerufen worden sind.
20 Berlin liegt im Zentrum der sowjetischen Besatzungszone und stellt einen Teil dieser Zone dar. Die Interessen der Berliner Bevölkerung lassen keine Lage zu, bei der in Berlin oder nur in den 25 westlichen Sektoren von Berlin eine besondere Währung eingeführt wird, die in der sowjetischen Besatzungszone nicht im Umlauf ist. (…)

Gleichzeitig zeigte und zeigt das so- 30 wjetische Kommando unveränderlich seine Sorge um das Wohlergehen und die Sicherung einer normalen Versorgung der Berliner Bevölkerung mit allem Notwendigen und strebt eine 35 rasche Beseitigung der Schwierigkeiten an, die in letzter Zeit (…) entstanden sind. Dabei wird es die sowjetische Regierung, falls erforderlich, nicht ablehnen, eine ausreichende Versorgung 40 für ganz Groß-Berlin aus ihren eigenen Mitteln zu gewährleisten.

Johannes Hohlfeld (Hrsg.), Dokumente der Deutschen Politik und Geschichte von 1848 bis zur Gegenwart, Bd. 6, Berlin/München o. J., S. 304.

1. Liste konkrete Folgen der Blockade für das tägliche Leben der Westberliner auf (VT, Q5). [I]

2. Erkläre, warum Briten und Amerikaner trotz gewaltiger Mühen und Kosten eine Luftbrücke organisierten, die der Versorgung ehemaliger Kriegsgegner diente (VT, Q5). [II]

3. Bewerte die Zeitungsmeldung vom 25. Juni 1948. Welche Wirkung musste sie auf die Betroffenen haben (Q4)? [III]

4. Untersuche das sowjetische Schreiben an die USA. Finde heraus, welche politischen Ansprüche die Sowjetunion darin geltend macht (Q7). [II]

1945   2016

Durch die Welt geht ein Riss

Nicht nur in der Deutschlandpolitik gab es Unstimmigkeiten zwischen den Westalliierten und der Sowjetunion. Die gegensätzlichen Interessen ließen die Welt in zwei Blöcke zerfallen. Welche Ursachen gab es dafür?

Hoffnungen auf eine friedliche Welt

Als am 2. September 1945 endlich die Waffen des Zweiten Weltkrieges schwiegen, keimte die Hoffnung auf, dass künftigen Generationen das Kriegsleid erspart bleibt. US-Präsident Roosevelt hatte noch vor Kriegsende angeregt, eine Vereinigung möglichst aller unabhängigen Staaten zu bilden. Diese Organisation sollte Sorge dafür tragen, dass eine stabile Weltordnung entsteht und Konflikte friedlich gelöst werden. Und am 26. Juni 1945 unterzeichneten in San Francisco tatsächlich 50 Staaten die Gründungsurkunde der United Nations Organization (UNO). Eine besondere Rolle war für die Führungsstaaten der ehemaligen Kriegskoalition bestimmt: Sie sollten gleichsam als „Weltpolizisten" für die Einhaltung des Weltfriedens zuständig sein. Damit dieses Konzept funktionieren konnte, musste eine enge und vertrauensvolle Zusammenarbeit zwischen den wichtigsten Mächten USA und UdSSR gelingen.

Die Herrschaftsansprüche der Sowjetunion

Durch den Sieg über Hitlerdeutschland war die UdSSR in den Rang einer Weltmacht aufgestiegen. Sowjetische Truppen besetzten große Teile Ost- und Mitteleuropas. Dort wurden kommunistische Diktaturen nach sowjetischem Vorbild errichtet. Ziel dieser Politik war es, unter sowjetischer Führung den Kommunismus weltweit auszubreiten. Zugleich sollte die Sowjetunion militärisch gesichert werden.

Der Weg der USA zur Containment-Politik

Mit dem Ende des Zweiten Weltkrieges sahen sich die Vereinigten Staaten in einer neuen Verantwortung als Weltmacht. Zwar wünschten viele Amerikaner eine Rückkehr zum Isolationismus der Vorkriegszeit, ein Rückzug z.B. aus Europa war jedoch problematisch: Mitteleuropa war zerstört und

A: Liste die Gründe für die Verschlechterung der Beziehungen zwischen den USA und der UdSSR nach 1945 auf. [I]

Isolationismus
US-amerikanische Politik der Nichteinmischung in Angelegenheiten nicht amerikanischer Staaten und der Vermeidung von Bündnisverpflichtungen. Sie bestimmte – von einer Phase im Ersten Weltkrieg abgesehen – die Außenpolitik der USA bis zum Zweiten Weltkrieg. Handelsbeziehungen und wirtschaftliches Engagement in anderen Ländern standen nie im Widerspruch zu einer isolationistischen Außenpolitik.

Q1 Kominternspinne
Karikatur aus der Hannoverschen Presse, 10. Oktober 1947
Komintern ist das Kurzwort für „Kommunistische Internationale" und bezeichnet den Zusammenschluss kommunistischer Parteien unter sowjetischer Führung. Sie wurde 1919 gegründet. Wegen des Bündnisses mit den Westmächten ließ Stalin die Komintern 1943 auflösen.

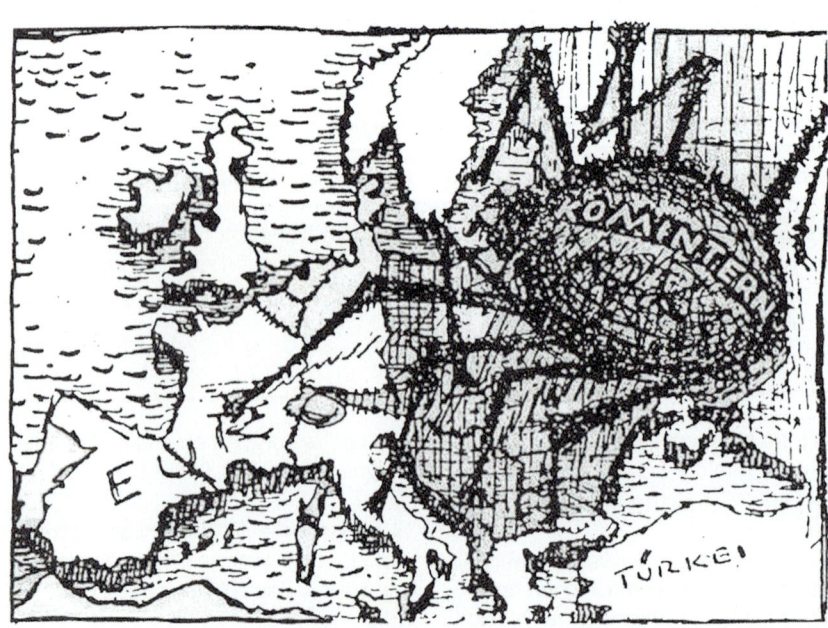

Großbritannien und Frankreich waren so geschwächt, dass sie kein Gegengewicht zur Sowjetunion bilden konnten. Damit drohte eine sowjetische Vorherrschaft. Der amerikanische Präsident Truman vollzog 1947 einen außenpolitischen Kurswechsel. In Griechenland tobte zu der Zeit ein Bürgerkrieg. Westliche Politiker befürchteten einen Sieg der kommunistischen Seite. Damit wäre ein weiterer Staat unter sowjetischen Einfluss gelangt. An die Stelle einer möglichen Kooperation mit der Sowjetunion setzten die Amerikaner nun das Ziel, den Kommunismus „einzudämmen" („Containment-Politik"). Dazu gehörten ein langfristiges weltweites militärisches Engagement, aber auch finanzielle Hilfeleistungen für nicht kommunistische Staaten. Eine Rückkehr zur Vorkriegspolitik des Isolationismus wurde ausgeschlossen.

Ost- und Westblock entstehen

Die Welt zerfiel nun in zwei Blöcke, zwischen denen eine Verständigung unmöglich erschien. Dabei entstanden auch Militärbündnisse: 1949 wurde die NATO („North Atlantic Treaty Organization") gegründet; 1955 reagierte die Sowjetunion mit der Gründung des „Warschauer Paktes". Mehrfach schien während der Zeit dieses Ost-West-Konfliktes ein Krieg kurz bevorzustehen. Dazu kam es jedoch nicht, obwohl beide Seiten sich feindselig, bis an die Zähne bewaffnet, gegenüberstanden.

✎ B: Fasse mithilfe der Karte auf Seite 9 in einer Tabelle zusammen, welche Bündnisse nach 1945 entstanden und welche Staaten ihnen jeweils angehörten. [I]

Feindbilder begleiten die Politik

Der Kalte Krieg zwischen West- und Ostblock wurde nicht nur in politischen und diplomatischen Auseinandersetzungen oder durch militärische Drohgebärden geführt, sondern auch mithilfe der Propaganda in Wort, Schrift und Bildern. In Feindbildern wurde die jeweilige andere Seite nicht mehr nur als Konkurrent im Streit um die bessere Politik dargestellt, sondern als „Feind", den es „auszuschalten" galt. Dazu wurden alte Vorurteile gepflegt und neue geschaffen. Ein grundsätzliches Misstrauen gegenüber der anderen Seite und gegenseitige Schuldzuweisungen führten dazu, dass nahezu jede Handlung der Gegenseite verteufelt wurde, und ließen die eigene Position überlegen erscheinen.

Q2 Karikatur aus der sowjetischen satirischen Zeitschrift „Krokodil", 1950
Die Schrift auf dem Bild heißt Westeuropa.

✎ C: Vergleiche Q1 und Q2. Erkläre, welche Merkmale von Feindbildern darauf zutreffen und durch welche Bildsprache sie umgesetzt werden. [III]

Q3 Die Truman-Doktrin

Am 12. März 1947 verkündet Präsident Truman vor dem amerikanischen Kongress neue Grundsätze der Außenpolitik:

One of the primary objectives of the foreign policy of the United States is the creation of conditions in which we and other nations will be able to work out a
5 way of life free from coercion. This was a fundamental issue in the war with Germany and Japan. Our victory was won over countries which sought to impose their will, and their way of life upon
10 other nations. To ensure the peaceful development of nations, free from coercion, the United States has taken a leading part in establishing the United Nations. The United Nations is designed
15 to make possible lasting freedom and independence for all its members. We shall not realize our objectives, however, unless we are willing to help free peoples to maintain their free institu-
20 tions and their national integrity against agressive movements that seek to impose upon them totalitarian regimes. This is no more than a frank recognition that totalitarian regimes imposed
25 on free peoples, by direct or indirect aggression, undermine the foundations of international peace and hence the security of the United States (…).

At the present moment in world hi-
30 story nearly every nation must choose between alternative ways of life. The choice is too often not a free one. One way of life is based upon the will of
5 the majority, and is disdinguished by
35 free institutions, representative government, free elections, guarantees of individual liberty, freedom of speech and religion, and freedom from politi-
10 cal oppression. The second way of life
40 is based upon the will of a minority forcibly imposed upon the majority. It relies upon terror and oppression, a controlled press and radio, fixed elections,
15 and suppression of personal freedoms.
45 I believe that it must be the policy of the United States to support free peoples who are resisting attempted subjugation by armed minorities or by outside
20 pressures. I believe that we must assist
50 free peoples to work out their own way. I believe that our help should be primarily through economic and financial aid, which is essential to economic stability
25 and orderly political processes.

55 Botschaften der Präsidenten der Vereinigten Staaten von Amerika zur Außenpolitik, bearbeitet von Herbert Strauss, Bern 1957, S. 182 f.

Q4 Die NATO als Bündnissystem

Aus dem NATO-Vertrag, 1949:

Art. 1 Die vertragsschließenden Staaten verpflichten sich, gemäß den Bestimmungen der Charta der Vereinten Nationen jeden internationalen Streitfall,
5 an dem sie beteiligt sein mögen, durch friedliche Mittel (…) zu regeln (…).

Art. 5 Die vertragsschließenden Staaten sind sich darüber einig, dass ein bewaffneter Angriff gegen einen oder mehrere
10 von ihnen in Europa oder Nordamerika als ein Angriff gegen sie alle betrachtet werden wird, und infolgedessen kommen sie überein, dass im Falle eines solchen bewaffneten Angriffs je-
15 der von ihnen (…) den Vertragsstaat oder die Vertragsstaaten, die angegriffen werden, unterstützen wird, indem jeder von ihnen für sich (…) diejenigen Maßnahmen unter Einschluss der Ver-
20 wendung bewaffneter Kräfte ergreift, die er für notwendig erachtet, um die Sicherheit des nordatlantischen Gebietes wiederherzustellen (…). Diese Maßnahmen sind zu beenden, sobald der
25 Sicherheitsrat die zur Wiederherstellung und Aufrechterhaltung des Völkerfriedens und der internationalen Sicherheit notwendigen Maßnahmen ergriffen hat.

Europa-Archiv 1949, S. 2071 f.

Q6 Die verrückte Taube

Anonyme französische Karikatur, 1951 Sie spielt auf einen von Stalins Spitznamen – „die verrückte Taube" – an.

Q5 Plakat aus dem Jahr 1943

✎ D: Erläutere anhand der Bilder, wie sich die Wahrnehmung der Sowjetunion in wenigen Jahren verändert hat. [II]

Q7 Amerika und die Europäer

Sowjetische Karikatur aus der satirischen Zeitschrift „Krokodil", 4. April 1949

1 Uncle Sam, das Symbol für die USA, 2 der britische Außenminister Bevin, 3 der französische Außenminister Schuman, 4 der belgische Außenminister Spaak, 5 der niederländische Außenminister Stikker, 6 der Luxemburger Außenminister Bech
Die Schrift auf dem Papier lautet: Nordatlantischer Pakt.

✎ E: Beschreibe und interpretiere die Karikatur. Formuliere jeweils eine Antwort aus amerikanischer und aus europäischer Sicht. [III]

Q8 Freiheit und Gleichberechtigung?

Der sowjetische Marschall Bulganin sagt am 11. Mai 1955 auf der 1. Sitzung der Warschauer Vertragsstaaten:

Bekanntlich haben sich zwischen unseren Ländern neue, in der Geschichte noch nie dagewesene Beziehungen angeknüpft, fußend auf der Gemeinsamkeit der Ziele und Interessen, auf den Prinzipien der Gleichberechtigung, der Respektierung der staatlichen Souveränität und der Nichteinmischung in die inneren Angelegenheiten. (…) In den Beziehungen zwischen unseren Ländern haben die edlen Prinzipien des sozialistischen Internationalismus, die hohen Ideen der brüderlichen Freundschaft freier, gleichberechtigter Völker ihre Verkörperung gefunden (…).

Die Blocks, die von den imperialistischen Staaten gebildet werden, beruhen auf dem Prinzip der Beherrschung und Unterordnung. Solcherart sind die Blocks, die den Interessen ihrer Organisatoren, der imperialistischen Großmächte, dienen. Die herrschenden Kreise dieser Mächte ziehen kleine Länder in die aggressiven Militärgruppierungen hin-

ein, mit deren Bildung sie beschäftigt sind; sie tun es, um Menschenreserven zu bekommen und sich die Schaffung neuer Aufmarschgebiete und Militärstützpunkte zu sichern. Gleichzeitig benutzen sie die aggressiven Blocks zur politischen und wirtschaftlichen Unterordnung dieser ihrer Bündnispartner. Allbekannt ist, dass seit Bildung der Nordatlantikunion die wirtschaftliche und politische Unabhängigkeit der daran beteiligten Länder erheblich geschmälert worden ist. Die Vereinigten Staaten von Amerika, die in diesem aggressiven Block die Hauptrolle spielen, machen sich dessen andere Teilnehmer immer mehr botmäßig.

Wolfgang Lautemann/Manfred Schlenke (Hrsg.), Geschichte in Quellen, Bd. 7, München 1980, S. 465 f.

---

1. Verfasse Schlagzeilen, in denen die Grundlagen der Truman-Doktrin plakativ ausgedrückt werden (Q3). [III]

2. „Spielt" einen Konflikt durch, der zu einem NATO-Einsatz führt: Welche Schritte müssen absolviert werden, wie weit muss ein Staat einem anderen zu Hilfe kommen (Q4)? [III]

3. Schreibe aus der Sicht jeweils eines östlichen und eines westlichen Journalisten einen Kommentar zur Rede Bulganins (Q8). [III]

4. Formuliere einen Eintrag für ein Schülerlexikon zum Stichwort „Kalter Krieg" (VT, Q1–Q8). [I]

1945   2016

„Gleichgewicht des Schreckens"

Der Kalte Krieg wurde nicht nur mit Worten geführt, sondern immer auch mit militärischen Drohgebärden. Ein gefährlicher Rüstungswettlauf versetzte die Menschen in Angst und Schrecken. Und dennoch konnte ein neuer Weltkrieg verhindert werden. Was war der Grund dafür?

Die atomare Bedrohung

A: Stelle die Gefahren des Rüstungswettlaufs dar, die trotz eines militärischen Gleichgewichts bestanden. [III]

1949 wurde die erste sowjetische Atombombe erfolgreich getestet. Damit verloren die USA ihr Atomwaffenmonopol. Von nun an wurden immer wirksamere Bomben entwickelt und eine gewaltige Menge von Sprengköpfen angehäuft. Damit wäre es möglich gewesen, die gesamte Menschheit auszulöschen. Dennoch gaben sich die Atommächte der Illusion hin, ein Atomkrieg sei zu gewinnen. Sie glaubten nämlich, dass im Fall eines atomaren Angriffes noch rechtzeitig zurückgeschlagen und der Gegner dadurch vernichtet werden könne. Durch diese Möglichkeit sollte die jeweils andere Seite davor abgeschreckt werden, ihre Waffen zuerst einzusetzen. Dementsprechend sprach man von einem „Gleichgewicht des Schreckens". Es hat sicher dazu beigetragen, einen Nuklearkrieg zu verhindern.

Der „Sputnik-Schock" und die Folgen

1957 brachten sowjetische Spezialisten einen Satelliten mit dem Namen „Sputnik" auf eine Erdumlaufbahn. Das bewies, dass die Sowjetunion im Besitz leistungsfähiger Trägerraketen war, mit denen sie Kernwaffen an jedem beliebigen Ort der Welt einsetzen konnte. Die westliche Welt war geschockt. Nun begannen die USA eine technologische Aufholjagd. 1961 startete der Russe Juri Gagarin als erster Mensch ins All. Bereits ein Jahr darauf folgte mit John Glenn der erste Amerikaner. Und 1969 betrat Neil Armstrong mit den berühmten Worten „That's one small step for man, one giant leap for mankind" als erster Mensch den Mond.

Die technologischen Fortschritte brachten auf beiden Seiten auch immer leistungsfähigere Waffensysteme hervor: Langstreckenbomber, Interkontinentalraketen, Mittel- und Kurzstreckenraketen sowie Atom-U-Boote. Die Rüstungsspirale drehte sich immer weiter.

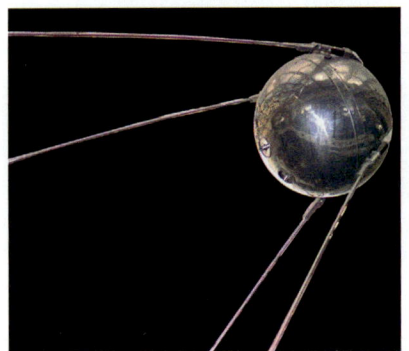

Q1 Sputnik 1, 1957

Q2 Familie in einem Atombunker
Amerikanisches Pressefoto,
19. Mai 1955

B: Fotos und Zeichnungen dieser Art wurden vom US-amerikanischen Amt für Zivilverteidigung herausgegeben. Welche Botschaft sollte damit verbreitet werden? Formuliere eine Entgegnung darauf. [III]

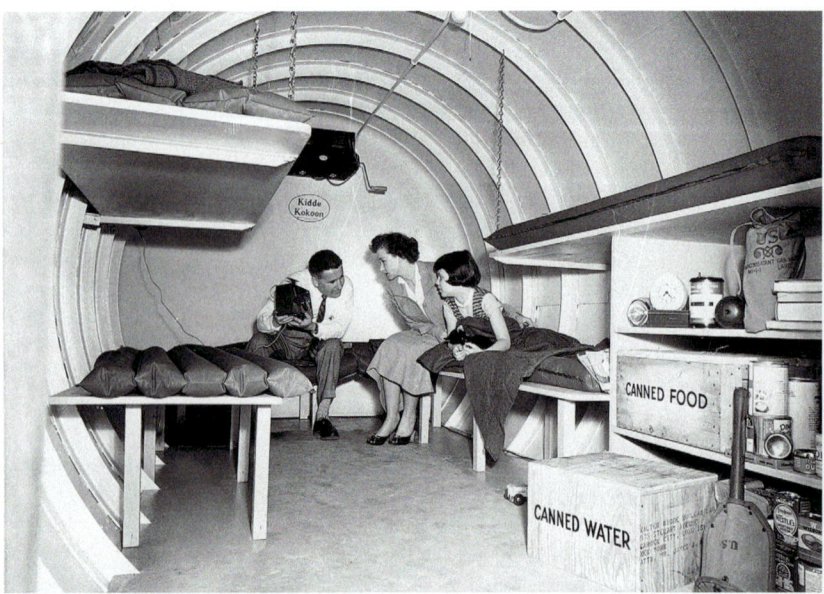

Q5 Die Göttinger Erklärung

Eine Gruppe namhafter Atomforscher der Universität Göttingen wendet sich am 12. April 1957 an die Öffentlichkeit:

1. Taktische Atomwaffen haben die zerstörende Wirkung normaler Atombomben. Als „taktisch" bezeichnet man sie, um auszudrücken, dass sie nicht nur ge- 5 gen menschliche Siedlungen, sondern auch gegen die Truppen im Erdkampf eingesetzt werden. Jede einzelne taktische Atombombe oder -granate hat eine ähnliche Wirkung wie die erste 10 Atombombe, die Hiroshima zerstört hat. Da die taktischen Atomwaffen heute in großer Zahl vorhanden sind, würde ihre zerstörende Wirkung im Ganzen sehr viel größer sein. (…) 15 2. Für die Entwicklungsmöglichkeit der lebensausrottenden Wirkung der strategischen (= großen) Atomwaffen ist keine natürliche Grenze bekannt. Heute kann eine taktische Atombombe eine 20 kleinere Stadt zerstören, eine Wasserstoffbombe aber einen Landstrich von der Größe des Ruhrgebietes zeitweilig unbewohnbar machen. Durch die Verbreitung von Radioaktivität könnte 25 man mit Wasserstoffbomben die Bevölkerung der Bundesrepublik heute schon ausrotten. Wir kennen keine technische Möglichkeit, große Bevölkerungsmengen vor dieser Gefahr sicher 30 zu schützen. (…)

Wir bekennen uns zur Freiheit, wie sie heute die westliche Welt gegen den Kommunismus vertritt. Wir leugnen nicht, dass die gegenseitige Angst vor 35 den Wasserstoffbomben heute einen wesentlichen Beitrag zur Erhaltung des Friedens in der ganzen Welt und der Freiheit in einem Teil der Welt leistet. Wir halten aber diese Art, den Frie- 40 den und die Freiheit zu sichern, auf die Dauer für unzuverlässig. Und wir halten die Gefahr im Falle ihres Versagens für tödlich.

Klaus-Jörg Ruhl (Hrsg.), „Mein Gott, was soll aus Deutschland werden?" Die Adenauer-Ära 1949–1963, München 1985, S. 409 f.

Q3 Teilnehmerinnen an einer Demonstration
Foto, 28. Oktober 1961

C: Erläutere aus der Sicht der beiden Frauen ihre Plakate. [II]

Q4 Soll die Bundeswehr Atomwaffen haben?
Der damalige Bundeskanzler Adenauer sagt am 4. April 1957 auf einer Pressekonferenz:

Dass das Vorhandensein dieser Atomwaffen auf dem Boden der Bundesre- 15 publik uns der Gefahr einer atomaren Vergeltung aussetzt, glaube ich nicht aus einem sehr einfachen Grunde, weil auch Sowjetrussland genau weiß, wie das alle anderen Staaten wissen, dass auf eine Vergeltungshandlung (…), d. h. einen Angriff gegen uns (…) dann so- 10 fort der Gegenschlag von USA kommen würde.

Ich kann nicht verhehlen, dass die außenpolitische Entwicklung in den letzten 12 oder 18 Monaten ernster geworden ist und dass wir hier in Deutschland den Frieden, den wir haben, lediglich der Tatsache verdanken, dass die Atomwaffe der USA außerordentlich stark ist.

Klaus-Jörg Ruhl (Hrsg.), „Mein Gott, was soll aus Deutschland werden?" Die Adenauer-Ära 1949–1963, München 1985, S. 408.

---

1. Erläutere, wie Rüstungswettlauf und Weltraumforschung zusammenhingen (VT, Q1). [I]

2. Vergleiche Q4 und Q5. Welche Haltung zum „Gleichgewicht des Schreckens" kommt jeweils zum Ausdruck? [III]

3. Führt ein Streitgespräch zwischen Anhängern Adenauers und Anhängern der Göttinger Forscher zur atomaren Bewaffnung der Bundeswehr (Q4, Q5). [III]

1945   2016

Brennpunkte der Weltgeschichte

Mehrmals drohte der Kalte Krieg die Welt in eine Katastrophe zu stürzen. Die Konflikte in Korea, Kuba und Vietnam sind bedeutende Beispiele dafür. Welche Ursachen hatten diese Auseinandersetzungen? Welche Gefahren wurden durch sie heraufbeschworen und wie endeten sie?

Vormarsch des Kommunismus?

Im Januar 1949 endete in China ein langer Bürgerkrieg mit dem Sieg der Kommunisten unter ihrem Führer Mao Zedong. Damit war das bevölkerungsreichste Land der Welt kommunistisch geworden. Auch im angrenzenden Korea schien der Vormarsch des Kommunismus unaufhaltsam. Das Land war nach dem Zweiten Weltkrieg in zwei Besatzungszonen aufgeteilt worden: in ein amerikanisch besetztes Südkorea und ein sowjetisch besetztes Nordkorea, wo 1948 eine kommunistische Regierung an die Macht kam. 1949 zogen beide Besatzungsmächte ihre Truppen ab. Das Land blieb jedoch geteilt. 1950 griff Nordkorea den Süden an und eroberte fast ganz Südkorea. China und die Sowjetunion unterstützten dabei Nordkorea. Südkorea schien besiegt. Da griffen UNO-Truppen mit den USA an der Spitze in den Konflikt ein. Nach wechselhaften Kämpfen gelang es, die Front am 38. Breitengrad zu stabilisieren. Dort verlief bereits seit 1945 die Trennungslinie zwischen Nord- und Südkorea. 1953 wurde ein Waffenstillstand unterzeichnet, der bis heute besteht.

Die Kubakrise

Fast zehn Jahre später begann in der Karibik ein weiterer folgenschwerer Konflikt. Am 14. Oktober 1962 nahmen Mitarbeiter des US-Geheimdienstes über Kuba Fotos auf, die vierzig im Bau befindliche Abschussrampen für sowjetische Mittelstreckenraketen zeigten. Diese Atomwaffen hätten innerhalb weniger Minuten große Teile der USA erreichen können. Wie war das möglich geworden? Unter der Führung Fidel Castros war es 1959 auf Kuba zu einer Revolution gekommen. Castro begann damit, ein kommunistisches System zu errichten. Diesen Weg unterstützte die Sowjetunion. Beide Regierungen kamen überein, atomare Waffen auf der Karibikinsel zu stationieren. Nun stand der amerikanische Präsident John F. Kennedy vor einer schwierigen Entscheidung. Sollte die amerikanische Armee eingreifen und diese Atomraketen

✎ A: Stelle in einer Tabelle die drei Krisen gegenüber. Notiere Stichworte zu Ursachen, Verlauf und Folgen der drei Krisen. [II]

Q1 **Verhör von zwei nordkoreanischen Jungen**
Foto, 18. September 1950
Die Jungen haben auf nordkoreanischer Seite am Krieg teilgenommen.

✎ B: Schreibe das Gespräch zwischen den amerikanischen Soldaten und den beiden Jungen auf. [III]

Q2 „O. K. Mr. President, let's talk."
Englische Karikatur aus der „Daily Mail", 29. Oktober 1962

✏️ C: Beschreibe und deute die Karikatur. [III]

vernichten? Die Welt hielt den Atem an: Die Menschen kauften große Lebensmittelvorräte; die Streitkräfte beider Seiten wurden in Alarmzustand versetzt; ein Atomkrieg drohte.

Kennedy entschied sich gegen eine Invasion Kubas und verhängte stattdessen eine Seeblockade, um weitere Waffenlieferungen zu verhindern. Auch der sowjetische Partei- und Regierungschef Chruschtschow vermied einen militärischen Zusammenstoß und erklärte sich schließlich dazu bereit, die Atomraketen wieder abzuziehen. Im Gegenzug sicherten die USA zu, keine Invasion Kubas zu planen und durchzuführen. Außerdem wurde vereinbart, NATO-Raketen aus der Türkei abzuziehen, die von dort die Sowjetunion bedrohten. Beide Seiten werteten das Ende der Kubakrise als einen diplomatischen Erfolg für sich: Die Sowjetunion hatte Kuba vor einer möglichen Invasion der USA gesichert; Kennedy hatte weltweit Ansehen als ein konsequenter, aber auch am Frieden orientierter Präsident gewonnen. Doch die langfristigen Folgen der Kubakrise wogen schwerer. Beide Supermächte erkannten, dass durch unbedachtes Handeln jederzeit ein atomares Inferno in Gang gesetzt werden konnte. Sie sahen sich genötigt, Verhandlungsbereitschaft zu signalisieren. In diesem Zusammenhang wurde auch eine jederzeit freie, direkte Telefonverbindung zwischen Washington und Moskau eingerichtet, um in Krisensituationen eine sofortige Kontaktaufnahme zu ermöglichen. Doch gleichzeitig begann eine neue Runde des Wettrüstens der beiden Großmächte.

Der Vietnamkrieg

Während die USA in der Korea- und der Kubakrise militärische und diplomatische Erfolge erzielen konnten, scheiterten sie schließlich in Vietnam. Die französische Kolonie Vietnam war während des Zweiten Weltkrieges von Japan besetzt worden. Nach Kriegsende versuchte Frankreich, seine Kontrolle über Vietnam wiederherzustellen. Vietnamesische Aufständische unter dem kommunistischen Führer Ho Chi Minh besiegten jedoch 1954 die französischen Streitkräfte. Das Land wurde in einen kommunistischen Norden und einen nichtkommunistischen Süden geteilt. In Südvietnam begann ein Bürgerkrieg zwischen der westlich ausgerichteten Regierung und dem von Nordvietnam unterstützten Vietcong. Nach der sogenannten Dominotheorie der Amerikaner würde ein kommunistisches Gesamtvietnam zu einem weiteren Vordringen des Kommunismus in ganz Asien führen. Um das zu verhindern, griff

Vietcong
Allgemein verwendete Bezeichnung für die „Nationale Front für die Befreiung Südvietnams". Dies war eine Guerillaorganisation, die während des Vietnamkrieges in Südvietnam den bewaffneten Widerstand gegen die Regierungs- und die US-Truppen führte. Sie setzte sich aus unterschiedlichen Gruppierungen zusammen, wurde jedoch durch die Kommunistische Partei dominiert.

Dominotheorie
Darunter ist zu verstehen, dass ein Land nach dem anderen kommunistisch werden würde, sobald eines den Anfang gemacht hätte – so wie eine Reihe aufgestellter Dominosteine umkippt, sobald der erste fällt.

1945   2016

die amerikanische Regierung 1955 aktiv in den Konflikt ein und entsandte 350 Offiziere für die Ausbildung und Organisation der südvietnamesischen Armee. In den folgenden Jahren wurde das finanzielle und auch das militärische Engagement immer weiter ausgebaut. Seit 1965 führten die amerikanischen Streitkräfte einen gewaltigen Luftkrieg gegen die nordvietnamesischen Stellungen des Vietcong. Durch einen gleichzeitigen massiven Einsatz von Bodentruppen sollten die Vietcong aus Südvietnam vertrieben werden. Schließlich standen 1967 mehr als eine halbe Million amerikanischer Soldaten in Südvietnam, darunter viele Wehrdienstleistende.

Das Scheitern einer Weltmacht

Der Einsatz konventioneller und chemischer Waffen forderte viele Opfer unter der Zivilbevölkerung. Die Vietcong-Rebellen konnten aber nicht besiegt werden. Nach einzelnen Kampfeinsätzen tauchten sie schnell im Dschungel unter. Dieser Dschungelkrieg erwies sich für die Amerikaner als ein Fiasko. In dem undurchdringlichen Dickicht stieß die weit überlegene amerikanische Militärmacht immer wieder ins Leere. Schließlich entschloss sich Präsident Nixon zum Rückzug. Nach langen Verhandlungen zwischen Nordvietnam und den USA wurde am 27. Januar 1973 ein Waffenstillstand abgeschlossen. In Südvietnam ging der Krieg jedoch weiter. Er endete erst, als reguläre Truppen des Nordens in einer Großoffensive am 30. April 1975 Saigon eroberten. Das nun unter kommunistischer Führung wiedervereinigte Vietnam schloss sich eng an die Sowjetunion an. Die amerikanische Politik, den Vormarsch des Kommunismus zu verhindern, war in Asien gescheitert. Die USA hatten weltweit erheblich an Ansehen verloren und mussten die erste große militärische Niederlage ihrer Geschichte verkraften. Vietnam war zu einem Trauma geworden.

Trauma
(griech.: Wunde, starke Erschütterung)
Die Erfahrungen des Vietnamkrieges führten in den USA zum sogenannten Vietnam-Trauma. Zweifel am eigenen politischen System und die Angst vor erneuten Niederlagen verunsicherten über Jahre hinaus viele Amerikaner.

Q3 Junge Vietnamesin, die von US-Truppen verletzt wurde, mit ihrem Kind
Foto, 4. April 1966

D: Versetze dich in die Lage eines amerikanischen Journalisten oder einer Journalistin. Du erhältst das Bild von einem Kriegsfotografen und wirst es in deiner Zeitung veröffentlichen. Schreibe dazu einen Kommentar. [III]

Legend (left map):
- Nordkorea, sowjetisch besetzt
- Südkorea, amerikanisch besetzt
- ----- Demarkationslinie
- .... Frontlinie
- ──→ Truppen Nordkoreas seit Juni 1950

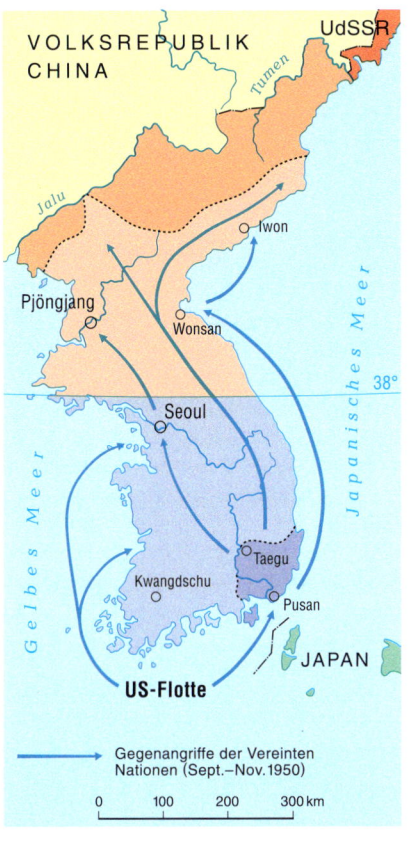

Legend (middle map):
- US-Flotte
- ──→ Gegenangriffe der Vereinten Nationen (Sept.–Nov. 1950)
- 0   100   200   300 km

Legend (right map):
- ──→ Intervention chinesischer Truppen (November 1950)
- Kampfgebiet bis Juli 1953
- ----- Demarkationslinie (Nov. 1951), Waffenstillstandslinie Juli 1953, seither Grenze zwischen Nord- und Südkorea

D1 Die drei Phasen des Koreakrieges 1950 bis 1953

E: Beschreibe den Kriegsverlauf. [I]

Q4 Warum greifen die USA ein?

Aus einer Erklärung des Präsidenten Truman vom Juni 1950:

In Korea (gemeint ist Südkorea) wur-25 den Regierungstruppen, die bewaffnet worden waren, um Grenzverletzungen zu verhindern und die innere Sicherheit des Landes zu erhalten, von aus Nordkorea eindringenden Truppen angegriffen. Der Sicherheitsrat der Vereinten Nationen forderte die eindringenden Truppen auf, die Feindseligkeiten einzustellen und sich hinter den 38. Breitengrad zurückzuziehen. Der Sicherheitsrat forderte daraufhin alle Mitglieder der Vereinten Nationen auf, den Vereinten Nationen jede nur mögliche Unterstützung in der Durchführung dieser Entschließung zu gewähren. In dieser Situation habe ich den Luft- und Seestreitkräften der Vereinigten Staaten den Befehl gegeben, den Truppen der koreanischen Regierung Deckung und Unterstützung zu geben. Der Angriff auf Korea macht über allen Zweifeln deutlich, dass der Kommunismus (…) jetzt zum Mittel bewaffneter Invasion und Krieg greifen wird. Der Kommunismus hat den Anordnungen des Sicherheitsrates getrotzt, die den Frieden und die internationale Sicherheit erhalten sollten.

Ernst-Otto Czempiel/Carl-Christoph Schweitzer, Weltpolitik der USA nach 1945. Einführung und Dokumente, Bonn 1984, S. 98.

Q5 Südkoreanischer Soldat mit Stalin-Bild
Foto, Oktober 1950

F: Erkläre, was der Soldat mit seiner Geste aussagen möchte. [II]

1945   2016

Q6 Einsatz von Kernwaffen?

Aus einer Rede des US-Präsidenten John F. Kennedy vom 22. Oktober 1962:

Im Laufe der letzten Wochen haben eindeutige Beweise die Tatsache erhärtet, dass derzeit auf dieser unterdrückten Insel (gemeint ist Kuba) mehrere Anla-
5 gen für Angriffsraketen errichtet werden. Der Zweck dieser Anlagen kann nur darin bestehen, die Möglichkeit eines Atomschlags gegen die westliche Hemisphäre (Erdhalbkugel) zu schaf-
10 fen. (…)

Aber diese geheime, schnelle und außerordentliche Massierung kommunistischer Raketen in einem Gebiet, von dem sehr gut bekannt ist, dass es be-
15 sondere geschichtliche Bindungen zu den Vereinigten Staaten und den Nationen der westlichen Hemisphäre hat – diese plötzliche und heimliche Entscheidung, zum ersten Mal außerhalb
20 der Sowjetunion strategische Waffen zu stationieren, ist eine absichtliche provokatorische und ungerechtfertigte Veränderung des Status quo (der jetzige Zustand), die von unserem Land
25 nicht hingenommen werden kann, wenn unser Mut und unsere Versprechungen von Freund und Feind noch ernst genommen werden sollen. (…) Unser unerschütterliches Ziel muss es
30 deshalb sein, den Einsatz dieser Raketen gegen dieses oder irgendein anderes Land zu verhindern und ihren Abzug oder ihre Beseitigung aus der westlichen Hemisphäre sicherzustellen. (…)
35 Wir werden nicht verfrüht oder unnötigerweise einen weltweiten Kernwaffenkrieg riskieren, bei dem selbst die Früchte des Sieges in unserem Munde zu Asche würden. Aber wir werden vor
40 diesem Risiko auch nicht zurückschrecken, wenn wir ihm gegenüberstehen.

Wolfgang Jäger, Die Geschichte der USA. Von der Kolonialzeit zu den Herausforderungen des 21. Jahrhunderts, Berlin 2005, S. 171.

Q7 Verteidigungswaffen?

Aus einem Brief Chruschtschows an Kennedy vom 26. Oktober 1962:

Wie können Sie (…) diese völlig falsche Interpretation geben, die Sie jetzt verbreiten, dass einige Waffen in Kuba Offensivwaffen sind, wie Sie sa-
5 gen? Alle Waffen dort – das versichere ich Ihnen – sind defensiver Art; sie sind ausschließlich zu Verteidigungszwecken in Kuba gedacht, und wir haben sie auf Bitten der kubanischen Regie-
10 rung nach Kuba entsandt. (…)

Die Waffen, die zur Verteidigung Kubas notwendig sind, sind bereits dort. Ich will nicht behaupten, dass es überhaupt keine Waffenlieferungen gegeben hat.
15 Nein, es hat solche Lieferungen gegeben. Aber nun hat Kuba die notwendigen Verteidigungswaffen bereits erhalten.

Bernd Greiner, Kubakrise. 13 Tage im Oktober, Nördlingen 1988, S. 319.

Q8 Ein Erfolg für die Sowjetunion?

In seinen Memoiren bewertet Chruschschow im Rückblick die Kubakrise:

Ich hatte vor, Raketen mit Nuklearsprengköpfen auf Kuba zu stationieren, so dass die USA nichts davon mitbekamen, bis es zu spät war, etwas dage-
5 gen zu tun. (…) Wir hatten nicht vor, einen Krieg anzufangen. Wir teilten den Amerikanern mit, dass wir bereit wären, unsere Raketen und Bomber unter der Bedingung abzuziehen, dass es
10 keine Invasion Kubas seitens der Amerikaner oder irgendjemand anderem geben würde. Schließlich gab Kennedy nach und stimmte zu, eine Erklärung mit einer diesbezüglichen Garantie ab-
15 zugeben. (…) Es war ein großer Sieg für uns, (…) ein spektakulärer Erfolg.

Nikita Khrushchev, Khrushchev Remembers. London 1971, S. 496. übers. von Boris Loske, zit. nach: Geschichte lernen, 94 (2003), S. 39.

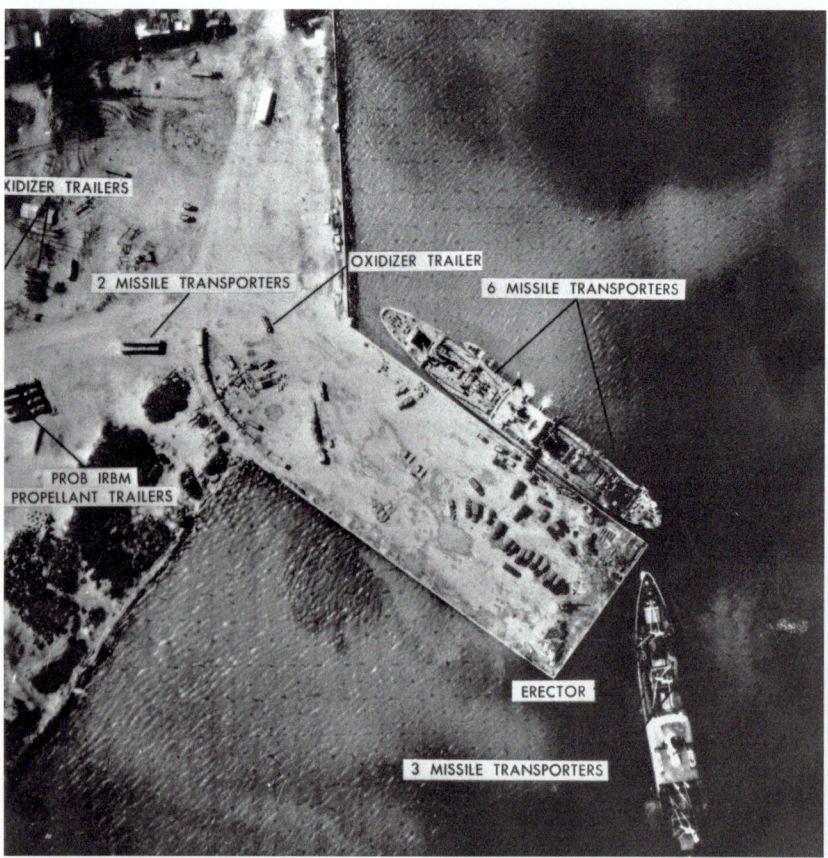

Q9 Rückführung sowjetischer Raketen von Kuba
Foto des Hafens Puerto Mariel, 5. November 1962

G: Verfasse zwei Zeitungsmeldungen zu dem dargestellten Ereignis: einmal aus der Sicht eines westlichen, einmal aus der Sicht eines sowjetischen Berichterstatters. [III]

Q10 Rückzug aus Saigon
Foto, 29. April 1979
CIA-Mitarbeiter lassen sich mit einem US-Hubschrauber ausfliegen. Am folgenden Tag eroberten die Vietcong Saigon.

nicht, was am 16. März 1968 geschah. An diesem Tag (…) drangen Soldaten der 11. Brigade in das Dorf My Son am Südchinesischen Meer ein. Ein Zug unter First Lieutenant William Calley trieb Hunderte alter Männer, Frauen und Kinder, unter ihnen auch Säuglinge, aus dem Dörfchen zu einem nahe gelegenen Graben. Dort wurden alle mit Maschinengewehren niedergemäht. Wie spätere Untersuchungen ergaben, hatten Calley und seine Männer 347 Menschen umgebracht. (…) Zur gleichen Zeit, als ich meine Meinung über den Krieg zu ändern begann, vollzog sich der gleiche Gesinnungswandel in der gesamten Armee. Wir sahen ein, dass wir im Dienst einer Außenpolitik eingesetzt worden waren, die sich jetzt als völliger Fehlschlag erwies. Die Führung hatte uns nach der Einheitslogik des Antikommunismus in den Krieg geschickt, doch diese Logik ließ sich auf Vietnam nur teilweise anwenden: Der dortige Kampf hatte seine historischen Wurzeln im Nationalismus, im Krieg gegen den Kolonialismus und in sozialen Konflikten, die unabhängig vom Ost-West-Konflikt bestanden.

Colin Powell, Mein Weg, München 1996, S. 171 ff., übers. von Enrico Benjamino Heinemann.

Q11 Warum sind wir in Vietnam?

Präsident Johnson in einer Rede am 7. April 1965:

Die Welt in Asien ist kein heiterer und friedlicher Ort. Die erste Realität ist, dass Nordvietnam die unabhängige Nation Südvietnam angegriffen hat. Das Ziel ist die totale Eroberung. Natürlich unterstützen einige Südvietnamesen den Angriff auf ihre eigene Regierung. Aber ausgebildete Männer, Nachschub, Befehle und Waffen fließen unaufhörlich von Nord nach Süd. (…) Wir sind (in Südvietnam), weil wir ein Versprechen zu halten haben. Seit 1954 hat jeder amerikanische Präsident dem Volk von Südvietnam Hilfe angeboten. Wir haben geholfen aufzubauen, wir haben geholfen zu verteidigen. (…) Wir sind auch dort, um die Weltordnung zu stärken. Rund um die Erde, von Berlin bis Thailand, leben Völker, deren Wohlergehen zum Teil auf dem Glauben beruht, dass sie auf uns zählen können, wenn sie angegriffen würden. Vietnam seinem Schicksal zu überlassen, würde das Vertrauen aller dieser Völker in den Wert einer amerikanischen Verpflichtung (…) erschüttern. Das Ergebnis wäre wachsende Unruhe und Unsicherheit, schließlich sogar Krieg. Wir sind auch dort, weil es um hohe Einsätze für das Gleichgewicht geht. Niemand soll glauben, dass der Rückzug aus Vietnam das Ende des Konflikts brächte. (…) Die wichtigste Lehre unserer Zeit ist, dass der Appetit der Aggression niemals befriedigt ist. Rückzug von dem einen Schlachtfeld bedeutet nur Vorbereitung des nächsten.

Wolfgang Lautemann/Manfred Schlenke (Hrsg.), Geschichte in Quellen, Bd. 7, München 1980, S. 601 f.

Q12 Kriegsführung in Vietnam

Colin Powell, der als Offizier in Vietnam gedient hatte, schreibt 1996:

Die Vietcong und sympathisierende Bauern, auch Frauen und Kinder, hatten überall Minen gelegt und Sprengfallen versteckt. Das entschuldigt freilich

---

1. Erkläre, warum sich der lokale Konflikt zwischen Nord- und Südkorea zu einer internationalen Auseinandersetzung ausweitete und weshalb sich die USA so stark engagierten (VT, Q4). [II]

2. Erläutere die Ursachen der Kubakrise und nimm Stellung zur sowjetischen und amerikanischen Politik zur Beilegung der Krise (VT, Q6–Q8). [III]

3. Nimm Stellung zu Johnsons Erklärung, warum die USA einen Rückzug aus Vietnam ablehnen (VT, Q11). [III]

4. Vergleiche Johnsons Rechtfertigung des Vietnamkrieges mit der Kritik Powells (Q11, Q12). [III]

5. Verfasse einen Zeitungskommentar zur Kubakrise. [III]

1945   2016

Historische Spielfilme auswerten

Der Kalte Krieg war und ist Thema vieler Spielfilme. Spielfilme zu historischen Themen sind – ähnlich wie Historienbilder – Darstellungen von Geschichte. Dabei muss man unterscheiden, ob die Handlung völlig frei erfunden wurde oder ob sich die Geschichte wirklich ereignet hat. Ist Letzteres der Fall, ermöglichen Spielfilme durchaus, historische Tatsachen zu erfahren. Das trifft auf den Film „Thirteen Days" zu, der 2000 gedreht wurde, nachdem ein Großteil der geheimen Regierungsdokumente zur Kubakrise für die Forschung freigegeben worden war.

Spielfilme können Geschichte lebendig machen und so das Lebensgefühl der dargestellten Zeit vermitteln. Der Zuschauer bekommt den Eindruck, in die Filmhandlung einzutauchen und den handelnden Personen sehr nahezukommen. Das kann dazu beitragen, das Handeln der Menschen in ihrer Zeit besser zu verstehen. Weil historische Spielfilme normalerweise nicht in der Zeit entstehen, in der sie spielen, sind sie auch ein Spiegelbild ihrer Entstehungszeit. Sie zeigen uns das Bild der Geschichte, das die Schöpfer des Films haben: Drehbuchautoren, Regisseure, Kameraleute, Schauspieler usw. Dies alles kann aber auch dazu führen, dass uns Spielfilme emotional überwältigen, dabei in uns Zuneigung oder Abneigung zu einzelnen Ereignissen oder Personen erzeugen oder sogar bewusst etwas Falsches vermitteln. Spielfilme sollten daher nicht unkritisch akzeptiert, sondern genau untersucht werden.

D1 Filmplakat aus dem Jahr 2000
Regie: Roger Donaldson
In den Hauptrollen (von links nach rechts):
Steven Culp (US-Justizminister Robert F. Kennedy), Bruce Greenwood (US-Präsident John F. Kennedy), Kevin Costner (Sonderberater Kenny O'Donnell)

✏ A: Untersuche, welche Botschaft der Kinobesucher dem Plakat entnehmen soll. [II]

Methodische Arbeitsschritte

1 Beschreiben

Schau dir den Film an und notiere:
- Wann und von wem wurde der Film gedreht?
- Welches Thema hat er zum Inhalt?
- Welche Ereignisse werden besonders herausgestellt, welche nur am Rande gezeigt?
- Wer sind die handelnden Personen? Wie sind sie dargestellt?
- Welche Szenen sind für das Verständnis des historischen Inhalts besonders wichtig?

Fasse deine Gesamteindrücke zusammen.

2 Untersuchen

Sieh dir die Schlüsselszenen noch einmal an und finde heraus:
- Welche Personen bringen die historische Entwicklung voran?
- Wie werden die handelnden Personen dargestellt?
- Mit welchen Mitteln geschieht das? Beachte die Kameraeinstellung (groß, klein, nah, fern, Details), Kameraperspektive (von oben, von unten, Normalsicht usw.), Kamerabewegung, Beleuchtung, Ton (Musik, Geräusche, Kommentare usw.).

Recherchiere, welche Handlungen den historischen Tatsachen entsprechen und welche erfunden sind.

3 Deuten

- Wie wird das historische Ereignis insgesamt gewertet und gedeutet?
- Welche Botschaft oder Lehre soll der Zuschauer vermittelt bekommen?
- Notiere, welche Wertungen und Deutungen deiner Meinung nach kritikwürdig sind.

Beschreiben

„Thirteen Days" wurde 2000 von Kevin Costner produziert, der auch die Hauptrolle spielt. Der Film zeichnet dreizehn Tage der Kubakrise von 1961 nach. Im Mittelpunkt stehen dabei der junge amerikanische Präsident John F. Kennedy, sein Bruder – der Justizminister Robert Kennedy – und der Sonderberater Kenny O'Donnell. Mit der Kamera begleitet der Zuschauer Kenny O'Donnell durch die Krise und lernt so auch dessen Familie kennen. Immer wieder droht die Lage zu eskalieren und der Krieg auszubrechen. Immer wieder gelingt es, das zu verhindern – bis zur glücklichen Lösung der Krise. Der Film besteht vor allem aus Diskussionen der Hauptpersonen untereinander bzw. mit Beratern, Generälen und Diplomaten. Er bleibt trotzdem spannend. Dazu trägt bei, dass immer wieder konkrete Bilder der Kubakrise zu sehen sind: Kriegsschiffe, Flugzeuge, gefährliche Überflüge usw.

Untersuchen

Der Film wirkt fast wie ein Dokumentarfilm. Das wird noch dadurch gesteigert, dass viele Szenen in Schwarz-Weiß gedreht wurden. Auch die Kameraführung unterstreicht das. Sie scheint den Zuschauer mit auf eine Reise zu nehmen, z. B. bei Flugszenen. Die Auseinandersetzungen zwischen dem Präsidenten und seinen Beratern auf der einen und den Militärs auf der anderen Seite treiben die Handlung des Filmes voran. Durch unterschiedliche Kameraperspektiven werden die vielen Gespräche lebendig gehalten. Viele Großaufnahmen, besonders von Kennedy und seinen Beratern, erzeugen eine große Nähe.
Die Filmmusik passt sich der Handlung gut an. Nur wenn das aufmarschierende Militär gezeigt wird, erklingen militärische Rhythmen, sonst bleibt sie im Hintergrund oder verstummt ganz. Auch das erzeugt den Anschein von Authentizität.

Die Filmhandlung basiert auf gründlichen Recherchen. Allerdings entspricht die dargestellte Möglichkeit eines Militärputsches nicht den historischen Tatsachen. Auch Kenny O'Donnell hat in Wirklichkeit nur eine untergeordnete Rolle gespielt.

Deuten

Aus der Konfrontation zwischen der Regierung und dem Militär geht Kennedy als der eigentliche Held des Filmes hervor. Er steuert einen konsequenten Friedenskurs. Damit wird die Beilegung der Kubakrise allein dem Friedenswillen der amerikanischen Regierung zugeschrieben. Kennedy selbst erscheint als Retter der Welt vor der atomaren Zerstörung. Der Film erzählt die Geschichte konsequent aus amerikanischer Perspektive, die sowjetische bleibt ausgespart. Das zeigt auch die Grenzen, die ein Spielfilm hat, wenn man daran historische Ereignisse untersuchen möchte.

---

1. Nenne Gründe, warum häufig historische Ereignisse mithilfe von Spielfilmen dargestellt werden. [I]

2. Diskutiert, welche Chancen und Grenzen historisches Lernen auf Grundlage von Spielfilmen hat. [III]

3. Leihe dir einen historischen Spielfilm aus und untersuche diesen mithilfe der methodischen Arbeitsschritte. [III]

1945   2016

Zwischen Tauwetter und Nachrüstung

Die Kubakrise hatte beiden Blöcken vor Augen geführt, welche Gefahren die atomare Rüstung für die Existenz der Menschheit hervorgebracht hatte. Wie reagierten die Supermächte darauf?

A: Erläutere, warum in den 1960er und 1970er Jahren von „Entspannung" die Rede war. Stelle diese politische Phase den 1980er Jahren gegenüber: Was hatte sich geändert und worin siehst du die Ursachen dafür? [II]

Vorsichtige Annäherung und Entspannungspolitik

In den 1960er Jahren begannen sich Ost und West vorsichtig politisch anzunähern, ohne allerdings ihre Rivalität aufzugeben. Durch Verhandlungen wollten die Großmächte die Rüstungen begrenzen. Dadurch sollte einerseits die Gefahr eines Atomkrieges vermindert, andererseits sollten die hohen Rüstungsausgaben reduziert werden. Ein erster Erfolg dieser Entspannungspolitik war 1968 der Abschluss des Atomwaffensperrvertrages zwischen den USA, der Sowjetunion und Großbritannien. Darin verpflichteten sich die Unterzeichnerstaaten, die Nukleartechnologie nicht an andere Länder weiterzugeben. Ende 1969 begannen dann Gespräche zwischen der UdSSR und den USA, um die Anzahl der Atomwaffen zu begrenzen. Diese SALT-Verhandlungen („Strategic Arms Limitation Talks") führten zum Abschluss von zwei Rüstungsbegrenzungsabkommen, in denen zunächst Obergrenzen für bestimmte Waffensysteme festgeschrieben wurden. Beispielsweise wurde vereinbart, wie viele Sprengköpfe jede Seite höchstens haben dürfte. Zu einer Abrüstung kam es jedoch nicht.

Die Gipfelkonferenz von Helsinki

Die Entspannungspolitik jener Jahre beschränkte sich nicht nur auf Bemühungen um Rüstungsbegrenzung. 1975 unterzeichneten in Helsinki alle europäischen Staaten (außer Albanien) sowie die USA und Kanada das Schlussdokument der „Konferenz für Sicherheit und Zusammenarbeit in Europa" (KSZE). Nach zwei Jahren Verhandlungszeit hatten sich die Teilnehmerstaaten geeinigt, die bestehenden europäischen Grenzen anzuerkennen, das Prinzip der gegenseitigen Nichteinmischung zu befolgen, Konflikte friedlich zu lösen sowie die Menschenrechte und die politischen Grundrechte zu achten. Darüber hinaus vereinbarten sie, auf den Gebieten der Wirtschaft, der Wissenschaft, der Kultur, der Technik und der Umwelt zusammenzuarbeiten. Die Konferenz war umstritten. Im Westen wurde kritisiert, dass durch

H.E. KÖHLER 75

Q1 „Helsinki – der Gipfel der Unverbindlichkeiten"
Karikatur von Hanns Erich Köhler aus der Frankfurter Allgemeinen Zeitung, 30. Juli 1975
Auf der Schlussakte stehen der französische Staatspräsident Giscard d'Estaing, der deutsche Bundeskanzler Schmidt, der sowjetische Staats- und Parteichef Breschnew, der US-Präsident Ford und der englische Premierminister Wilson (v. l. n. r.).

B: Beschreibe und analysiere die Karikatur mithilfe des VT. [II]

die Erklärungen von Helsinki die Unterschiede zwischen dem demokratischen Westen und dem kommunistischen Osten verwischt würden, ohne die tatsächliche Situation der Menschen in den Ostblockstaaten zu verbessern. Doch für oppositionelle Gruppen in den kommunistischen Staaten erlangte das Dokument in den folgenden Jahren große Bedeutung, denn damit begründeten sie immer wieder die Forderung gegenüber ihren Regierungen, die vereinbarten Menschenrechte zu gewähren.

Afghanistan

Ende der 1970er Jahre geriet die Entspannungspolitik in eine Krise. Das Klima zwischen den beiden Supermächten wurde eisiger. Das zeigte sich ganz besonders im Konflikt um Afghanistan. Dort hatte sich gegen das regierende kommunistische Regime eine islamische Widerstandsbewegung erhoben. Um die kommunistische Herrschaft und den Einfluss in dieser Region zu retten, marschierten sowjetische Truppen 1979 in Afghanistan ein. Ein jahrelanger Krieg begann. Die USA versuchten, den kommunistischen Vormarsch zu stoppen, indem sie die afghanischen Aufständischen mit Waffen und Geld unterstützten. Als sich das sowjetische Militär zehn Jahre später zurückzog, blieb das Land im politischen und wirtschaftlichen Chaos zurück.

Der NATO-Doppelbeschluss

Wie zerbrechlich die Verständigungsbemühungen zwischen Ost und West waren, hatte sich jedoch schon vor dem Afghanistan-Krieg gezeigt. Die Sowjetunion begann, ihre alten Mittelstreckenraketen in Osteuropa gegen neue auszutauschen. Diese SS-20-Raketen hatten eine größere Reichweite und konnten mit Atomsprengköpfen ausgerüstet werden. Damit wuchs die atomare Bedrohung Westeuropas. Daraufhin beschloss die NATO, Verhandlungen aufzunehmen mit dem Ziel, diese Waffensysteme abzurüsten. Sollten die Verhandlungen scheitern, würden als Gegengewicht ebenfalls mit Atomsprengköpfen bestückte Raketen aufgestellt. Gegen diesen „NATO-Doppelbeschluss" (1979) bildete sich in Westeuropa eine breite Friedensbewegung, die die Stationierung neuer westlicher Waffensysteme ablehnte. Die Abrüstungsverhandlungen scheiterten an der unnachgiebigen Haltung beider Seiten. 1983 wurde mit der Stationierung neuer amerikanischer Mittelstreckensysteme – der Cruise Missiles und der Pershing II – begonnen. Eine neue Runde des Wettrüstens wurde eingeläutet.

Q2 „Der Rüstungswettlauf"
Karikatur von Horst Haitzinger, 1981

C: Erläutere die Aussage der Karikatur. [II]

1945   2016

Q3 Entspannungspolitik

Am 29. Mai 1972 unterzeichneten US-Präsident Nixon und der Partei- und Staatschef der UdSSR Breschnew in Moskau Grundsätze für die Beziehungen zwischen den USA und der UdSSR. Darin heißt es:

2. Die USA und die UdSSR legen größ-
5 ten Wert darauf, das Entstehen von Situationen zu verhindern, die zu einer gefährlichen Verschlechterung ihrer Beziehungen führen könnten. Sie werden daher ihr Äußerstes tun, um mili-
10 tärische Konfrontationen zu vermeiden und den Ausbruch eines Nuklearkrieges zu verhindern. Sie werden in ihren gegenseitigen Beziehungen stets Zurückhaltung üben, und sie werden bereit sein, zu verhandeln und Meinungsverschiedenheiten mit friedlichen Mitteln beizulegen. Gespräche und Verhand-
15 lungen über offenstehende Fragen werden in einem Geiste der Gegenseitigkeit, des beiderseitigen Entgegenkommens und des beiderseitigen Vorteils geführt werden. (…)
20 Die Voraussetzungen für die Erhaltung und Stärkung friedlicher Beziehungen zwischen den USA und der UdSSR sind die Anerkennung der Sicherheitsinteressen der Vertragspartner auf der Basis
25 des Grundsatzes der Gleichberechtigung und der Verzicht auf Anwendung oder Androhung von Gewalt.
3. Die USA tragen (…) eine besondere Verantwortung, alles in ihrer Macht stehende zu tun, damit es nicht zu Konflik-
30 ten oder Situationen kommt, die zur Erhöhung internationaler Spannungen führen würden. Demgemäß werden sie bestrebt sein, Bedingungen herbeizu-
35 führen, unter denen alle Länder in Frieden und Sicherheit leben können und nicht Gegenstand einer Einmischung in ihre inneren Angelegenheiten von außen werden.

Europa-Archiv, 27. Jg., 1972, D 290 f.

Q4 Nur Hilfe für Afghanistan?

Aus einem Protokoll der Sitzung des Politbüros des ZK der KPdSU vom 20 27. Dezember 1979:
Streng geheim. (…)
In unserer propagandistischen Arbeit – in der Presse, im Fernsehen, im Rundfunk – müssen wir uns bei der Dar-25 stellung der Hilfsaktion, die von der Sowjetunion auf Ersuchen der Führung der Demokratischen Republik Afghanistan zur Abwehr der äußeren Bedrohung unternommen wird, von Folgen-30 dem leiten lassen: (…)
2. Als Hauptthese ist herauszustellen, dass die auf Ersuchen der afghanischen Führung erfolgte Entsendung begrenzter sowjetischer militärischer 35 Kontingente nach Afghanistan einem Ziel dient, nämlich, im Kampf gegen die äußere Bedrohung Hilfe und Unterstützung zu gewähren. Die sowjetische Aktion verfolgt keinerlei andere Ziele. 20 3. Zu betonen ist, dass durch die Aggression von außen und durch zunehmende äußere Einmischung in die innerafghanischen Angelegenheiten die Errungenschaften der Aprilrevolution (gemeint 25 ist der Putsch, in dem die kommunistische Regierung an die Macht kam), die Souveränität und die Unabhängigkeit des neuen Afghanistan in Gefahr geraten sind. Unter diesen Bedingungen 30 hat sich die Sowjetunion, an die sich die Führung der Demokratischen Partei Afghanistans in den letzten drei Jahren mehrmals mit der Bitte um Unterstützung (…) gewandt hat, positiv auf 35 diese Bitte reagiert (…).

Michael S. Voslensky, Das Geheime wird offenbar. Moskauer Archive erzählen. 1917–1991, München 1995, S. 351.

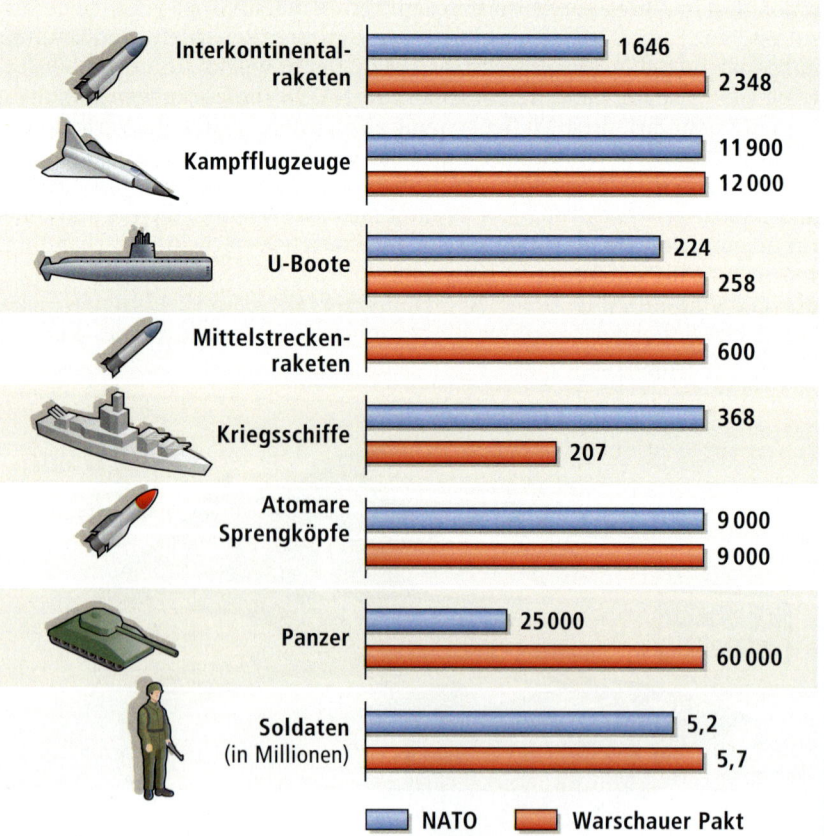

	NATO	Warschauer Pakt
Interkontinentalraketen	1 646	2 348
Kampfflugzeuge	11 900	12 000
U-Boote	224	258
Mittelstreckenraketen		600
Kriegsschiffe	368	207
Atomare Sprengköpfe	9 000	9 000
Panzer	25 000	60 000
Soldaten (in Millionen)	5,2	5,7

D1 Rüstung in Ost und West
Stand 1982

D: Erläutere das militärische Kräfteverhältnis zwischen NATO und Warschauer Pakt. [II]

Q5 Demonstration gegen die Stationierung neuer atomarer Waffensysteme in der Bundesrepublik am 22. Oktober 1983 in Bonn

E: Schreibe eine Rede, die du auf der Demonstration halten könntest. Bedenke dabei auch die Rüstung der Sowjetunion. [III]

Q6 Außenpolitische Grundsätze der USA in den 1980er Jahren

Aus einer Rede des amerikanischen Außenministers George P. Shultz am 15. Juni 1983:

Wir und die Sowjets haben völlig verschiedene Ziele und Vorstellungen von politischer und moralischer Ordnung; diese Unterschiede werden nicht bald
5 verschwinden. Jede andere Annahme ist wirklichkeitsfremd. Gleichzeitig haben wir das grundlegende gemeinsame Interesse, Krieg zu vermeiden. Dieses gemeinsame Interesse veran-
10 lasst uns, auf Beziehungen zwischen unseren Staaten hinzuarbeiten, die für die ganze Menschheit zu mehr Sicherheit in der Welt führen können. Eine sichere Welt wird nicht durch guten
15 Willen verwirklicht. Unsere Zukunftshoffnungen müssen sich gründen auf eine realistische Einschätzung der Herausforderung, der wir uns gegenübersehen, und auf eine entschlossene An-
20 strengung, Verhältnisse herbeizuführen, die ihre Verwirklichung möglich machen. Einen Anfang haben wir gemacht. Jeder amerikanische Präsident der Nachkriegszeit ist früher oder später zu der
25 Einsicht gekommen, dass Frieden auf Stärke aufgebaut werden muss (…). Anders als die Politik der Eindämmung geht unsere Politik von der klaren Erkenntnis aus, dass die Sowjetunion eine
30 Supermacht mit weltweiten Interessen ist und bleiben wird. Als Reaktion auf die Lektionen, die uns durch das Verhalten dieser Supermacht in den letzten Jahren erteilt wurden, geht unsere
35 Politik – anders als einige Fassungen von Entspannungspolitik – von der Annahme aus, dass es wahrscheinlicher ist, dass die Sowjetunion von unseren Maßnahmen, die ihr mit einer Aggres-
40 sion verbundenen Risiken verdeutlichen, eher abgeschreckt wird als durch ein zerbrechliches Netz der Interdependenz (gegenseitige Abhängigkeit).

Ernst-Otto Czempiel/Carl-Christoph Schweitzer, Weltpolitik der USA nach 1945, Bonn 1984, S. 396–401.

Q7 Ist Abrüstung wichtiger als Abschreckung?

Aus dem von der westdeutschen Friedensbewegung herausgegebenen „Krefelder Appell" vom November 1980: Der Atomtod bedroht uns alle! Keine Atomraketen in Europa! Die 1000 Teilnehmer stimmten der folgenden Erklärung zu: Immer offensichtlicher erweist
5 sich der „Nachrüstungsbeschluss" der NATO vom 12. Dezember 1979 als verhängnisvolle Fehlentscheidung. (…) Die Teilnehmer (…) appellieren daher gemeinsam an die Bundesregierung,
10 die Zustimmung zur Stationierung von Pershing-II-Raketen und Marschflugkörpern in Mitteleuropa zurückzuziehen. (… und) eine Sicherheitspolitik zu erzwingen, die eine Aufrüstung Mittel-
15 europas zur nuklearen Waffenplattform der USA nicht zulässt (und) Abrüstung für wichtiger hält als Abschreckung.

Helga Haftendorn, Sicherheit und Stabilität. Außenbeziehungen der Bundesrepublik zwischen Ölkrise und NATO-Doppelbeschluß, München 1986, S. 233 ff.

1. Erläutere die Chancen, die die Vereinbarung zwischen der UdSSR und den USA für die Beziehungen zwischen Ost und West boten. Warum wurde der Kalte Krieg dennoch fortgesetzt (VT, Q3)? [II]

2. Untersuche, wie die Parteiführung der KPdSU den Krieg in Afghanistan begründete. Schreibe dazu aus der Sicht eines westlichen Beobachters einen Kommentar (Q4). Beziehe dabei auch Q3 ein. [III]

3. Analysiere, wie sich die Politik der USA gegenüber der Sowjetunion in den 1980er Jahren veränderte (Q6). [II]

4. Der Krefelder Appell (Q7) wurde vielen Bürgern zur Unterschrift vorgelegt. Ein junger Mann und eine junge Frau sind unschlüssig, ob sie unterschreiben sollen oder nicht. In einem Gespräch wägen sie das Für und Wider ab. Gestaltet ein solches Gespräch. Bezieht dabei auch D1 und Q6 ein. [III]

1945   2016

Der Kalte Krieg geht zu Ende

Ende der 1980er Jahre zerfiel der Ostblock und die UdSSR wurde 1991 aufgelöst. Für die meisten Menschen kam das völlig überraschend, hatte doch die Sowjetunion über 40 Jahre lang ihren Einflussbereich mit eiserner Hand zusammengehalten. Zwar hatte es dort in der Vergangenheit schon einzelne Versuche gegeben, demokratische Verhältnisse zu schaffen – jedoch ohne Erfolg. Was führte schließlich zu den revolutionären Veränderungen?

1953 – ein Jahr der Hoffnung?

Als 1953 Stalin starb, hofften nicht nur in der Sowjetunion, sondern auch in den Ostblockstaaten viele Menschen auf mehr politische Freiheiten. Ihre Hoffnungen wurden jedoch enttäuscht. Auch wenn die schlimmsten Auswüchse der stalinistischen Herrschaft allmählich überwunden wurden, Stalins Nachfolger hielten an der sowjetischen Vorherrschaft über die kommunistischen Staaten Europas fest. Sie stützten die moskautreuen Regierungen, die jede Opposition gewaltsam unterdrückten. Das mussten die Menschen in der DDR erfahren, als sie sich im Juni 1953 in einem Volksaufstand gegen ihre Machthaber erhoben und politische Freiheiten forderten. Mithilfe der sowjetischen Besatzungsmacht wurde der Aufstand niedergeschlagen.

Aufbegehren in Ungarn

Der bei der Bevölkerung beliebte ungarische Ministerpräsident Imre Nagy wurde 1955 von kommunistischen Hardlinern abgesetzt und aus der Partei ausgeschlossen, weil er politische Reformen anstrebte. Doch um ihn herum entstand eine starke Opposition. 1956 erzwang eine bewaffnete Protestbewegung, Nagy wieder in sein Amt einzusetzen. Er legte freie Wahlen fest, erklärte die Neutralität Ungarns und den Austritt aus dem Warschauer Pakt. Daraufhin marschierte die sowjetische Armee ein, eroberte die Hauptstadt Budapest und setzte eine neue moskautreue Regierung ein. Nagy wurde wie viele andere verhaftet und später hingerichtet. Trotz aller Bitten der Aufständischen gab es keine Hilfe aus dem Westen. Die amerikanische Regierung legte lediglich scharfen Protest gegenüber der Sowjetunion ein.

A: Fertige eine kommentierte Zeitleiste an, die den Weg der Ostblockstaaten vom Stalinismus bis zur demokratischen Erneuerung aufzeigt. [I]

Über den Volksaufstand erfährst du mehr auf S. 73.

Q1 **Aufständische in Budapest haben einen sowjetischen Panzer erbeutet.** Foto, Anfang November 1956

B: Beschreibe die Stimmung unter der Budapester Bevölkerung, die in diesem Foto zum Ausdruck kommt. [III]

Der „Prager Frühling"

Doch der Ostblock kam nur für einige Zeit zur Ruhe: 1968 war die Tschechoslowakei an der Reihe. Der Vorsitzende der kommunistischen Partei, Alexander Dubček, versprach eine Demokratisierung des gesamten Systems. Durch Reformen sollte ein „Sozialismus mit menschlichem Antlitz" entstehen. Den Anfang machte er im März 1968, indem er Presse- und Versammlungsfreiheit verkündete. Viele Menschen schöpften während dieses „Prager Frühlings" Hoffnung auf eine Systemveränderung. Doch die Sowjetunion war nicht bereit, ihren Herrschaftsanspruch im Osten zu lockern und den Menschen mehr Freiheiten zu gestatten. Moskau übte Druck auf Dubček aus, der aber von seinem Reformkurs nicht abwich. KPdSU-Chef Breschnew erklärte den „Prager Frühling" zur Konterrevolution und ließ eine halbe Million Soldaten des Warschauer Paktes in die Tschechoslowakei einmarschieren. Die Regierung wurde gestürzt und die alten politischen Verhältnisse wurden restauriert.

Eine Gewerkschaft verändert Polen

Im Sommer 1980 streikten in Polen viele Arbeiter, weil die Preise gestiegen waren. Doch bald richteten sich die Streiks nicht mehr nur gegen Preiserhöhungen. Es wurden zunehmend politische Forderungen gestellt. Eine davon war, unabhängige Gewerkschaften zuzulassen. Dem kam die Regierung nach langen Verhandlungen nach. Nun gründeten Danziger Werftarbeiter die freie Gewerkschaft „Solidarność". Ihre Mitgliederzahl wuchs rasant und ihre Forderung nach demokratischen Reformen beherrschte bald das ganze Land. Die kommunistische Herrschaft geriet in Gefahr. Auf Druck Moskaus verhängte die Regierung das Kriegsrecht über Polen und verbot die „Solidarność". Ihre Führer wurden verhaftet. Doch die Gewerkschaft arbeitete im Untergrund weiter. Unterstützt wurde sie von vielen Polen, besonders aber von der katholischen Kirche und Mitgliedern, die ins westliche Ausland geflohen waren.
1988 führten Vertreter der noch immer verbotenen Gewerkschaft mit der Regierung Verhandlungen. Die führten zur Zulassung oppositioneller Gruppen und zu Wahlen im Juni 1989. Die „Solidarność" gewann diese Wahl souverän und erstmals nach 1945 regierte in Warschau ein nicht kommunistischer Ministerpräsident.

Q2 Sowjetische Soldaten auf einem Panzer und junge Prager Einwohner
Foto, 26. August 1968

C: Versetze dich in die Lage der jungen Frau rechts und formuliere, was sie dem sowjetischen Soldaten sagt. Versetze dich danach in den Soldaten und schreibe auf, was er möglicherweise in dieser Situation dachte. [III]

1945   2016

„Glasnost" und „Perestroika"

Die Ereignisse in Polen hatten deutlich gezeigt, dass sich die politischen Verhältnisse zu wandeln begannen: Diesmal marschierte kein einziger sowjetischer Soldat in das Land ein und niemand konnte die Reformen verhindern. Kurze Zeit später – im Jahr 1985 – wurde Michail Gorbatschow sowjetischer Staats- und Parteichef. Er erkannte, dass das kommunistische System am Ende seiner Kräfte angelangt war. Das System der Planwirtschaft und die anhaltend hohen Rüstungsausgaben hatten das Land an den Rand des Ruins gebracht. Hinzu kam die wachsende Unzufriedenheit der Menschen mit dem politischen System. Ohne Veränderungen drohte ein völliger Zusammenbruch. Gorbatschow war davon überzeugt, dass zunächst eine Diskussion zwischen allen gesellschaftlichen Kräften sämtliche Missstände im Land schonungslos offenlegen müsse. Auf dieser Grundlage sollte dann ein Umbau der sowjetischen Gesellschaft beginnen mit dem Ziel, einen Sozialismus mit demokratischer Prägung zu schaffen. Gorbatschows Politik von „Glasnost" (Offenheit) und „Perestroika" (Umgestaltung) brachte ihm viele Sympathien ein, nicht nur bei den Menschen im Ostblock, sondern auch im Westen. Außenpolitisch setzte Gorbatschow auf Verhandlungen mit dem Westen, um den Rüstungswettlauf zu beenden. Im amerikanischen Präsidenten Ronald Reagan fand er einen Partner, der dazu bereit war. 1987 unterzeichneten beide einen Vertrag, der die ersatzlose Verschrottung aller Mittelstreckenraketen vorsah, um die seit 1979 so intensiv gestritten worden war. 1989 beendete die Sowjetunion schließlich auch die verlustreiche Besetzung Afghanistans und zog sich aus dem Land zurück.

Freiheit für die Länder des Ostblocks

Als Gorbatschow 1988 vor der UNO erklärte, dass die Sowjetunion das Selbstbestimmungsrecht aller Menschen akzeptiere und auch die Ostblockstaaten ihre eigenen Wege gehen könnten, öffnete sich für die Menschen dort das Tor zur Freiheit. In den folgenden Jahren befreiten sie sich von der kommunistischen Vorherrschaft und stellten demokratische Verhältnisse her. 1989 fiel die Grenze zwischen den beiden deutschen Staaten und die friedliche Revolution in der DDR führte zur Wiedervereinigung des geteilten Deutschlands. Nur zwei Jahre später wurde Gorbatschow gestürzt. Die Sowjetunion löste sich auf, ebenso der Warschauer Pakt. Der Kalte Krieg war damit zu Ende.

Über die friedliche Revolution in der DDR erfährst du mehr auf den Seiten 124–127.

Q3 Der amerikanische Präsident Ronald Reagan und der sowjetische Staats- und Parteichef Michael Gorbatschow bei ihrem ersten Treffen in Genf
Foto, November 1985

D: Beschreibe, was die beiden Staatsmänner ausdrücken. Beachte dabei auch die Körperhaltung und die Gesichtsausdrücke. [I]

Q4 Aufständische in Budapest zerschlagen im Oktober 1956 ein Stalin-Denkmal.

✎ E: Stell dir vor, der Junge in der Bildmitte fragt, warum die Männer das Denkmal zerschlagen. Erkläre es ihm aus der Sicht der abgebildeten Männer. [II]

Q5 Eine Neuorientierung für Ungarn

Aus dem 16-Punkte-Programm der Budapester Studenten vom 22. Oktober 1956:

1. Wir fordern den sofortigen Abzug aller sowjetischer Truppen (…).
2. Wir fordern die Wahl neuer Führer in der ungarischen Arbeiterpartei (…) von
5 unten nach oben.
3. Die Regierung soll unter dem Vorsitz von Genosse Nagy umgebildet werden; alle verbrecherischen Führer der Stalin-Rakosi-Ära sollen sofort ihres Postens
10 enthoben werden. (…) (Rakosi: stalinistischer Parteichef der ungarischen kommunistischen Arbeiterpartei)
5. Wir fordern allgemeine Wahlen im ganzen Lande, mit allgemeinem Wahl-
15 recht, geheimer Wahl und Teilnahme verschiedener Parteien, zum Zwecke der Wahl einer neuen Nationalversammlung. Wir verlangen das Streikrecht der Arbeiter. (…)
20 7. (…) Unser ganzes wirtschaftliches System, das auf der Planwirtschaft beruht, soll überprüft werden im Hinblick auf die ungarischen Lebensinteressen. (…)
25 12. Wir fordern völlige Meinungs- und Redefreiheit, Freiheit der Presse und des Rundfunks.

Der Volksaufstand in Ungarn. Bericht des Sonderausschusses der Vereinten Nationen. Untersuchungen, Dokumente, Schlussfolgerungen, Frankfurt am Main 1957, Paragraph 401. Aus dem Englischen übers. von Elfriede Müller.

Q6 Der tschechoslowakische Weg zum Sozialismus

Aus dem Aktionsprogramm der Kommunistischen Partei der Tschechoslowakei vom 5. April 1968:

Die Kommunistische Partei stützt sich auf die freiwillige Unterstützung durch die Menschen. Sie verwirklicht ihre führende Rolle nicht dadurch, dass sie die
5 Gesellschaft beherrscht, sondern dadurch, dass sie der freien, fortschrittlichen und sozialistischen Entwicklung am treuesten dient. (…) Die Politik der Partei darf nicht dazu führen, dass die
10 nichtkommunistischen Bürger das Gefühl haben, in ihren Rechten und Freiheiten durch die Partei eingeschränkt zu werden, sondern dass sie vielmehr in der Tätigkeit der Partei die Garan-
15 tie ihrer Rechte, Freiheiten und Interessen sehen. (…) Die freiwilligen gesellschaftlichen Organisationen müssen tatsächlich auf freiwilliger Mitgliedschaft und Aktivität beruhen. (…) Zu-
20 gleich muss noch in diesem Jahr die verfassungsmäßige Versammlungs- und Koalitionsfreiheit gewährleistet werden, um gesetzlich garantierte Möglichkeiten zu schaffen, freiwillige Or-
25 ganisationen (…) zu bilden. (…) Einem werktätigen Volk kann man nicht (…) vorschreiben, worüber es informiert sein darf und worüber nicht, welche Ansichten es öffentlich aussprechen
30 darf und welche nicht. (…) Die gesetzmäßige Freizügigkeit der Bürger muss garantiert werden, besonders Reisen ins Ausland (…), dass der Bürger Rechtsanspruch auf langfristigen
35 oder dauernden Aufenthalt im Ausland hat (…). Jeder Bürger (…) muss die Gewähr haben, dass seine politischen Überzeugungen, seine Ansichten, persönlichen Bekenntnisse und
40 Beschäftigungen nicht Gegenstand der Aufmerksamkeit der Organe der Staatssicherheit werden können. (…) Die politische Rechtsauffassung der Partei geht von dem Grundsatz aus, dass bei
45 einem Rechtsstreit (…) grundlegende Garantien für Gesetzlichkeit die Gerichtsverhandlung ist, die unabhängig von politischen Faktoren und nur durch das Gesetz gebunden ist. (…) Außer-
50 dem muss die völlige Unabhängigkeit der Advokaten von staatlichen Organen gewährleistet werden.

Zdeněk Mlynář, Nachtfrost. Das Ende des Prager Frühlings, Frankfurt am Main 1988, S. 325 ff.

1945   2016

Q7 Die Breschnew-Doktrin

Aus einer Rede des sowjetischen Staats- und Parteichefs nach der Niederschlagung des Prager Frühlings 1968:

Die KPdSU setzt sich immer dafür ein, dass jedes sozialistische Land die konkreten Formen seiner Entwicklung auf dem Wege zum Sozialismus un-
5 ter Berücksichtigung der Eigenart seiner nationalen Bedingungen selbst bestimmte. Aber bekanntlich, Genossen, gibt es auch allgemeine Gesetzmäßigkeiten des sozialistischen Aufbaus, und
10 ein Abweichen von diesen Gesetzmäßigkeiten könnte zu einem Abweichen vom Sozialismus im Allgemeinen führen. Und wenn innere und äußere dem Sozialismus feindliche Kräfte die Ent-
15 wicklung eines sozialistischen Landes zu wenden und auf eine Wiederherstellung der kapitalistischen Zustände zu drängen versuchen, wenn also eine ernste Gefahr für die Sicherheit der
20 ganzen sozialistischen Gemeinschaft entsteht – dann wird dies nicht nur zu einem Problem für das Volk dieses Landes, sondern auch zu einem gemeinsamen Problem, zu einem Gegenstand
25 der Sorge aller sozialistischen Länder. Begreiflicherweise stellt militärische Hilfe für ein Bruderland zur Unterbindung einer für die sozialistische Ordnung entstandenen Gefahr eine
30 erzwungene, außerordentliche Maßnahme dar. Sie kann nur durch Aktionen der Feinde des Sozialismus im Landesinnern und außerhalb seiner Grenzen ausgelöst werden, durch Handlungen,
35 die eine Gefahr für die gemeinsamen Interessen des sozialistischen Lagers darstellen.

Europa-Archiv, Jg. 24, 1969, D 257 ff.

Q9 Die Unvermeidbarkeit der Demokratisierung?

Der polnische Regimekritiker Jacek Kuroń sagt 1980 über die Streikbewegung:

Der Lebensstandard sinkt schon seit langem. (…) Allenthalben fehlt es an Waren und Gütern, und die Waren, die vorübergehend einmal vorhanden sind,
5 werden immer teurer (…). Im Bereich des Gesundheitswesens, der Versorgung mit Medikamenten, ja in allen Lebensbereichen ist durch die fortschrei-

Q8 In der Danziger Werft wird während des Streiks am 23. August 1980 eine katholische Messe abgehalten.

✎ F: Arbeite heraus, welchen Anteil die katholische Kirche am Erfolg der polnischen Oppositionsbewegung hatte. [II]

tende Planlosigkeit und Inkompetenz
10 ein solches Desaster entstanden, dass dem Durchschnittspolen seine Verhältnisse unerträglich erscheinen. (…) Die Führung hat total versagt. (…) Die jetzige Protestbewegung ist eben deshalb
15 so wichtig, weil sie der Anfang einer Neuorientierung der Arbeiter ist. Deshalb sage ich, dass wir heute in Polen schon in einem anderen Land sind. Dies ist der einzige Weg zur Rettung für un-
20 ser Land, ein Weg zu Demokratie und zur Überwindung der Krise zugleich: Nur eine in freien Wahlen organisierte Gesellschaft ist in der Lage, ein vernünftiges Programm anzubieten.

Der Spiegel vom 04.08.1980, S. 98 ff.

Q10 Ein Verhandlungsangebot an die Sowjetunion

In einer Fernsehansprache vom 16. Januar 1984 bietet der amerikanische Präsident die Rückkehr zum Dialog an:

Ich habe meine Ansicht über das sowjetische System offen zum Ausdruck gebracht. Ich weiß nicht, warum dies für die sowjetischen Führer eine Über-
5 raschung sein sollte, die nie davor zurückgeschreckt sind, ihre Ansicht über unser System zum Ausdruck zu bringen. (…) Die Tatsache, dass keiner von uns

das System des anderen mag, ist noch
10 kein Grund, das Gespräch zu verweigern. Die Tatsache, dass wir in einem Nuklearzeitalter leben, zwingt uns einfach dazu, miteinander zu reden. Unsere Bereitschaft zum Dialog ist fest
15 und unerschütterlich. Aber wir bestehen darauf, dass sich unsere Verhandlungen mit echten Problemen beschäftigen, nicht nur mit atmosphärischen Dingen. Bei unserer Verhandlungsfüh-
20 rung ist die oberste Priorität, die Gefahr eines Krieges – und insbesondere eines Atomkrieges – zu verringern. Ein nuklearer Konflikt könnte durchaus der letzte der Menschheit überhaupt sein. Aus
25 diesem Grund habe ich vor über zwei Jahren die „Null-Lösung" für die Mittelstreckenraketen vorgeschlagen. Es war und ist auch weiterhin unser Ziel, eine ganze Klasse von Kernwaffen zu besei-
30 tigen. Ja, ich unterstütze eine Null-Lösung für alle Kernwaffen. Wie ich schon gesagt habe: Mein Traum ist es, den Tag zu erleben, an dem alle Atomwaffen vom Antlitz dieser Erde verbannt
35 sind. (…) jetzt ist die Zeit gekommen, um den Worten Taten folgen zu lassen.

Ernst-Otto Czempiel/Carl-Christoph Schweitzer, Weltpolitik der USA nach 1945. Einführung und Dokumente, Bonn 1989, S. 426 f.

Q11 Trauergemeinde

Karikatur von Horst Haitzinger aus den Nürnberger Nachrichten, 23. November 1990

Abgebildet sind die Regierungs- bzw. Staatschefs Großbritanniens (Margaret Thatcher, verdeckt), der Sowjetunion, der USA, Frankreichs und Deutschlands.

✎ G: Beschreibe und interpretiere die Karikatur. [III]

Q12 Neue Töne aus Moskau

Am 7. Juli 1989 erklärt Gorbatschow vor dem Europarat in Straßburg:

Die Zugehörigkeit der europäischen Staaten zu verschiedenen Gesellschaftssystemen ist eine Realität. Und die Anerkennung dieser historischen
5 Tatsache, die Achtung des souveränen Rechtes eines jeden Volkes, sein Gesellschaftssystem nach Belieben zu wählen, ist die wichtigste Voraussetzung des normalen europäischen Pro-
10 zesses. Die gesellschaftliche und politische Ordnung hat sich in diesem oder jenem Land in der Vergangenheit verändert und kann sich auch in Zukunft ändern. Dies ist jedoch ausschließlich
15 Sache dieser Völker selbst, ihrer eigenen Wahl. Jegliche Einmischung in die inneren Angelegenheiten, jegliche Versuche, die Souveränität der Völker einzuschränken – sowohl der Freunde und
20 Verbündeten als auch von sonst jemandem – sind unzulässig.

Auswärtiges Amt (Hrsg.), Umbruch in Europa, Bonn 1990, S. 17 f.

Q13 Aus Gegnern werden Partner

Aus einer Erklärung des amerikanischen Präsidenten George Bush und des russischen Präsidenten Boris Jelzin (1992):

Zum Abschluss dieses historischen Treffens (…) stimmen wir (…) überein, dass eine Reihe von Prinzipien die Beziehungen zwischen Russland und Amerika leiten sollten:
5 Erstens, dass Russland und die Vereinigten Staaten sich nicht länger als potentielle Gegner betrachten. Von heute an wird ihre Beziehung durch
10 Freundschaft und Partnerschaft charakterisiert sein, die auf gegenseitigem Vertrauen und Respekt und einer gemeinsamen Verpflichtung zu Demokratie und wirtschaftlicher Freiheit beruht.
15 Zweitens, dass wir daran arbeiten werden, irgendwelche Überreste von Kalter-Kriegs-Feindseligkeit zu beseitigen (…).
Sechstens, dass wir aktiv zusammen-
20 arbeiten, die Ausbreitung von Massenvernichtungswaffen und dazugehöriger Technologie zu verhindern und die Ausbreitung von konventionellen Waffen (…) zu beschränken (…).

Süddeutsche Zeitung vom 3. Februar 1992, S. 27.

---

1. Ordne die Ereignisse 1956 in Ungarn und 1968 in der Tschechoslowakei in die internationale Lage ein. Beurteile vor diesem Hintergrund die Haltung der Westmächte in diesen Konflikten (VT). [III]

2. Vergleiche Q5, Q6 und Q9 miteinander und beurteile die Ziele der Reformbewegungen. [III]

3. Untersuche, wie Breschnew die sowjetische Politik gegenüber den eigenen Bündnispartnern kennzeichnet und

begründet. Versetze dich in die Lage eines tschechoslowakischen Politikers um Alexander Dubček und schreibe eine Antwort an die Moskauer Führung (Q7). [III]

4. Erkläre, wie Ronald Reagan sein Verhandlungsangebot gegenüber der Sowjetunion begründet (Q10). [II]

5. Stell dir vor, du wärst als Journalist oder Journalistin bei der Europaratssitzung dabei gewesen. Schreibe für deine Zeitung einen Artikel über die

neue sowjetische Politik unter Gorbatschow (VT, Q12). [III]

6. Erkläre, auf welche Beziehungen zwischen Russland und den USA sich die beiden Staatsoberhäupter 1992 einigten (Q13). Recherchiere, wie sich zum heutigen Zeitpunkt die Beziehungen zwischen den beiden Staaten gestalten. [II]

1945   2016

1. Begriffe einordnen und erklären: die Welt nach 1945

Schreibe die nebenstehenden Begriffe in dein Heft und notiere dazu jeweils eine kurze Erklärung. [II]

- NATO-Doppelbeschluss
- Entspannungspolitik
- Koreakrieg
- Sputnik-Schock
- Vietnam-Trauma
- Kubakrise
- Truman-Doktrin
- Glasnost und Perestroika
- Dominotheorie
- KSZE
- Prager Frühling
- Berliner Blockade
- Gleichgewicht des Schreckens
- Warschauer Pakt
- Solidarność
- Kalter Krieg

2. Personen in den historischen Kontext einordnen und ihre Rolle zur Zeit des Kalten Kriegs erklären und bewerten

Ordne die kurzen Charakteristiken den genannten historischen Persönlichkeiten zu.

Verfasst in arbeitsteiliger Gruppenarbeit Steckbriefe für die Politiker. Erklärt und bewertet ihre Rolle während des Kalten Krieges. [III]

Leonid I. Breschnew   Franklin D. Roosevelt   Michail S. Gorbatschow

Harry S. Truman   John F. Kennedy   Alexander Dubček   Josef Stalin

- Die Bewältigung der Kubakrise war einer seiner größten politischen Erfolge.
- Er verkündete am 12. März 1947 neue Grundsätze der amerikanischen Außenpolitik.
- Er verfasste die Doktrin, nach der die UdSSR das Recht hätte, bei einer „Gefährdung des Sozialismus" in den sog. Bruderländern einzugreifen.

- Die Gründung der UNO geht auf seine Anregung zurück.
- Er steht für eine neue sowjetische Politik des Strukturwandels und der Offenheit.
- Er herrschte in der Sowjetunion von 1922 bis 1953, errichtete eine totalitäre Diktatur und war kompromisslos im Kalten Krieg.
- Er wollte einen „Sozialismus mit menschlichem Antlitz" verwirklichen.

3. Ein Foto einordnen und erklären: Kalter Krieg

Stell dir vor, du findest dieses Foto und darauf ist nichts weiter als die Jahreszahl 1948 verzeichnet. Schlussfolgere auf der Grundlage deines historischen Wissens, worum es sich bei diesem Bild handeln könnte. Erzähle, was du über dieses Ereignis weißt. Gib dem Bild einen passenden Titel. [II]

Q1

4. Eine Karikatur untersuchen: der Ost-West-Konflikt

Beschreibe die Karikatur und ordne sie in den zutreffenden historischen Zusammenhang ein. Beurteile die Aussage, die der Künstler mit seiner Karikatur zum Ausdruck bringt. [III]

"INTOLERABLE HAVING YOUR ROCKETS ON MY DOORSTEP!"

Q2 „Intolerable having your rockets on my doorstep!"
Karikatur von Victor Weisz aus dem „Evening Standard", 24. Oktober 1962

5. Eine Textquelle auswerten: internationale Beziehungen und Wettrüsten

Erläutere, wie Gorbatschow den Zusammenhang von Wettrüsten und internationalen Beziehungen begründet und welche Schlussfolgerungen er daraus ableitet. Vergleiche mit der These vom „Gleichgewicht des Schreckens" aus den 1950er Jahren. [III]

Q3 Der einzige Weg zur Sicherheit
Der sowjetische Partei- und Staatschef Michail Gorbatschow schreibt 1987:

Die Welt lebt nicht nur in einem Klima der atomaren Bedrohung. Es kommen drückende soziale Probleme dazu, die noch gelöst werden müssen, und neue
5 Belastungen, zum einen bedingt durch den wissenschaftlich-technischen Fortschritt, zum anderen durch eine Verschärfung der globalen Probleme. Die Menschheit sieht sich heute noch nie
10 dagewesenen Problemen gegenüber, und ihre Zukunft wird so lange in der Schwebe bleiben, wie keine gemeinsamen Lösungen gefunden werden. Die Länder sind heute mehr denn je aufein-
15 ander angewiesen, und die Anhäufung von Waffen, insbesondere von Atomraketen, macht den Ausbruch eines Weltkriegs, selbst wenn er ohne Vorsatz oder zufällig ausgelöst wird, immer wahr-
20 scheinlicher. Ein simpler technischer Fehler oder menschliches Versagen kann genügen. Und alles Leben auf der ganzen Erde hätte darunter zu leiden. Ich denke, wir stimmen alle darin über-
25 ein, dass es in einem solchen Krieg weder Gewinner noch Verlierer gäbe. Es

gäbe keine Überlebenden. Er ist eine tödliche Bedrohung für alle. (…)
Trotz aller Gegensätze in der heuti-
30 gen Welt, trotz der Vielfalt ihrer gesellschaftlichen und politischen Systeme und trotz der unterschiedlichen Wege, die Nationen in ihrer Geschichte eingeschlagen haben, bleibt diese Welt ein
35 untrennbar Ganzes. Wir alle sind Passagiere an Bord des Schiffes Erde, und wir dürfen nicht zulassen, dass es zerstört wird. (…)
Politik sollte auf Realitäten gründen.
40 Und die gefährlichste Realität der Welt ist heute das riesige Waffenareal der Vereinigten Staaten und der Sowjetunion, das konventionelle wie das atomare. Dies bürdet diesen beiden Län-
45 dern der übrigen Welt gegenüber eine besondere Verantwortung auf. Im Bewusstsein dieser Tatsache sind wir ernsthaft darum bemüht, die amerikanisch-sowjetischen Beziehungen zu
50 verbessern und wenigstens das Minimum an gegenseitigem Verständnis zu erreichen (…).

Michail Gorbatschow, Perestroika. Die zweite russische Revolution. Eine neue Politik für Europa und die Welt, München 1989, S. 10–12.

2 Deutschland nach 1945

Am 8. Mai 1945 endete mit dem Zweiten Weltkrieg auch die NS-Diktatur. Wie sollte es nun mit Deutschland weitergehen? Sehr bald zerrissen die unüberbrückbaren Gegensätze zwischen Ost und West das Land und zwei deutsche Staaten entstanden. Die Teilung schien für alle Zeiten gemacht. Kaum jemand glaubte noch an ihre Überwindung – zu unterschiedlich hatten sich die Bundesrepublik und die DDR entwickelt.

- Wie kam es zur Teilung Deutschlands?
- Worin unterschieden sich Herrschaft, Wirtschaft und Gesellschaft in beiden deutschen Staaten?
- Wie gingen die beiden deutschen Staaten miteinander um?

1940   **1950**   **1960**   **1970**

Juli/August 1945
Potsdamer Konferenz

1950–1953
Koreakrieg

17. Juni 1953
Volksaufstand in der DDR

1964
Freundschaftsvertrag zwischen der DDR und der Sowjetunion

23. Mai 1949
Gründung der Bundesrepublik Deutschland

1947
Marshallplan: Kredite für den Wiederaufbau Westeuropas

1956
Niederschlagung des ungarischen Volksaufstands

1963
Freundschaftsvertrag zwischen der Bundesrepublik und Frankreich

7. Oktober 1949
Gründung der DDR

1962
Kubakrise

1967/68
Studentenunruhen in der Bundesrepublik

1948/49
Berliner Blockade

13. August 1961
Bau der Berliner Mauer

1970
Ostverträge der Regierung Brandt

Flüchtlingsfrau in den Trümmern Kölns, Foto, 1945

Grenzanlagen am Rand von Westberlin, Foto, 1961

Map labels

Nordsee · DÄNEMARK · Ostsee · LITAUEN

Memel · Königsberg · Ost-preußen

Schleswig-Holstein · Kiel · Danzig · Thorn

Mecklenburg · Schwerin · Pommern · Weichsel · Bug · Pripjet

Hamburg · Stettin

Bremen · Branden-burg · Küstrin · Posen · Warthe · Warschau

Niedersachsen · Berlin · Oder

Hannover · Potsdam · burg · P O L E N

NIEDERLANDE · Ems · Weser · Sachsen-Anhalt · Breslau

Nordrhein- · Halle · Schlesien

Düsseldorf · Sachsen · Oder

Westfalen · Erfurt · Dresden

Rhein · Thüringen · Krakau

Rheinland- · Wiesbaden · Maas

LUXEM-BURG · Mosel · Mainz · Hessen · Eger · Prag · T S C H E C H O S L O W A K E I

Pfalz · Main · Moldau · March · Waag

Saargebiet · Nürnberg

...ANKREICH · Württem-berg-Baden · Bayern

Straßburg · Stuttgart · Donau · Wien

Tübingen · Inn · Salzburg · Donau · Buda-pest

Freiburg · Württemberg-Hohen-zollern · München

Baden · Rhein · Doubs · Basel

S C H W E I Z · Ö S T E R R E I C H · U N G A R N

Legend

— ‑ — ‑ Grenze des Deutschen Reiches 1937
— — — andere Staatsgrenzen
· · · · · · Ländergrenzen 1947

Besatzungszonen und Berliner Sektoren

amerikanisch
britisch
französisch
sowjetisch

Demarkationslinie zwischen britisch-amerikanischen und sowjetischen Truppen 8. 5. 1945

Gebiet unter polnischer Verwaltung

Gebiet unter sowjetischer Verwaltung

Saargebiet (1945–56 französisches Zoll- und Wirtschaftsgebiet)

0   100   200   300 km

Timeline

1980 · 1990

1975
Unterzeichnung der KSZE-Schlussakte in Helsinki

1979
Solidarność-Bewegung in Polen

1985
Gorbatschow leitet Reform-prozess in der Sowjetunion ein.

Mai 1989
Fälschung der Kommunalwahlen führt zu Bürgerprotesten in der DDR.

9. November 1989
Fall der Berliner Mauer

1991
Zusammenbruch der Sowjetunion

3. Oktober 1990
Vereinigung der beiden deutschen Staaten

Demonstration zum 1. Mai in Merseburg, Foto, 1974

1945   2012

Leben und Überleben nach dem Krieg

Frühjahr 1945, in Europa schwiegen die Waffen. Auch für die Deutschen war der Zweite Weltkrieg vorbei. Doch wie sollte für sie – die Besiegten, Verachteten, tief Verunsicherten – das Leben weitergehen?

A: Erkläre, warum viele Deutsche das Ende der Naziherrschaft als „Stunde null" bezeichneten. Setze dich mit dieser Haltung auseinander. [III]

Neues Leid, neue Not?

Die meisten Deutschen waren durch den Krieg und die totale Niederlage völlig aus der Bahn ihres bisherigen Lebens geworfen worden. Nahezu jede Familie hatte Opfer zu beklagen. Männer und Söhne waren an der Front gefallen oder in Kriegsgefangenschaft geraten. Viele galten als vermisst, niemand wusste, ob sie je zurückkehren würden. Bombenangriffe hatten in den Städten zahllose Opfer gefordert. Hunderttausende hatten keine Wohnung, keine Arbeitsstätte mehr. Es gab nicht genug zu essen und im Winter kein Heizmaterial. Den fremden Soldaten, die das Land besetzt hatten, war die Bevölkerung ausgeliefert. Nicht selten kam es zu Racheakten und Plünderungen. Besonderes Leid hatten die Frauen in den sowjetisch besetzten Gebieten zu tragen. Sie wurden zu Tausenden von Soldaten der Roten Armee vergewaltigt und zu Tode gequält.

Allmählich kamen auch immer mehr Einzelheiten über die Grausamkeiten, die Deutsche in den Kriegsgebieten und im eigenen Land verübt hatten, ans Tageslicht. Doch über diese Verbrechen wollten zunächst nur wenige etwas erfahren.

Neuer Anfang?

Dennoch regte sich auch neue Hoffnung. Die Zeit der nächtlichen Fliegeralarme war vorbei und vor allem die Frauen gingen daran, die Trümmer wegzuräumen. Die ersten Kinovorstellungen, Theateraufführungen und Konzerte fanden statt, oft in notdürftig dafür hergerichteten Gebäuden. Betriebe und kleine Werkstätten begannen wieder zu arbeiten, auch in Heimarbeit wurden lebensnotwendige Dinge hergestellt. So wurden aus Stahlhelmen Kochtöpfe, aus Uniformteilen Kindermäntel, aus Fallschirmseide Kleider. Mancherorts legten die Menschen mitten in der Stadt Kartoffeläcker und Gemüsebeete an. Der Überlebenswille schien ungebrochen. Nicht wenige Deutsche nannten das Ende von Naziherrschaft und Krieg die „Stunde null" und glaubten, man könne das Vergangene einfach vergessen und neu beginnen. Doch geht das überhaupt?

Die Potsdamer Konferenz

Zwei Monate nach der Kapitulation Deutschlands begann die Potsdamer Konferenz, auf der die Regierungschefs der drei Siegerstaaten USA, Großbritannien und Sowjetunion über die Zukunft Deutschlands berieten. Einig waren sich die Siegermächte darin, dass der Nationalsozialismus gründlich ausgerottet werden sollte. Völlig unterschiedlicher Ansicht waren sie jedoch darüber, wie ein neues Deutschland gestaltet werden könnte. Am 2. August 1945 einigten sich die Alliierten schließlich auf eine Kompromisslösung. Die Westmächte akzeptierten die von der Sowjetunion veranlasste Zuteilung ehemals deutscher Gebiete an Polen, dafür verzichtete die Sowjetunion auf ihre ursprünglich gewaltig hohen Reparationsforderungen.

Das Potsdamer Abkommen war kein völkerrechtlicher Vertrag, sondern nur eine diplomatische Erklärung. Ein offizieller Friedensvertrag mit Deutschland sollte später abgeschlossen werden. Aufgrund des Kalten Krieges kam es jedoch nie dazu.

Flucht und Vertreibung

Bereits in den letzten Kriegsmonaten waren Millionen von Deutschen vor den vorrückenden sowjetischen Soldaten aus den Ostgebieten des Deutschen Reiches geflohen. Es herrschte Chaos; Familien wurden getrennt und viele Menschen kamen ums Leben. Viele waren aber auch in ihrer Heimat geblieben. Mit dem Kriegsende begann vor allem in Polen und der Tschechoslowakei eine Massenvertreibung der deutschen Bevölkerung – angetrieben von Hass und Rache gegen die ehemaligen deutschen Besatzer. Nach dem Abschluss des Potsdamer Abkommens wurden die Deutschen aus den ehemaligen Gebieten des Deutschen Reiches östlich der Flüsse Oder und Neiße sowie aus anderen Staaten Ost- und Südosteuropas in Massentransporten in die vier Besatzungszonen abgeschoben. Fast 12 Millionen Menschen verloren so ihre Heimat und büßten nahezu ihren gesamten Besitz ein. Ihre Ansiedlung in den Besatzungszonen gestaltete sich oft schwierig. In manchen Orten verdoppelte sich dadurch die Einwohnerzahl. Eine Zählung ergab für 1950, dass alleine in den drei westlichen Besatzungszonen durch Kriegszerstörungen und Bevölkerungszustrom fast 5 Millionen Wohnungen fehlten. Auch die Schulen waren überfüllt; in vielen Klassen saßen mehr als 50 Schüler. Für die Flüchtlinge und Vertriebenen gab es oft auch keine Arbeit. Viele sahen sich Misstrauen und Anfeindungen der einheimischen Bevölkerung ausgesetzt und hofften noch jahrelang auf eine Rückkehr in ihre Heimat. Wenn das aber nicht möglich sein sollte, dann mussten die Flüchtlinge und Vertriebenen integriert werden. Das war eine Aufgabe, die viele Jahre in Anspruch nehmen sollte.

B: Arbeite die unterschiedlichen Gründe für Flucht und Vertreibung von Deutschen aus ihrer Heimat heraus. [II]

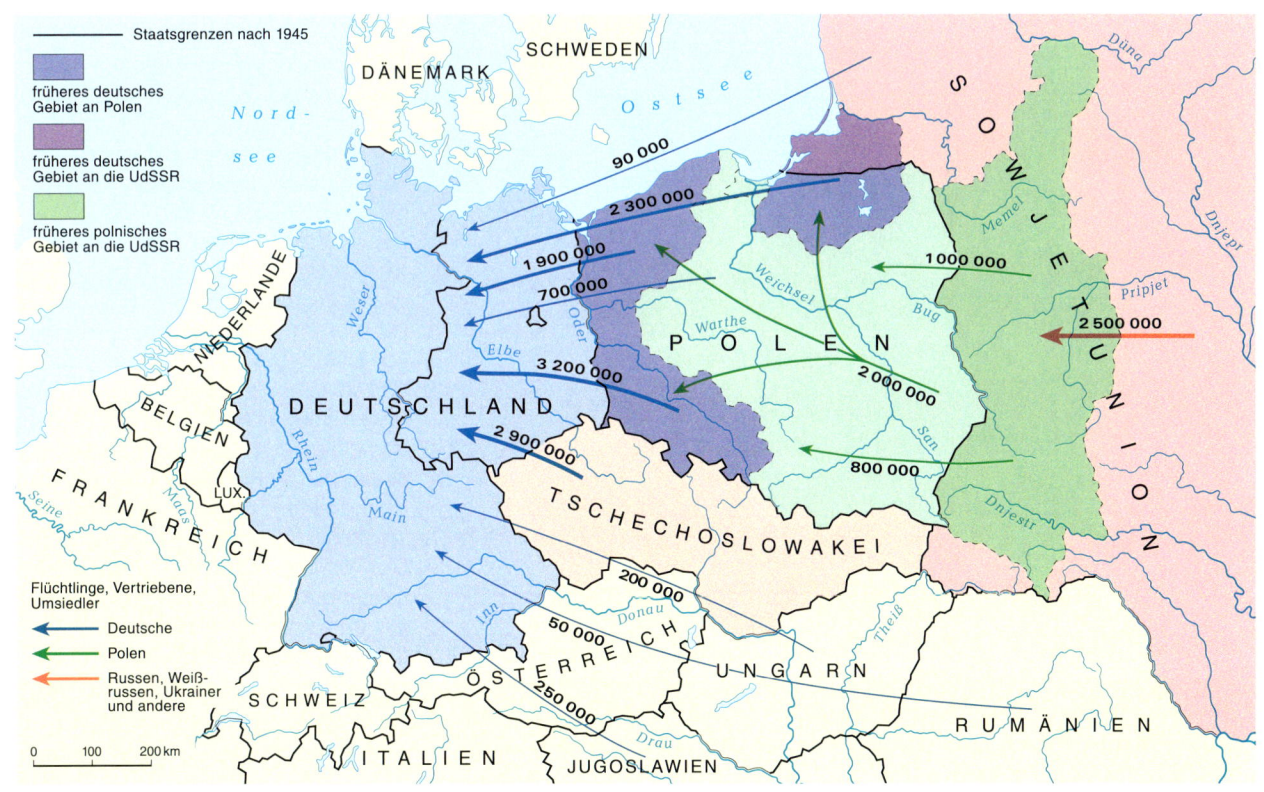

D1 Bevölkerungsverschiebung nach 1945

C: Stelle die Anzahl der Flüchtlinge, Vertriebenen und Umsiedler für die jeweiligen Gruppen zusammen. Informiere dich, in welchen Gebieten in Ost- und Südosteuropa Deutsche lebten und wie sie dahin gekommen waren. [I]

Q1 Mutter und Tochter in einer Notwohnung in Berlin
Foto, 1945

✎ D: Schreibe auf, was Frau und Kind über ihr tägliches Leben erzählen könnten. [III]

Q2 Köln im Juni 1945

Der englische Schriftsteller Stephen Spender war von Juni 1945 bis März 1946 durch Deutschland gereist. 1946 beschreibt er seine Eindrücke:

In Hagen schon hatte ich große Zerstörungen gesehen (…). Erst in Köln aber wurde mir bewusst, was totale Zerstörung bedeutete. Beim ersten Durchfah-
5 ren schien es mir, als sei dort auch nicht ein einziges Haus übrig geblieben. Noch stehen zwar viele Mauern, aber sie sind wie dünne Masken vor der feuchten, hohlen, stinkenden Leere ausge-
10 waideter Innenräume. Ganze Straßenzüge, von denen nur noch die Mauern der Häuser stehen, sind schrecklicher als Straßen, die dem Erdboden gleich sind. Sie sind unheimlicher und bedrü-
15 ckender.

Tatsächlich sind nur wenige Häuser Kölns bewohnbar geblieben, insgesamt vielleicht dreihundert, wie man mir sagt. Von einer Straße geht man
20 in die andere mit Häusern, deren Fenster hohl und geschwärzt wirken – wie die offener Münder verkohlter Leichen. Hinter diesen Fenstern gibt es nichts mehr außer Decken, Möbeln, Teppich-
25 fetzen, Büchern; alles zusammen ist in die Keller der Häuser abgestürzt und liegt dort zusammengepresst zu einer feuchten Masse.

Durch die Straßen Kölns schleppen
30 sich tagein, tagaus Tausende von Menschen; dieselben, die noch vor wenigen Jahren die Straßen dieser Stadt bevölkerten und an den Schaufenstern entlang bummelten oder vor den Kinos
35 warteten, in die Oper gingen oder sich ein Taxi herbeiwinkten; dieselben, die einst ganz normale Bürger einer großen Stadt waren (…).

Jetzt bedarf es großer Phantasie, sich
40 des Kölns zu erinnern, das ich vor zehn Jahren so gut kannte. Nichts ist mehr da. (…) Die Menschen, die dort leben, scheinen gar nicht zu Köln zu gehören. Sie gleichen vielmehr einem Stamm
45 von Nomaden, die inmitten einer Wüste eine Ruinenstadt entdeckt und dort ihr Lager aufgeschlagen haben, in ihren Kellern hausen und zwischen den Trümmern nach Beute suchen (…).
50 Die große Stadt sieht wie ein Leichnam aus und stinkt auch so, von all dem nicht weggeräumten Müll, all den Leichen, die immer noch unter Bergen von Schutt und Eisen begraben liegen.
55 Und obwohl die Straßen teilweise geräumt sind, gibt es noch viele Krater, und einige der Nebenstraßen sind unpassierbar. Immer noch gibt es ganze Landschaften völlig unberührter Ru-
60 inenfelder. (…)

Die Wirkung dieser Leichenstädte ist tief entmutigend und ergreift jeden, der in Deutschland lebt und arbeitet, die Besatzungsmächte ebenso wie die
65 Deutschen. Die Zerstörung ist ernst in mehr als nur einem Sinn.

Stephen Spender, Deutschland in Ruinen. Ein Bericht, Frankfurt am Main 1998, S. 36–39, übers. von Joachim Utz.

Q3 Frauen in Köln beim Kohlenklau im bitterkalten Nachkriegswinter 1946/47

E: Die Frauen auf dem Foto begehen eine Straftat. Schreibe auf, wie sie sich rechtfertigen könnten. [II]

Q4 Die Kartoffeltrecks

Aus der „Stuttgarter Zeitung", Juni 1946:
Quer durch die britisch besetzte Zone Deutschlands (…) geht seit vielen Wochen ein seltsamer Zug vor sich, der in seiner Unbeirrbarkeit an die Gesetzmä-
5 ßigkeit des Vogelzuges erinnert. Auch die Menschen, die hier ziehen, folgen einem Gesetz: dem Gesetz des Hungers und der Not. Eigentlich „steigt" man nicht in den Zug. Man stürmt den
10 Zug. (… Die Menschen) stehen viele Stunden im rüttelnden Zug, (…) sie kommen tagelang nicht aus den Kleidern, sie müssen Stolz und Scham in sich niederzwingen, wenn sie von Hof
15 zu Hof gehen, und sie fühlen sich mit ihren Kartoffeln nicht sicher, ehe sich die Wohnungstür hinter ihnen geschlossen hat. (…) Die Bauern gaben zuerst viel, dann immer weniger. Die Bäuerin teilte
20 es ein, sie gab jedem ein paar Pfund. (…) Und wenn unter ein paar hundert (Menschen) einer ist, der etwa die Fahrt macht, um die Kartoffeln auf dem Schwarzen Markt zu verschieben – die
25 Kartoffelsucher wären die ersten, die ihn steinigten, wenn sie wüssten, dass da ein Bandit aus ihrer Not ein Geschäft macht.

Hans Schlange-Schöningen, Im Schatten des Hungers, Hamburg 1955, S. 69–71.

Q5 Nachkriegsleben in der Stadt

Hannelore König, geboren 1934, erinnert sich an ihre Kindheit 1945:
Meine Mutter hatte für uns eine eigene Wohnung organisiert, die der Frau des Lehrers gehörte. Sie ist in eine 1-Zim-
5 mer-Wohnung gezogen und wir haben ihr dafür Brot, Mohrrüben, Butter und Zucker geschenkt. Die Hausbesitzerin mussten wir ebenfalls mit Naturalien bestechen. Wir sind eingezogen
10 und hatten erstmals ein Dach über den Kopf, Säcke vor den Türen und ein Bett. Wir hausten alle zusammen in der Küche.
Mutter musste als Trümmerfrau arbei-
15 ten. Wir gingen manchmal mit, um Holz aus den Trümmern zu holen. Das war sehr gefährlich, aber wir hatten ja nichts zu heizen. Nachts sind wir, und das haben alle gemacht, Kohlen klauen gegan-
20 gen am Bahnhof. Und ich bin mit meiner Oma in den Wald gefahren. Dort haben wir Holz gelesen.

Sibylle Meyer/Eva Schulze, Wie wir das alles geschafft haben, München 1988, S. 122 f.

Q6 Nachkriegsleben auf dem Dorf

Ein Zeitzeuge (geb. 1937) erinnert sich:
Von schwerer Jugend nach 1945 ist häufig die Rede. Ich habe diese Zeit demgegenüber als besonders aufregend durchaus positiv in Erinnerung. Bei uns
5 auf dem Hof und Häusern drumherum waren circa 100 Flüchtlinge einquartiert, darunter 28 Kinder und Jugendliche. So viele hat es dort weder vorher noch nachher wieder gegeben. Wir
10 waren ständig draußen, beobachteten Bauern, die schwarz (verboten) schlachteten, Liebespaare, die heimlich in die Scheune gingen, Landser (einfache Soldaten), die Papiere oder ihre Munition
15 im Moor versteckten, wo wir unsere Bude hatten, oder Orden und Uniformlitzen verschwinden ließen, um sich „ziviler" zu machen. Wir wussten also meistens vor den Erwachsenen, wo Gewehre,
20 Patronen oder Handgranaten lagen, einmal fanden wir sogar eine Panzerfaust. All das haben wir heimlich gesammelt und gehortet. Manchmal machten wir damit etwas mehr. (…) Ein Junge ver-
25 lor bei dem Versuch, möglichst spät und möglichst genau ein Eichhörnchen zu treffen, seine Hand, später sogar seinen Arm, weil der sich entzündet hatte.

Alexander v. Plato/Almut Leh, Ein unglaublicher Frühling. Erfahrene Geschichte im Nachkriegsdeutschland 1945–1948, Bonn 1997, S. 247.

Q7 Die amerikanische Militärbehörde zwingt die Weimarer Bevölkerung, das KZ Buchenwald zu besichtigen.

F: Nenne Gründe für den amerikanischen Befehl. Beschreibe, wie die Weimarer reagiert haben könnten. [I]

Q8 Rachsucht hilft nicht

Der US-amerikanische Fotoreporter Henry Ries, der 1938 wegen seiner jüdischen Herkunft aus Deutschland geflohen war, schreibt in einem Brief vom 9. September 1945:

Im Zentrum der Stadt sieht es schlimm aus! Wo und wie drei Millionen Berliner unterkommen, ist mir ein Rätsel. Auf den fast lautlosen Straßen sieht man
5 nur wenige Menschen. Die meisten bewegen sich mürrisch und deprimiert und kaum miteinander redend durch die sonnige Trümmerwüste. (…)

Was mich stört, ist, dass die Mehrzahl
10 der Berliner uns mit ihren Verlusten beeindrucken will, um in ihrem Existenzkampf vorteilhafte Beziehungen mit uns Amis anzuknüpfen. (…)

Nach nur einer Woche in Berlin sollte
15 ich mir keine schnellen Urteile erlauben. Aber je länger ich mich mit Himmlers (Reichsführer SS) geheimen Dokumenten beschäftige, besonders mit der Übersetzung der Beschreibungen von
20 unmenschlichen Versuchen an Menschen, umso mehr wird mir bewusst, wie viel Glück ich hatte, noch rechtzeitig Nazi-Deutschland verlassen zu haben – und nicht nur wegen der drohen-
25 den physischen Zerstörungen, sondern auch, weil ich nicht ein Opfer der moralischen Vernichtung wurde.

In mir brodelt ein emotionales Gemisch: Haben die Deutschen dieses Chaos ver-
30 dient? Wahrscheinlich – zumindest ein großer Teil von ihnen. Aber wie kann ich, wenn ich hungrige Menschen, verkrüppelte Menschen, leidende Menschen, verhärmte Menschen sehe, alle
35 umgeben von Trümmern, viele total verarmt, einige hilflos verloren, wie kann ich angesichts dieses Leids kein Mitleid empfinden? Rachsucht hilft überhaupt nicht.

Henry Ries, Ich war ein Berliner, Berlin 2001, S. 84.

Q9 Überlebende eines KZ

Aus dem Tagebuch des britischen Offiziers Basil N. Reckitt:

Freitag, den 13. April 1945

Vom Stab des Korps kam an uns der Befehl, Verpflegung zu einem Konzentrationslager in einem Ort namens Hunswinkel zu transportieren. Die Insassen des
5 Lagers waren am Verhungern und hatten vermutlich Flecktyphus. (…) Ein einarmiger belgischer Priester begrüßte uns in seiner Rolle als Lagerführer. Die
10 Gestapo-Wachen waren geflohen (…). Im Lager waren noch einige der ursprünglichen Insassen verblieben, die wegen geringfügiger politischer Verbrechen oder nur, weil sie jüdische Bluts-
15 verwandte hatten, dort waren. (…) Einige waren so abgemagert, dass über ihren Knochen statt Fleisch nur noch Haut war. Sie waren gerade noch in der Lage zu laufen, ganz langsam und mit
20 wackelndem, unsicherem Gang. Dr. Junkers (der deutsche Arzt, der Reckitt begleitete) tat, was er konnte. (…) Er war entsetzt über das, was er sah. Wie echt jedoch seine zur Schau gestellten Ge-
25 fühle waren, konnte ich nicht beurteilen.

Dienstag, den 17. April 1945

Auf der Rückfahrt machten wir einen Umweg, um zwei der Insassen bei sich zu Hause abzusetzen. Eine der Frauen
30 war so schwach, dass zwei Soldaten sie praktisch in ihr Haus tragen mussten. Das Wiedersehen mit ihrer Familie, von der sie anfänglich kaum erkannt wurde, war erschütternd. Sie war zwei Jahre
35 lang fort gewesen.

Alexander v. Plato/Almut Leh, Ein unglaublicher Frühling. Erfahrene Geschichte im Nachkriegsdeutschland 1945–1948, Bonn 1997, S. 214f.

Q10 Flüchtlinge laufen 1945 durch Dresden.

✏ G: Beschreibe die dargestellte Szene und schließe auf das Schicksal der Gruppe. [II]

Q11 Vertreibung aus dem Sudetenland
Ein Bericht von Josephine M., der im Mai 1947 aufgezeichnet wurde:
Ich und mein 84-jähriger Mann wurden von den Tschechen im Mai 1945 in ein Lager zusammengetrieben. Mein Mann musste in einer 40 m tiefen Sand-
5 grube schwer arbeiten, ohne Essen. Dabei wurden die Männer geschlagen. (…) Bevor wir fort mussten, erhängte sich der Bürgermeister von Ober-Gerspitz. S. ist sein Name. Eine Bauers-
10 frau sprang aus Verzweiflung ins Wasser und wurde als Leiche gefunden. Ihr Name ist F. Eines Abends wurden wir ausgewiesen, ich (…) stand bei meinem Haus und durfte mir nicht einen
15 Mantel oder ein Kleid holen. Notdürftig bekleidet mussten wir die ganze Nacht marschieren unter allen möglichen Schikanen. Die Tschechen schossen ohne Pausen, nächsten Tag hatten
20 wir nur kurze Rast und mussten ohne Essen bis zur österreichischen Grenze. Da wurde mir noch das letzte Geld abgenommen. Viele Leute konnten diese Strapazen nicht ertragen, fielen nieder,
25 da zeigten uns die Tschechen den Gummiknüppel und viele wurden geprügelt. (…) Wir kamen in der Nacht über die Grenze und mussten im Freien übernachten. (…) Ich sehne den Tag herbei
35 und habe nur noch den einen Wunsch, unser geliebtes Sudetenland wieder unsere Heimat nennen zu dürfen.

Wolfgang Benz, Potsdam 1945. Besatzungsherrschaft und Neuaufbau im Vier-Zonen-Deutschland, München 1986, S. 225 ff.

Q12 Gleiches Recht auch im Alltag
Aus der Charta der deutschen Heimatvertriebenen vom 5. August 1950:
1. Wir Heimatvertriebenen verzichten auf Rache und Vergeltung. Dieser Entschluss ist uns ernst und heilig im Gedenken an das unendliche Leid,
5 welches im besonderen das letzte Jahrzehnt über die Menschheit gebracht hat. 2. Wir werden jedes Beginnen mit allen Kräften unterstützen, das auf die Schaffung eines geeinten Europa ge-
10 richtet ist, in dem die Völker ohne Furcht und Zwang leben können. 3. Wir werden durch harte, unermüdliche Arbeit teilnehmen am Wiederaufbau Deutschlands und Europas. (…) Den Menschen
15 mit Zwang von seiner Heimat trennen, bedeutet, ihn im Geiste töten. Wir haben dieses Schicksal erlitten und erlebt. Daher fühlen wir uns berufen zu verlangen, dass das Recht auf Heimat
20 (…) anerkannt und verwirklicht wird. (…) Darum fordern und verlangen wir (…): 1. Gleiches Recht als Staatsbürger nicht nur vor dem Gesetz, sondern auch in der Wirklichkeit des Alltags. 2. Ge-
25 rechte und sinnvolle Verteilung der Lasten des letzten Krieges auf das ganze deutsche Volk und eine ehrliche Durchführung dieses Grundsatzes. 3. Sinnvollen Einbau aller Berufsgruppen der
30 Heimatvertriebenen in das Leben des deutschen Volkes. 4. Tätige Einschaltung der deutschen Heimatvertriebenen in den Wiederaufbau Europas. (…) Die Völker müssen erkennen, dass das
35 Schicksal der deutschen Heimatvertriebenen, wie aller Flüchtlinge, ein Weltproblem ist (…).

Zit. nach: http://www.bund-der-vertriebenen. de/charta-der-deutschen-heimatvertriebenen/ charta-in-deutsch.html (19. April 2016)

1. Liste auf, welche Gefahren in den zerstörten Städten lauerten (Q2). [I]

2. Schreibe Q4 in einen sachlichen Bericht zur Versorgungslage um. [II]

3. Lege dar, wodurch sich Q5 und Q6 unterscheiden. Welche Ursachen siehst du für die Unterschiede? [III]

4. Beurteile die Haltung Henry Ries' gegenüber den Deutschen (Q8). [III]

5. Schreibe aus Reckitts Sicht einen Artikel für eine deutsche Zeitung, mit dem du möglichst viele Deutsche zum Nachdenken bringen willst (Q9). [III]

6. Stell dir vor, du müsstest der alten Frau M. erklären, dass das Sudetenland nie mehr wieder ihre Heimat werden kann. Schreibe deine Argumente auf (Q11). [III]

7. Skizziere das Selbstverständnis der Heimatvertriebenen und lege dar, welche Schlussfolgerungen die Charta über die Stellung der Flüchtlinge in der westdeutschen Aufnahmegesellschaft erlaubt (Q12). [III]

1945   2012

Geschichte erinnert und gedeutet: Die Bombardierung von Dresden

Luftangriffe auf Städte waren in Deutschland während des Zweiten Weltkrieges zu einem fast alltäglichen Geschehen geworden. In Dresden hatte man sich nach Jahren der relativen Unversehrtheit sicher gefühlt. Doch zwischen dem 13. und 15. Februar 1945 bombardierten alliierte Fliegerverbände die Stadt. Sehr viele Menschen kamen vor allem durch die englischen Angriffe in der Nacht vom 13. auf den 14. Februar zu Tode, darunter sowohl Einheimische als auch durchziehende Flüchtlinge. Schätzungen der Opferzahlen reichen von ca. 25 000 bis hin zu 250 000 Menschen. Wie kam eine derartige Diskrepanz zustande? Welche Interessen und Beweggründe könnten dahinterstehen?

Q1 Leichenverbrennung auf dem Dresdner Altmarkt
Foto, 22. Februar 1945

✏ A: Kommentiere das Bild einmal aus der Sicht eines Nazi-Funktionärs, einmal aus der Sicht eines englischen Journalisten. [II]

Q2 Das Haus erzittert
Der Künstler Otto Griebel, ein Nazi-Gegner, hatte sich in den Keller eines Wirtshauses gerettet.
Ein vielfaches Pfeifen durchschnitt die Luft, und dann erzitterte das Haus von einer Reihe rasch aufeinander folgender und immer heftiger werdender De-
5 tonationen, die uns in eine Ecke des Kellers trieben. (…) Das sausende Fallen und Krachen der einschlagenden Bomben nahm nun kein Ende mehr. Der Luftdruck stieß die eisernen Tü-
10 ren der Bierzufuhr auf, und das ins Flackern geratene elektrische Licht setzte mit einem Male ganz aus. (…) Die Wirtin meinte, der Keller sei fest genug, um einen Treffer zu überstehen. Einige der

15 Schläge fuhren uns förmlich ins Genick. Wir duckten uns immer tiefer und warteten von einem Hieb zum anderen. Einmal schien es, als drehe sich das ganze Gebäude in seinen Fundamenten.

Otto Griebel, Ich war ein Mann der Straße – Lebenserinnerungen eines Dresdner Malers, Frankfurt/Main 1995, S. 254–55, zit. nach: Frederick Taylor, Dresden – Dienstag, 13. Februar 1945, München 2004, S. 288, übers. von Friedrich Griese.

Q3 Es brennt
Gerhard Kühnemund, zum Zeitpunkt der Angriffe 15 Jahre alt, erinnert sich:
Ganz Dresden war ein Höllenfeuer. Auf den Straßen unter uns irrten die Leute hilflos umher. Ich sah meine Tante dort.

Sie hatte sich in eine feuchte Decke ge-
5 wickelt, und als sie mich sah, rief sie: „Komm zu den Elbterrassen!" Der Lärm des aufsteigenden Feuersturms erstickte ihre letzten Worte. Eine Hausmauer stürzte tosend ein und begrub
10 mehrere Leute im Schutt. Eine dichte Staubwolke stieg empor, vermischte sich mit dem Rauch und machte es unmöglich, irgendetwas zu sehen. Dann packte mich eine Faust am Nacken und
15 zog mich über das Geröll hinweg. Es war der junge Pilot, der in seiner ruhigen Gefasstheit wahrscheinlich in diesem Chaos mein Leben rettete.

Frederick Taylor, Dresden – Dienstag, 13. Februar 1945, München 2004, S. 303, übers. von Friedrich Griese.

D1 Opferzahlen

Der Streit verschiedener Gruppen um die tatsächliche Höhe der Opferzahlen zwischen dem 13. und 15. Februar 1945 sollte durch das Berufen einer Historikerkommission im Jahr 2004 beendet werden. Im Abschlussbericht der Kommission (2010) heißt es:

In ihrem Werben um Unterstützung für den „Dresdner Aufbauplan" bezog sich die Stadtverwaltung (nach dem 8. Mai 1945) auf die Februar-Luftangriffe, als deren Folge 25 000 getötete Menschen benannt wurden. Drei Monate später wies das Statistische Amt der Stadt in seiner ersten veröffentlichten Bevölkerungsbilanz nach dem Krieg dieselbe Zahl aus.

Zu diesem Zeitpunkt recherchierte jedoch das städtische Nachrichtenamt bereits erneut in dieser Angelegenheit, nachdem die bisherigen Zahlen in und außerhalb der Behörde auf Skepsis gestoßen waren. Wohl spätestens zum Jahresende 1946 legte man sich auf eine um 10 000 Personen höhere Zahl fest: 32 000 Menschen wurden als bestattet bilanziert, weitere 3000 als noch nicht geborgen vermutet. (…) Sie wurde bis zum Ende der DDR als offizielle Angabe von den Behörden verwendet, auch wenn hin und wieder einzelne Funktionäre im propagandistischen Überschwang höhere Zahlen nannten. (…) Ihnen standen jedoch von Anfang an völlig andere Überzeugungen und Behauptungen entgegen: Im unmittelbaren Eindruck der gewaltigen Zerstörungen mussten die Betroffenen – ähnlich wie in vielen anderen schwer getroffenen Städten – wesentlich höhere Verluste an Menschenleben annehmen als sie die Zählungen der Behörden ausweisen. (…)

Am 7. März 1945 wies die Presseabteilung des Berliner Auswärtigen Amtes die deutsche Gesandtschaft in der neutralen Schweiz an, ab sofort in ihrer Pressearbeit zur „Zerstörung Dresdens" die Angabe „Eher 200 000 als 100 000 Todesopfer" zu verwenden. Zu diesem Zeitpunkt war bereits eine intensive und erfolgreiche Kampagne der deutschen Auslandspropaganda im Gange, die mit dem Beispiel Dresden den „angelsächsischen Bombenkrieg" als zentrale Anklage gegen die Kriegsführung der Alliierten zu positionieren suchte. (…)

Zusammenfassung der Ergebnisse

Im Ergebnis der von der Kommission vorgenommenen Untersuchung wird festgestellt: Bei den Luftangriffen auf Dresden vom 13. bis 15. Februar 1945 wurden bis zu 25 000 Menschen getötet. (…)

Vergleich mit der dokumentarischen Überlieferung

Wie bereits erwähnt, liegen bilanzierende Angaben der lokal zuständigen Behörden zur Zahl der Dresdner Luftkriegstoten vor allem aus dem Frühjahr 1945 und dem Jahr 1946 vor. Dabei gingen die Behörden zunächst von ca. 25 000 in Dresden getöteten Menschen aus. Während dies in der polizeilichen Schlussmeldung von Mitte März 1945 noch eine begründete Schätzung sein musste – die Bergung und Bestattung war schließlich noch nicht abgeschlossen –, bilanzierte auch das Statistische Amt der Dresdner Stadtverwaltung im April 1946 diese Zahl. Sie ist parallel als Aussage der Suchzentrale in der Behörde des Dresdner Polizeipräsidenten im Februar 1947 überliefert. (…)

Absicherung des Ergebnisses gegen Behauptungen deutlich höherer Todeszahlen

Die Kommission hat (…) in größtmöglichem Umfang versucht, Argumentationen für deutlich höhere Zahlen der Dresdner Luftkriegstoten, die im öffentlichen Diskurs gebraucht werden, zu prüfen. Zusammenfassend kann dazu festgestellt werden: Aus keiner der untersuchten Perspektiven – also weder bei der Rekonstruktion der realgeschichtlichen Abläufe des Jahres 1945 noch bei der Prüfung von dokumentarischen Überlieferungen und Erinnerungen oder etwa in statistischen und militärtechnischen Untersuchungen – können belastbare Argumente für Totenzahlen von 100 000 und mehr festgestellt werden. (…)

Fazit

(…) In der Konsequenz des von Deutschland ausgegangenen Krieges wurde Dresden im letzten Kriegsjahr durch alliierte Luftangriffe schwer zerstört. Innerhalb weniger Stunden starben viele Tausend Menschen – Zivilisten und Militärangehörige, Dresdner und Flüchtlinge, aber auch Zwangsarbeiter, Häftlinge und Kriegsgefangene. Für die wenigen noch nicht ermordeten jüdischen Mitbürger bedeuteten die Luftangriffe Gefahr und Rettung vor Deportation gleichermaßen. Ein verantwortliches Erinnern an das Schicksal aller dieser Menschen setzt ein ernsthaftes und andauerndes Bemühen um die Korrektheit der geschichtlichen Darstellung voraus.

Landeshauptstadt Dresden (Hrsg.), Abschlussbericht der Historikerkommission zu den Luftangriffen auf Dresden zwischen dem 13. und 15. Februar 1945, https://www.dresden.de/media/pdf/infoblaetter/Historikerkommission_Dresden1945_Abschlussbericht_V1_14a.pdf, S. 18, 19, 67, 68 (27. Juli 2016)

---

1. Beschreibe die Zustände, die während und nach dem Bombenangriff in Dresden herrschten (Q1, Q2). [I]

2. Die Bombenangriffe auf Dresden und ihre Folgen wurden von verschiedenen Seiten instrumentalisiert, auch nachdem bekannt geworden war, dass viele Schätzungen überhöht waren (D1). Bildet Arbeitsgruppen und erklärt die Beweggründe der Nazi-Propagandisten, der DDR-Regierung sowie Stimmen Betroffener durch die Beschaffung weiterer Informationen. Erörtert eure Ergebnisse. [III]

1945   2012

Der politische Neubeginn

In Potsdam war beschlossen worden, alle Voraussetzungen dafür zu schaffen, dass ein Wiedererstarken des Nationalsozialismus ein für alle Mal verhindert wurde. Doch welche Maßnahmen waren dafür wirklich geeignet? Und welche Ergebnisse brachten sie?

Der Nürnberger Kriegsverbrecherprozess

A: Stelle tabellarisch die Entwicklungen in den westlichen Besatzungszonen und der sowjetischen Besatzungszone gegenüber. [II]

Die vier Besatzungsmächte waren sich einig, dass die Verantwortlichen für die nationalsozialistischen Verbrechen bestraft werden sollten. Dazu gründeten sie einen Internationalen Militärgerichtshof mit Sitz in Nürnberg. Dort wurde am 20. November 1945 der Prozess gegen 22 mutmaßliche Hauptkriegsverbrecher eröffnet. Die Anklage lautete auf Verbrechen gegen den Frieden, Kriegsverbrechen und Verbrechen gegen die Menschlichkeit. Nach einjähriger Prozessdauer wurden die Urteile gefällt: Zwölf Angeklagte wurden zum Tode verurteilt, drei zu lebenslänglicher Haft und vier zu langjährigen Gefängnisstrafen. Nur drei wurden freigesprochen.

Entnazifizierung in den Westzonen

Aber nicht nur die Nazigrößen sollten zur Verantwortung gezogen werden. Genauso wichtig war es, die Schuld aufzudecken, die viele andere auf sich geladen hatten und diese entsprechend zu bestrafen. In den drei Westzonen wurden dazu sogenannte Spruchkammern eingerichtet. Dort mussten Millionen Deutsche über ihre Vergangenheit in der nationalsozialistischen Diktatur Auskunft geben. Danach entschieden die Mitglieder der Spruchkammern, ob der oder die Betreffende als „hauptschuldig", als „belastet" oder als „Mitläufer" eingestuft wurde. Dieses Verfahren erwies sich als schwierig, denn oft lagen keine belastenden Dokumente vor. Andererseits versuchten sich Beschuldigte von jedem Verdacht reinzuwaschen, indem sie entlastende Aussagen von Bekannten vorwiesen. Bis 1950 überprüften die Spruchkammern ca. sechs Millionen Menschen. Nur jeder 200. Beschuldigte wurde als „Hauptschuldiger" oder „Belasteter" eingestuft. Viele kamen als „Mitläufer" davon.

Q1 Urteilsverkündung auf dem Nürnberger Kriegsverbrecherprozess
In den beiden hinteren Reihen die Angeklagten, davor ihre Verteidiger

B: Beschreibe anhand der Haltung und der Gesichtsausdrücke, wie die Angeklagten auf die Urteile reagierten. [I]

Q2 Habe ich den nicht schon mal gesehen?
Karikatur aus der Zeitschrift „Der Spiegel", 15. Februar 1947

C: Untersuche die Karikatur. Erkläre, welche Haltung der Zeichner zur Umerziehung einnimmt. [II]

Reeducation

Die Alliierten hatten sich in Potsdam geeinigt, dass die Umgestaltung Deutschlands auf demokratischer Grundlage erfolgen sollte. Nach zwölf Jahren Diktatur war dazu ein Umdenken der Deutschen notwendig. In den Westzonen sollte das durch die sogenannte Reeducation (Umerziehung) erreicht werden. Eine wichtige Rolle spielte dabei die Schule. Zunächst wurden alle vorhandenen Schulbücher verboten und durch Neuentwicklungen ersetzt. Auch die Lehrkräfte wurden überprüft. Allerdings fehlte für einen Austausch ausreichendes unbelastetes Personal. So unterrichteten wenige Jahre nach dem Krieg fast alle ehemaligen Lehrer wieder. Zeitungen, Zeitschriften, Rundfunk und Film hatten für die Umerziehung der Erwachsenen einen wichtigen Beitrag zu leisten. Das Ausstrahlen von Rundfunkprogrammen und die Herausgabe von Presseerzeugnissen oblag zunächst den Besatzungsbehörden. Allmählich gaben sie diese Aufgaben aber in die Hände demokratisch denkender und handelnder Deutscher. Eine demokratische Medienkultur begann sich zu entwickeln.

D: Bereite einen Kurzvortrag über die „Reeducation in Deutschland nach 1945" vor. [II]

Entnazifizierung in der sowjetischen Besatzungszone

Auch in der sowjetisch besetzten Zone wurde eine Entnazifizierung durchgeführt. Davon waren allerdings nur die NSDAP-Mitglieder betroffen. Konsequenter als im Westen ging man dabei mit Verwaltungsangestellten, Beamten, Juristen, Hochschullehrern und Lehrern um. Sie verloren fast alle ihre Anstellungen und beruflichen Perspektiven. Das fehlende Fachpersonal wurde vielfach durch Menschen ersetzt, die in Schnellkursen ausgebildet worden waren. So waren beispielsweise in den Schulen die sogenannten Neulehrer in der Mehrzahl. Im Februar 1948 erklärte die sowjetische Militärregierung die Entnazifizierung in der sowjetischen Besatzungszone für abgeschlossen. Ehemalige Nazis wurden nun auch hier integriert, wenn sie sich der neuen Herrschaft bedingungslos anpassten. Diese Konsequenz bei der Entnazifizierung brachte den Sowjets enorme politische Vorteile. Sie konnten auf diese Weise alle wichtigen Stellen mit Personen besetzen, die ihnen treu ergeben waren. Eine große Hilfe waren ihnen dabei deutsche Kommunisten, die viele Jahre im sowjetischen Exil gelebt hatten und dort ausgebildet worden waren. Unter dem Vorwand der Entnazifizie-

1945   2012

rung ging die sowjetische Militärregierung auch gegen Kritiker und vermeintliche Gegner vor. Das betraf auch ehemalige Gegner der Nationalsozialisten. Insgesamt wurden bis 1950 ca. 150 000 Menschen willkürlich verhaftet und z. T. in ehemaligen Konzentrationslagern interniert. Ein Drittel starb aufgrund der schlechten Haftbedingungen. Eine unbekannte Zahl wurde in sowjetische Straflager gebracht. Ihr Schicksal ist mitunter bis heute unbekannt geblieben. Mit diesen Maßnahmen wurden in der sowjetisch besetzten Zone frühzeitig die Weichen für eine neue – eine kommunistische – Diktatur gestellt.

Anfänge politischen Lebens in den Westzonen

Eine demokratische Umgestaltung konnte nur gelingen, wenn die Deutschen wieder politisch aktiv wurden. Die drei Westalliierten erlaubten das zunächst nur auf lokaler Ebene. Dann gestatteten sie die Gründung von Parteien. Zuerst nahmen Parteien aus der Zeit der Weimarer Republik ihre Arbeit wieder auf. Dazu gehörten die SPD und die KPD. Dann wurden drei bürgerliche Parteien neu gegründet: die CDU, die CSU und die FDP. Noch wurden die Parteien von der jeweiligen Besatzungsmacht überwacht und für alle Aktivitäten, die über eine Besatzungszone hinausgingen, benötigten sie eine Genehmigung. Nachdem die Amerikaner, Briten und Franzosen im Herbst 1945 mit der Gründung von Bundesländern begonnen hatten, ergaben sich Möglichkeiten der politischen Mitbestimmung in den Länderparlamenten.

Die politische Entwicklung in der sowjetischen Besatzungszone

Auch in der sowjetischen Besatzungszone begann sich sehr bald neues politisches Leben zu regen. Schon vor dem Beginn der Potsdamer Konferenz war die Gründung von Parteien zugelassen worden, sodass sich ein vergleichbares Parteienspektrum wie in den Westzonen bildete. Allerdings waren die Kommunisten davon überzeugt, dass ihnen allein die politische Führung zustünde. Als die KPD erkennen musste, dass sie in demokratischen Wahlen keine eigene Mehrheit erlangen würde, strebte sie den Zusammenschluss mit der SPD an: 1946 wurde die „Sozialistische Einheitspartei Deutschlands" (SED) gegründet. Danach wurde die SPD von der sowjetischen Militärregierung verboten.

Auch in der Ostzone übernahmen nun die Deutschen wieder politische Ämter. Die sowjetischen Machthaber sorgten gemeinsam mit den Kommunisten allerdings dafür, dass die SED stets in der Mehrheit war und sich die anderen Parteien ihrem Willen unterordneten.

Q3 Versammlung in Dresden in Vorbereitung der SED-Gründung
Foto, 15. Januar 1946

E: Zwei befreundete Mitglieder der SPD nehmen an der Versammlung teil. Der eine ist für die Vereinigung mit der KPD, der andere hält das nicht für richtig. Stellt ein Gespräch zwischen den beiden Freunden nach. Bezieht die Argumente aus der Losung auf dem Foto und aus dem Text auf dieser Seite ein. [III]

Q4 Deutsche Gefangene in einem amerikanischen Internierungslager während der Reeducation
Foto, 1945

F: Berichte aus der Sicht eines amerikanischen Reporters über den Vorgang, der auf dem Foto gezeigt wird. Gehe insbesondere auf die Reaktion der abgebildeten Männer ein. [II]

Q5 Die Entnazifizierung – ein Erfolg?
Walter Dorn, Berater der US-Militärregierung, schreibt 1949:

Wenn die Entnazifizierung in ganz Deutschland wirksam werden sollte, hätte sie in allen vier Zonen einheitlich durchgeführt werden müssen. Als diese Einheitlichkeit unwiederbringlich verloren war, büßte die Entnazifizierung viel [5] von ihrer Bedeutung bei der deutschen Bevölkerung ein. Es genügte ja nicht, ein früheres Parteimitglied in der einen Zone als Belasteten zu verurteilen, wenn es in einer anderen ein hohes öffentli- [10] ches Amt bekleiden konnte. (…) Zwar gab es oberflächliche Ähnlichkeiten im Vorgehen der vier Zonen; in Wirklichkeit verfolgte jedoch jeder Zonenkommandeur seine eigene Richtung. (…) Als [15] der sowjetische Kommandeur schließlich im März 1948 das Entnazifizierungsprogramm als beendet erklärte und die Entnazifizierungsausschüsse auflöste, wurde es äußerst schwierig, in irgend- [20] einer Zone das Entnazifizierungsprogramm noch weiter fortzuführen. (…) Auch war das Gesetz viel zu kompliziert, um von Laien ohne juristische Ausbildung wirksam angewandt zu werden. [25]

Klaus-Jörg Ruhl (Hrsg.), Neubeginn und Restauration. Dokumente zur Vorgeschichte der Bundesrepublik Deutschland 1945–1949, München 1989, S. 290 ff.

Q6 Neue Lügen, neuer Hass?
Die hessische Leitung der evangelischen Kirche verkündet zur Jahreswende 1947/48:

(…) der Versuch, den Nationalsozialismus mit den Mitteln dieses Gesetzes (Gesetz über die Entnazifizierung) auszurotten, ist auf der ganzen Linie ge- [5] scheitert. Dagegen hat diese Art der Denazifizierung zu Zuständen geführt, die auf Schritt und Tritt an die hinter uns liegenden Schreckensjahre erinnern. Hunderttausende von Menschen ste- [10] hen unter beständigem Druck und erliegen der Versuchung, zu aller erdenklichen Unwahrhaftigkeit und Lüge zu greifen, um sich reinzuwaschen. Zehntausende haben Arbeit und Brot verlo- [15] ren oder warten in Internierungslagern auf ihren Spruch oder nach längst gefälltem Spruch auf die Freilassung. (…) Die evangelische Kirche hat sich des Öfteren dafür eingesetzt, dass nur (…) [20] nachgewiesene Vergehen und Verbrechen bestraft werden sollten; aber sie ist nicht gehört worden. (…) Unser Volk ist nicht auf den Weg der Versöhnung geführt worden, sondern auf den Weg [25] der Vergeltung, und die (…) Saat des neuen Hasses ist üppig aufgegangen.

Kirchliches Jahrbuch für die evangelische Kirche in Deutschland 1945–1948, Gütersloh 1950, S. 206 ff.

Q7 Neue Chancen?
Aus einem Beschluss des SED-Parteivorstandes vom 20. Juni 1946:

Auch die nominellen Mitglieder der NSDAP haben auf Grund ihrer Mitgliedschaft zur Nazipartei einen Teil Schuld und Mitverantwortung auf sich geladen. In dem verflossenen Jahre haben aber [5] zahlreiche ehemalige einfache Mitglieder der Hitlerpartei in den Gemeinden und Städten loyal beim demokratischen Wiederaufbau mitgearbeitet. Sie haben damit bekundet, dass ihre frühere Ein- [10] stellung falsch war, andere sind auf dem Wege, anzuerkennen, dass sie nur durch eigene praktische Mitarbeit wiedergutmachen können, was sie in der Vergangenheit an Schuld auf sich ge- [15] laden haben. Auf Grund dieser Erwägungen hält die Sozialistische Einheitspartei Deutschlands den Zeitpunkt für gekommen, das Problem der Eingliederung der Massen der ehemaligen einfa- [20] chen Mitglieder und Mitläufer der Nazipartei in den demokratischen Aufbau Deutschlands einer Lösung entgegenzuführen. (…) Die Sozialistische Einheitspartei Deutschlands tritt dafür ein, [25] dass allen, die guten Willens sind, die Möglichkeit zur Mitarbeit und zu einem neuen Leben gegeben wird.

Dokumente der Sozialistischen Einheitspartei, Bd. 1, Berlin 1952, S. 52 f.

1945   2012

Q8 Deutschland am Scheideweg

Plakat der amerikanischen Militärregierung

✎ G: Erläutere die Aussage des Plakats. [II]

GERMANY IS AT THE CROSSROADS

RESENTMENT OF AMERICANS
PERSECUTION OF MINORITIES
DISRESPECT FOR US ARMY
CONTEMPT FOR DEMOCRACY
BLACK MARKET ACTIVITIES
AN OUTCAST NATION

FAIRNESS
RESPECT FOR RIGHTS OF OTHERS
HONESTY
DEMOCRACY
PEACEFULNESS
A RESPECTED NATION

IS YOUR EXAMPLE GUIDING THEM ALONG THE RIGHT ROAD?

Q9 Neue politische Freiheiten

Aus einer Rede des amerikanischen Außenministers Byrnes am 6. September 1946 in Stuttgart:

Die Alliierten mussten vorübergehend die Aufgaben des zertrümmerten deutschen Staates übernehmen (…) und konnten die Führer und Günstlinge
5 des Nazismus nicht in Schlüsselstellungen belassen, in denen sie ihren Einfluss wieder geltend gemacht hätten. Sie mussten gehen. Es war jedoch niemals die Absicht der amerikanischen
10 Regierung, dem deutschen Volk das Recht zu versagen, seine eigenen inneren Angelegenheiten wahrzunehmen, sobald es in der Lage sein würde, dieses auf demokratische Art und unter
15 aufrichtiger Achtung der Menschenrechte und grundsätzlichen Freiheiten zu tun. (…) Die Vereinigten Staaten treten für die baldige Bildung einer vorläufigen deutschen Regierung ein. (…
20 Ein) deutscher Nationalrat (bestehend aus den demokratisch gewählten Ministerpräsidenten der Länder) soll auch mit der Vorbereitung des Entwurfes einer Bundesverfassung für Deutsch
25 land beauftragt werden, die u. a. den demokratischen Charakter des neuen Deutschlands, die Menschenrechte und die grundsätzlichen Freiheiten aller seiner Einwohner sichern soll. (…) Die Ver
30 einigten Staaten können Deutschland die Leiden nicht abnehmen, die ihm der von seinen Führern angefangene Krieg zugefügt hat. Aber (sie) haben nicht den Wunsch, diese Leiden zu vermeh
35 ren oder dem deutschen Volk die Gelegenheit zu verweigern, sich aus diesen Nöten herauszuarbeiten.

Klaus-Jörg Ruhl (Hrsg.), Neubeginn und Restauration. Dokumente zur Vorgeschichte der Bundesrepublik Deutschland 1945–1949, München 1989, S. 448 ff.

Q10 Ablehnung einer Einheitspartei

Aus einer Rede des SPD-Vorsitzenden Kurt Schumacher vom 5. Oktober 1946:
Wir sind die Vertreter des deutschen arbeitenden Volkes und damit der deutschen Nation. Wir sind als bewusste
5 Internationalisten bestrebt, mit allen internationalen Faktoren im Sinne des Friedens, des Ausgleichs und der Ordnung zusammenzuarbeiten. Aber wir wollen uns nicht von einem Faktor ausnützen lassen.
10 Im Sinne der deutschen Politik ist die kommunistische Partei überflüssig. Ihr Lehrgebäude ist zertrümmert, ihre Linie durch die Geschichte widerlegt. Nachdem ihre Hoffnung, sich als füh
15 rende Arbeiterpartei zu etablieren und zur einzigen Arbeiterpartei entwickeln zu können, von den Tatsachen so völlig unmöglich gemacht wird, muss sie nach dem großen Blutspender su
20 chen. Das Rezept ist die Einheitspartei, die einen Versuch darstellt, der Sozialdemokratischen Partei eine kommunistische Führung aufzuzwingen. Eine sozialdemokratische Partei unter kom
25 munistischer Führung wäre aber eine kommunistische Partei.

Rainer A. Müller (Hrsg.), Deutsche Geschichte in Quellen und Darstellung, Bd. 10, Stuttgart 1998, S. 72 f.

Q11 Plakat zur Anwerbung von Neu-
lehrern in der sowjetischen Besatzungszone aus dem Jahr 1945

✎ H: Erkläre, welcher Eindruck mit
dem Plakat vermittelt wurde. [II]

Q12 „Es muss demokratisch aussehen"
Wolfgang Leonhard, ein aus Moskau
eingeflogener Funktionär der KPD, beschreibt, wie die Kommunisten die Verwaltung Berlins organisierten:
Ulbricht erklärte uns: „Die Bezirksverwal-
tungen müssen politisch richtig zusammengestellt werden. Kommunisten als
Bürgermeister können wir nicht brau-
5 chen. (…) Die Bürgermeister sollen in
den Arbeiterbezirken in der Regel Sozialdemokraten sein. In den bürgerlichen
Vierteln (…) müssen wir an die Spitze einen bürgerlichen Mann stellen. (…) Am
10 besten, wenn er ein Doktor ist; er muss
aber gleichzeitig auch Antifaschist sein
und ein Mann, mit dem wir gut zusam-
menarbeiten können. (…) In den Arbei-
viertein müssen wir vor allem viele
15 Sozialdemokraten heranziehen oder par-
teilose Antifaschisten aus der Arbeiterklasse, die mit uns eng zusammenarbei-
ten. In den bürgerlichen Vierteln müssen
wir möglichst viele Bürgerliche finden.
20 Für den stellvertretenden Bürgermeister,
für Ernährung, für Wirtschaft und Sozi-
ales sowie für Verkehr nehmen wir am
besten Sozialdemokraten, die verstehen
was von Kommunalpolitik. (…) Der erste
25 stellvertretende Bürgermeister, der De-
zernent für Personalfragen und der De-
zernent für Volksbildung – das müssen
unsere Leute sein. Dann müsst ihr noch
einen ganz zuverlässigen Genossen in je-
30 dem Bezirk ausfindig machen, den wir
für den Aufbau der Polizei brauchen. (…)
Es ist doch ganz klar: Es muss demokratisch aussehen, aber wir müssen alles in
der Hand haben." Nun war wirklich al-
35 les klar.

Wolfgang Leonhard, Die Revolution entlässt ihre
Kinder, Köln/Berlin 1955, S. 363 ff.

1. Untersuche die Ergebnisse der
Entnazifizierung in den Westzonen
(Q5, Q6, VT). [I]

2. Erläutere, warum die hessische
Kirchenleitung im Zusammenhang mit
der Entnazifizierung von neuen Lügen
und neuem Hass spricht (Q6). [II]

3. Stelle anhand von Q6 die Haltung
der SED zur Entnazifizierung dar.
Beachte auch, wann das Dokument
entstanden ist. [III]

4. Verfasse einen Zeitungsbericht mit
Kommentar über die Rede Byrnes.
Wähle dir dabei entweder eine briti-
sche, deutsche oder eine sowjetische
Zeitung aus (Q9). [III]

5. Arbeite heraus, weshalb viele SPD-
Mitglieder eine Vereinigung mit der
KPD ablehnten (Q10). [II]

6. Setze dich mit dem Demokratieverständnis Ulbrichts auseinander
(Q12). [III]

1945   2012

Wirtschaftliche Weichenstellung in Ost und West

In Potsdam einigten sich die Alliierten auf die wirtschaftliche Einheit Deutschlands. Doch die Wirklichkeit sah ganz anders aus. Wo lagen die Ursachen dafür?

✎ A: Schreibe aus der Sicht eines ausländischen Beobachters einen Zeitungsartikel unter der Überschrift „Kann die wirtschaftliche Einheit Deutschlands noch gerettet werden?" [II]

Der Marshallplan – ein Hilfsprogramm für ganz Europa?

Alle europäischen Staaten befanden sich nach dem Krieg in einer tiefen Wirtschafts- und Finanzkrise. Im Interesse einer stabilen demokratischen Entwicklung Europas und aus Furcht vor einer Ausweitung des sowjetischen Einflusses strebten die USA wirtschaftliche Hilfen für Europa an. Der amerikanische Außenminister George C. Marshall forderte 1947 ein umfassendes Hilfsprogramm – finanziert durch die Vereinigten Staaten. Aus diesem „Marshallplan" konnten alle europäischen Staaten Geld erhalten. Bedingung dafür war, dass sie sich vorher über eine gemeinsame europäische Wirtschaftspolitik verständigten. Das akzeptierte die Sowjetunion nicht, da sie ein freies marktwirtschaftliches Wirtschaftssystem und jede Einflussnahme des Westens in dem von ihr kontrollierten Osteuropa ablehnte. Daher zwang die Sowjetunion auch alle Staaten in ihrem Einflussbereich, das Programm abzulehnen.

Schließlich erklärten sich 16 westeuropäische Länder bereit, wirtschaftlich zusammenzuarbeiten. Zur Verteilung der Gelder wurde die „Organization for European Economic Cooperation" (OEEC) gegründet, die zu einer der Keimzellen der europäischen Integration wurde. Von 1948 bis 1952 flossen im Rahmen des Marshallplans mehr als 11 Milliarden US-Dollar nach Europa. Diese Finanzhilfen mussten – mit Ausnahme Deutschlands – nicht zurückgezahlt werden. Allerdings sicherten sich die USA zwei Vorteile: Mit dem Geld durften nur amerikanische Waren importiert werden und 50 % der Lieferungen hatten auf amerikanischen Schiffen zu erfolgen.

Währungsreform in den Westzonen

In Deutschland war die Reichsmark praktisch wertlos geworden, denn es war sehr viel mehr Geld in Umlauf, als Wirtschaftsleistung vorhanden war. Eine neue, stabile Währung musste her, um den Marshallplan durchführen und die Wirtschaft wiederbeleben zu können. Deswegen führten die Westmächte im Juni 1948 in ihren Zonen die „Deutsche Mark" (DM) ein. Jede Deutsche bzw. jeder Deutsche erhielt pro Kopf zunächst 40 DM, im August weitere 20 DM. Sparguthaben wurden 10:1 abgewertet. Gleichzeitig mit der Währungsreform wurde eine Reihe von Gesetzen zur Preisbindung und Marktkontrolle ungültig. Damit wurde wieder marktwirtschaftliches Handeln möglich. Allerdings gab es auch scharfe Proteste von Gewerkschaften und SPD gegen die sozialen Folgen des Wegfallens der Gesetze, denn damit waren z. B. die Preise für Grundnahrungsmittel nicht mehr staatlich festgesetzt und stiegen an.

Q1 Schaufenster einer Fleischerei nach der Währungsreform

✎ B: Schreibe auf, was die Frauen wohl sagten, als sie das Angebot sahen. [II]

Auf dem Weg in die sozialistische Zentralwirtschaft

Eine ganz andere Entwicklung nahm die sowjetische Besatzungszone. Auch im Bereich der Wirtschaft sollte das sowjetische Modell durchgesetzt werden. An die Stelle der freien Unternehmen traten nach und nach zentral gelenkte Staatsbetriebe – sogenannte Volkseigene Betriebe (VEB). Dazu nutzten die neuen Machthaber auch die Entnazifizierung aus. Sie verbreiteten die kommunistische These, dass die „Monopolherren" (Großunternehmer) und „Landjunker" (Großgrundbesitzer) die nationalsozialistische Diktatur und den Krieg erst ermöglicht hätten. Demzufolge wäre es gerecht und angemessen, sie zu enteignen und als Klasse zu vernichten. Bereits Anfang September 1945 wurden daher Verordnungen über die Durchführung einer „Bodenreform" erlassen. Danach wurde jeder Grundbesitzer, der über mehr als 100 Hektar Land verfügte, enteignet. Dieses Land wurde zunächst an Kleinbauern aufgeteilt. Einige Jahre später wurden die Bauern jedoch gezwungen, ihren Grund und Boden in Genossenschaften einzubringen. Auch mehr als die Hälfte aller Industriebetriebe und sämtliche Banken wurden enteignet. In der Realität trafen die Enteignungen nicht nur ehemalige Nationalsozialisten, sondern generell Guts- und Fabrikbesitzer. Ihre mögliche Verhaftung vor Augen flohen Tausende in die westlichen Besatzungszonen und ließen ihr Eigentum zurück. Mit diesen Maßnahmen hatte die sowjetische Militärregierung den Grundstein dafür gelegt, ihre Besatzungszone nach kommunistischem Vorbild umzugestalten. Verschärft wurde die Entwicklung noch dadurch, dass die Sowjetunion aus ihrer Zone alles abtransportierte, was möglich war. Diese Demontagen legten ganze Wirtschaftsstandorte lahm. Die Währungsreform im Westen wurde zum Anlass dafür genommen, auch in der sowjetischen Zone eine eigene Währung einzuführen und jede Zusammenarbeit mit dem Westen einzustellen.

Q2 Plakat von 1945 aus der SBZ zur Bodenreform

C: Erläutere die politische Aussage des Plakats. Mit welchen Gefühlen wird hier ganz bewusst gearbeitet? [II]

Q3 Plakat für den Marshallplan
Bundesrepublik 1947

D: Arbeite Hinweise für die Förderung der Zusammenarbeit von Staaten durch den Marshallplan heraus. [II]

Q4 Ankündigung des Marshallplans
Aus einer Rede des amerikanischen Außenministers Marshall am 5. Juni 1947:
Es hat sich in den letzten Monaten herausgestellt, dass (durch den Zweiten Weltkrieg) das gesamte europäische Wirtschaftssystem aus den Angeln ge-
5 hoben wurde. (…) In Wahrheit liegt die Sache so, dass Europas Bedarf an ausländischen Nahrungsmitteln und anderen wichtigen Gütern – hauptsächlich aus Amerika – während der nächsten
10 drei oder vier Jahre um so viel höher liegt als seine gegenwärtige Zahlungsfähigkeit, dass beträchtliche zusätzliche Hilfsleistungen notwendig sind, wenn es nicht in einen wirtschaftlichen, sozi-
15 alen und politischen Verfall sehr ernster Art geraten soll. Die Lösung liegt (…) in der Wiederherstellung des Vertrauens bei den europäischen Völkern auf die wirtschaftliche Zukunft ihrer
20 Länder und ganz Europas. (…) Es ist nur logisch, dass die Vereinigten Staaten alles tun, was in ihrer Macht steht, um die Wiederherstellung gesunder wirtschaftlicher Verhältnisse in der Welt
25 zu fördern, ohne die es keine politische Stabilität und keinen sicheren Frieden geben kann. Unsere Politik richtet sich nicht gegen irgendein Land oder irgendeine Doktrin, sondern gegen Hun-
30 ger, Armut, Verzweiflung und Chaos. Ihr Zweck ist die Wiederbelebung einer funktionierenden Weltwirtschaft, damit die Entstehung politischer sozialer Bedingungen ermöglicht wird, unter denen freie Institutionen existieren
35 können. (…) Jeder Regierung, die bereit ist, beim Wiederaufbau zu helfen, wird die volle Unterstützung der Regierung der Vereinigten Staaten gewährt wer-
40 den, dessen bin ich sicher. Aber eine Regierung, die durch Machenschaften versucht, die Gesundung der anderen Länder zu hemmen, kann von uns keine Hilfe erwarten.

Klaus-Jörg Ruhl (Hrsg.), Neubeginn und Restauration. Dokumente zur Vorgeschichte der Bundesrepublik Deutschland 1945–1949, München 1989, S. 368 ff.

Q5 Die Sowjetunion und der Marshallplan

Der sowjetische Außenminister Molotow sagt am 2. Juli 1947 in Paris:

Damit ist die Frage der amerikanischen Wirtschaftshilfe (…) für die britische und die französische Regierung zum Vorwand geworden, auf der Schaffung einer Organisation zu bestehen, welche (…) sich in die inneren Angelegenheiten dieser Länder einmischt. (…) Wozu kann dies führen? Heute kann ein Druck auf Polen ausgeübt werden, mehr Kohlen zu produzieren, und sei es auf Kosten anderer polnischer Industrien, die eingeschränkt werden würden, weil irgendwelche europäischen Länder hieran interessiert sind. Morgen werden sie sagen, die Tschechoslowakei solle aufgefordert werden, ihre landwirtschaftliche Produktion zu erhöhen und ihren Maschinenbau einzuschränken, um Maschinen von anderen europäischen Ländern zu erhalten (…). Was wird von der wirtschaftlichen Unabhängigkeit und Souveränität solcher europäischer Länder übrig bleiben? Wie können unter solchen Umständen die kleinen Länder und die schwächeren Staaten ihre nationale Wirtschaft und die Unabhängigkeit ihres Staates sichern? (…) Das wird dahin führen, dass (…) die amerikanischen Kredite nicht dem wirtschaftlichen Wiederaufbau Europas dienen, sondern der Ausspielung der einen europäischen Länder gegen die anderen europäischen Länder, je nachdem, wie es einigen starken Mächten, die nach der Herrschaft streben, zweckdienlich erscheint.

Klaus-Jörg Ruhl (Hrsg.), Neubeginn und Restauration. Dokumente zur Vorgeschichte der Bundesrepublik Deutschland 1945–1949, München 1989, S. 372 ff.

Q6 Plakat gegen den Marshallplan aus der SBZ 1948

E: Vergleiche die Aussage des Plakats mit den politischen Realitäten. [III]

---

1. Fasse die Botschaft Marshalls in Form eines Zeitungsartikels zusammen (Q4). [III]

2. Nenne Gründe, warum der Marshallplan auch den USA zugutekam (Q4, VT). [I]

3. Bewerte Molotows Haltung zum Marshallplan. Beurteile seine Argumente und vergleiche sie mit Marshalls Argumenten (Q4, Q5). [III]

4. Stelle Gewinner und Verlierer der Währungsreform gegenüber (Q1, VT). [II]

1945   2012

Sachsen in der sowjetischen Besatzungszone (SBZ)

Ab dem 17. April 1945, also noch vor Kriegsende, standen die westlichen Gebiete Sachsens unter amerikanischer und ab 6. Mai die östlichen Gebiete unter sowjetischer Besatzung. Nach dem 2. Juli 1945 wurde das gesamte Gebiet von der sowjetischen Militäradministration verwaltet. Wie vollzog sich der Neubeginn in Sachsen nach 1945 und welche Weichen wurden in der Besatzungszeit für die künftige Entwicklung des Landes gestellt?

Politische Umgestaltung Sachsens

Die sowjetischen Truppen und der sowjetische Geheimdienst NKDW gingen hart gegen die Täter und Unterstützer der nationalsozialistischen Diktatur vor. Mit dem Verbot aller NS-Organisationen, der Gründung von Parteien und der Zulassung gesellschaftlicher Organisationen wurde ein politischer Neuanfang ermöglicht. Die Besatzungsmacht Sowjetunion gestaltete das Land nach eigenem Vorbild um. Zentrale Positionen und öffentliche Ämter wurden mit Kommunisten besetzt.

In Sachsen wurden die Speziallager Nr. 4 in Bautzen sowie Nr. 8 und Nr. 10 in Torgau eingerichtet, in denen neben Nazis auch willkürlich aufgegriffene Personen und Gegner der sowjetischen Besatzungsmacht inhaftiert wurden. 1950 wurden die sowjetischen Speziallager aufgelöst und die Insassen den DDR-Behörden übergeben. Von ihnen wurden im Frühjahr 1950 in Waldheim bei den NS- und Kriegsverbrecherprozessen unter Missachtung rechtsstaatlicher Grundsätze in Schnellverfahren 3 324 Häftlinge zu zehn bis 25 Jahren Freiheitsstrafe und 32 Menschen zum Tode verurteilt.

✎ A: Nenne die gravierendsten Versorgungsprobleme der Menschen in den ersten Nachkriegsmonaten. [I]

Gesellschaftlicher Neubeginn

Nahrungsmittelknappheit, Wohnungsmangel und persönliches Leid waren die größten Nöte der Menschen nach dem Krieg. Die unmittelbaren Nachkriegsjahre waren vom Wiederaufbau der durch den Krieg zerstörten Städte geprägt. Im Jahr 1947 lebten unter den 5,8 Millionen Einwohnern in Sachsen 17 Prozent Evakuierte, Flüchtlinge, Vertriebene und Ausländer. Das Lebensmittelkartensystem gewährleistete die Grundversorgung. Zusätzlich wurden von der städtischen Bevölkerung „Hamsterfahrten" in ländliche Gebiete durchgeführt, um an Nahrungsmittel zu kommen. Ebenso waren Schwarzmarkthandel und Felddiebstahl Erscheinungen der Mangelwirtschaft. Gesellschaftliche Gruppen, die

Q1 Am 25. April 1945 fand die erste Begegnung US-amerikanischer und sowjetischer Truppen auf deutschem Gebiet bei Torgau an der Elbe statt.
Foto, 26. April 1945

✎ B: Die Begegnung wurde am 26. April 1945 für den Fotografen nachgestellt. Erkläre die mögliche Absicht hinter der Inszenierung. [II]

während der Zeit des Nationalsozialismus entrechtet und vertrieben worden waren, versuchten nach 1945 zurückzukehren und an ihre Traditionen vor 1933 anzuknüpfen. Dazu zählten die sehr wenigen jüdischen Überlebenden, die aus den Konzentrationslagern befreit wurden und im Sommer 1945 in Leipzig, Chemnitz und Dresden den Neuanfang jüdischen Gemeindelebens in Sachsen wagten. Bereits am 15. Mai 1945 erfolgte die Konstituierung der Israelitischen Religionsgemeinde in Leipzig, die vom US-Militär umgehend anerkannt wurde. Allerdings gestaltete sich die Rückgabe oder Entschädigung „arisierten" jüdischen Gemeindeeigentums als langwierig. Dazu kamen in den 1950er Jahren Vorbehalte vieler Menschen gegen die Gründung eines jüdischen Staates (Antizionismus). So entstand eine Atmosphäre des Unbehagens, die dazu führte, dass viele jüdische Menschen ihre sächsische Heimat erneut verließen. Der Dachverband Domowina der in der Oberlausitz ansässigen Sorben gründete sich unmittelbar nach Kriegsende am 10. Mai 1945 neu und begann die kulturelle Tradition wieder öffentlich zu leben. Obwohl der noch vor Kriegsende im Prager Exil gegründete Sorbische Nationalausschuss den Sorben empfahl, in die Tschechoslowakei überzusiedeln, stellte die von der sowjetischen Militäradministration als Interessenvertretung anerkannte Domowina die Weichen für die Eingliederung der Minderheit in die politische Ordnung der SBZ. Der sächsische Landtag beschloss am 23. März 1948 das „Gesetz zur Wahrung der Rechte der sorbischen Bevölkerung". Dieses verankerte erstmals den Anspruch der Sorben auf Förderung ihrer Sprache und Kultur und fand auch in der späteren DDR Beachtung.

Entwicklung bis zur Mitte der 1950er Jahre

Obwohl Sachsen 1947 eine neue Verfassung erhielt, wurden mit der Gründung der DDR 1949 die Kompetenzen der Länder immer weiter beschnitten. Mit der Auflösung der Länder 1952 wurde Sachsen in die drei Bezirke Leipzig, Chemnitz (1953 in Karl-Marx-Stadt umbenannt) und Dresden umgewandelt. 30 Prozent der Gesamtbevölkerung der DDR lebten in diesen drei Bezirken und erbrachten eine Wirtschaftsleistung von etwa einem Drittel der industriellen Bruttoproduktion der DDR. Etwa die Hälfte der DDR-weiten Kombinate hatte in den Ballungsgebieten um Leipzig, Chemnitz-Zwickau und zwischen Pirna und Riesa ihren Hauptsitz. Ab 1952 erfolgte der als Kollektivierung bezeichnete Zusammenschluss bäuerlicher Betriebe in Landwirtschaftliche Produktionsgenossenschaften (LPG). Durch die gemeinsame Nutzung von Feldern und Stallanlangen sollte die Produktivität erhöht und eine allgemeine Verbesserung der Versorgungslage erzielt werden.

In den frühen 1950er Jahren wurde der Braunkohletagebau im Leipziger Tiefland und in der Lausitz vorangetrieben. Die Stahl- und Walzwerke in Riesa sowie in Gröditz wurden modernisiert und das Edelstahlwerk in Freital ausgebaut. In Dresden wurden neue Industriezweige, wie Mikroelektronik und Flugzeugbau, angesiedelt. Mehr als die Hälfte der Textilwaren der DDR wurde in der Region Chemnitz gefertigt. In Mittelsachsen entstanden Chemie- und Gießereianlangen, im Vogtland, Erzgebirge und in der Oberlausitz wurden Landwirtschafts- und Druckmaschinen, Fahrzeuge und Kräne sowie Werkzeuge und Uhren hergestellt.

Im Erzgebirge wurde auf Betreiben der Sowjetunion schon seit 1945 mit dem Uranbergbau ein neuer Wirtschaftszweig begründet. Die UdSSR benötigte für ihr Atomprogramm Uranerz und richtete ein riesiges Sperrgebiet zwischen Aue und Marienberg zur Uranförderung ein. Die 1947 gegründete Staatliche Aktiengesellschaft (SAG) „Wismut", ab 1954 Sowjetisch-Deutsche Aktiengesellschaft (SDAG), war mit über 50 000 Beschäftigten Sachsens größtes Wirtschaftsunternehmen und eines der größten Uranproduzenten weltweit. Die Produktion beinhaltete nicht nur erhebliche Risiken für die Gesundheit der Bergbauarbeiter in den Stollenanlagen, es entstanden bis zur Stilllegung 1991 zudem erhebliche Umweltschäden, an deren Beseitigung bis heute gearbeitet wird.

Kombinat
Als Kombinat wurde in der DDR ein Zusammenschluss mehrerer Betriebe bezeichnet. Durch die Schaffung von Kombinaten sollten Produktionsabläufe optimiert und die Steuerung vereinfacht werden.

1945   2012

Q2 Verstaatlichung

Im Zuge der Bodenreform 1945 enteignete die Sowjetische Militäradministration Großgrundbesitzer mit mehr als 100 Hektar Landbesitz und verteilte das Land in Parzellen von je fünf bis zehn Hektar an Neubauern. Durch einen direktdemokratischen Volksentscheid in Sachsen, den die sächsische KPD-Führung initiierte, sollten Betriebe und Ländereien von NS- und Kriegsverbrechern verstaatlicht werden. Hierzu warben am 30. Juni 1946 verschiedene KPD-nahe Organisationen um Wählerstimmen mit einem Aufruf zum Volksentscheid.

Bäuerinnen und Bauern!

Zertrümmerte Dörfer, ausgebombte Gehöfte, Tausende von fleißigen Bauern in Not und Elend, der landwirtschaftli-
5 che Ertrag stark zurückgegangen, der Viehbestand in Sachsen um 50 Prozent gesunken – das ist das Erbe, das uns Kriegs- und Naziverbrecher hinterließen! Durch die Schuld der Kriegsverbre-
10 cher ihrer Männer beraubt, sind unzählige Bäuerinnen Witwen geworden und müssen nun in verdoppelter Anstrengung ihre Wirtschaft allein führen.

Bauernfamilien und Umsiedler!

15 Die Kriegs- und Naziverbrecher, die Junker und Konzernherren sind schuld, dass Hunderttausende heimatlos geworden sind, wochen- und monatelang ein elendes Straßenleben führen muss-
20 ten. Reichsnährstand und Zwangswirtschaft waren der Weg der Kriegstreiber, um das Leben aus unserer Wirtschaft herauszuholen. Hinweg mit denen, die den Krieg vorbereitet und durchgeführt
25 haben, die alles Elend verschuldeten! Durch den Volksentscheid am 30. Juni sollen die Betriebe der Kriegs- und Naziverbrecher zur

Sicherung des Friedens

30 und der Produktion für den friedlichen Bedarf der Bevölkerung in die Hände des Volkes überführt werden. Unternehmer, die selbst keine aktiven Kriegs- und Naziverbrecher waren, erhalten
35 ihre Betriebe zurück und können damit für den Friedensbedarf arbeiten.

Das Privateigentum bleibt gesichert!

Die Bodenreform ist der beste Beweis dafür, dass das Privateigentum derer,
40 die nicht Kriegs- und Naziverbrecher sind, erhalten bleibt. Sie hat die reaktionären, militaristischen Junker und die

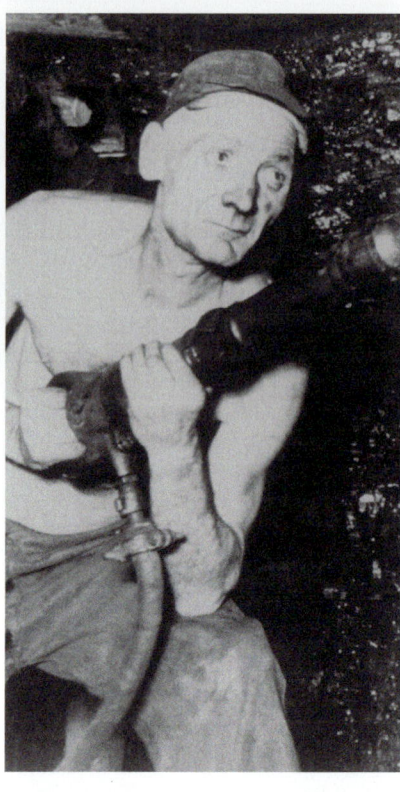

aktiven Naziverbrecher von deren Gütern entfernt. 383 519 neue Bauern er-
45 hielten Land als Privateigentum und wurden freie Bauern auf ihrer Scholle!

Abschrift eines Plakates, Archiv des Stadtgeschichtlichen Museums Leipzig (SGM), Inventarnummer: A/125/2003.

Q4 Übererfüllung der Norm

Im Begleitheft zur Bitterfelder Zonenkonferenz im Jahr 1949, herausgegeben vom Dachverband der Gewerkschaften in der DDR, heißt es:

Gestattet mir in diesem Zusammenhang einige Worte zu jenen gemeinen Angriffen, die die Westpresse (…) täglich gegen die Hennecke-Aktivisten los-
5 lässt. Ich möchte den Hennecke-Aktivisten und Adolf Hennecke selbst sagen, der täglich Gegenstand der dreckigsten Anwürfe der Berliner Westpresse ist: Weshalb diese Angriffe auf euch? Weil
10 man nichts so sehr fürchtet wie die Entwicklung der Masseninitiative in unserer Zone, weil man die Bedeutung dieser Initiative für unsere Planerfüllung kennt und weil man diese Planerfüllung
15 nicht will. Die Klassengegner wissen, dass die Hennecke-Aktivisten die bes-

ten, die klassenbewusstesten Arbeiter sind. Sie haben einen fabelhaften Instinkt. Sie merken es manchmal viel eher
20 als wir, wo die entscheidende Stelle ist, gegen die sie vom Standpunkt ihrer Interessen loshauen [müssen]. Herbert Warnke (Vorsitzender des Freien Deutschen Gewerkschaftsbundes der Sow-
25 jetischen Besatzungszone) rief unter dem Beifall der Konferenz: „Wir sagen euch, Hennecke-Aktivisten: Es ist eine Ehre, von dieser Bande des ‚Tagesspiegel' und des ‚Telegraf' beschimpft zu
30 werden. Es wäre ein schlechtes Zeichen für unsere Tätigkeit, wenn die Presseorgane des Monopolkapitals uns loben würden. Wir werden euch Hennecke-Aktivisten am besten dadurch schüt-
35 zen, indem wir die Gewerkschaftsbewegung, die ganze Arbeiterschaft um euch scharen und die Begeisterung für die Hennecke-Leistung in immer neue Kreise der Arbeiterschaft tragen."

Durch politische Klarheit zu schnellen Erfolgen, Bitterfelder Zonenkonferenz am 25. und 26. November 1948, hg. v. FDGB, Berlin 1949, S. 24. Zit. nach: http://www.ddr-geschichte.de/Wirtschaft/sozialist__Arbeit/Aktivisten/aktivisten.html (12. Juli 2016)

Q3 Der ursprünglich aus Westfalen stammende Bergmann Adolf Hennecke (1905–1975) während seiner Hochleistungsschicht im Lugau-Oelsnitzer Steinkohleschacht am 13. Oktober 1948

In einer arbeitsorganisatorisch gut vorbereiteten Schicht übererfüllte Adolf Hennecke die geplante Arbeitsnorm mit 380 Prozent. Damit wurde er Namensgeber einer Aktivistenbewegung, die propagandistisch inszeniert wurde und alle Wirtschaftszweige erreichen sollte, um die allgemeine Produktivität zu steigern.

Foto, 1948

✎ C: Stell dir vor, das Foto solle im Kontext von Q4 abgedruckt werden. Finde eine passende Bildunterschrift. [I]

Q5 „Aktivisten zeigen den Weg"
Zur Steigerung der Produktivität in den Betrieben wurden verpflichtende Arbeitsnormen und Jahrespläne eingeführt. Mit Plakaten sollte dafür geworben werden.

✎ D: Kommentiere das Plakat aus der Sicht eines Arbeiters. [II]

Q6 Ehrenmal
Auf dem Gebiet der SBZ entstanden zahlreiche sowjetische Kriegsgräberstätten und Ehrenmahle. Das abgebildete Denkmal, das der Dresdner Bildhauer Otto Rost 1945 fertigte, erinnert an die Kämpfe, die Dresden vom Nationalsozialismus befreiten. Die Inschrift lautet übersetzt: „Ewiger Ruhm den Kämpfern der Roten Armee, die in den Kämpfen gegen die deutschen faschistischen Eroberer für die Freiheit und Unabhängigkeit der sowjetischen Heimat gefallen sind."
Foto, 2011

✎ E: Tauscht euch über die Intention und die heutige Wahrnehmung des Ehrenmals aus. [II]

---

1. Arbeite die wesentlichen Weichenstellungen der wirtschaftlichen Neuordnung in Sachsen nach 1945 heraus (VT, Q2). [II]

2. Stelle die im Aufruf Q2 genannten Argumente zusammen und erläutere, an welche gesellschaftlichen Gruppen er sich richtete. Beurteile die Sprache und Qualität der Argumente und diskutiere die Ziele, die mit der weiteren Enteignung verbunden werden sollten. [III]

3. Informiere dich über die Zahlen jüdischer Gemeindemitglieder in den großen Städten Sachsens vor 1933 und nach Kriegsende und stelle sie in einer Übersicht zusammen. Erläutere und bewerte, vor welchen Herausforderungen der Neuanfang jüdischen Lebens in Sachsen nach 1945 stand (VT). [III]

4. Diskutiert die Absicht der SED, mit der bewusst inszenierten Hennecke-Bewegung die Arbeitsnorm in Industriebetrieben steigern zu wollen (Q3–Q5). [III]

5. Interpretiere das Plakat Q5 und setzte es in Beziehung zur Wirtschaftssituation in Sachsen in den Nachkriegsjahren. [III]

1945   2012

Die doppelte Staatsgründung

In der Frage nach der Zukunft Deutschlands gab es kaum noch Gemeinsamkeiten zwischen Ost und West. Das hatte schließlich weitreichende Folgen für die Deutschen.

✎ A: Zeichne eine Zeitleiste zur Gründung der Bundesrepublik Deutschland. [I]

Vorbereitung eines Weststaates

Drei Jahre nach Kriegsende schien es an der Zeit, dass Deutsche wieder selbst Verantwortung für ihr Land übernahmen. Im Juni 1948 beauftragten die Militärgouverneure der Westzonen die westdeutschen Ministerpräsidenten, eine verfassunggebende Versammlung einzuberufen. Für die Ministerpräsidenten war das eine schwierige Situation. Einerseits befürworteten sie die Chance, einen neuen deutschen Staat zu gründen. Andererseits wollten sie Deutschland nicht spalten. Alle Versuche, eine gemeinsame Politik aller west- und ostdeutschen Ministerpräsidenten zu erreichen, scheiterten jedoch. So akzeptierten die westdeutschen Politiker schließlich die Gründung eines Weststaates. Der sollte jedoch nur vorläufigen Charakter haben und für die Aufnahme der Ostzone offen bleiben.

Das Grundgesetz entsteht

Zunächst wurde der sogenannte Parlamentarische Rat gegründet, dessen Mitglieder von den Länderparlamente gewählt wurden. Er erhielt den Auftrag, eine Verfassung auszuarbeiten. Sie wurde als „Grundgesetz" bezeichnet und sollte nur so lange gelten, bis die Einheit Deutschlands wiederhergestellt sei. Bei ihrer Arbeit ließen sich die „Mütter und Väter des Grundgesetzes" von den Erfahrungen der Weimarer Republik und der nationalsozialistischen Diktatur leiten. Die Bundesrepublik erhielt ein parlamentarisches Regierungssystem, in dem der Bundeskanzler eine starke Stellung einnahm, während dem Bundespräsidenten nur eingeschränkte Rechte zugewiesen wurden. Der neue Staat war föderal aufgebaut. Die Bundesländer erhielten im Bundesrat umfassende Mitbestimmungsrechte. Um die neue Staatsordnung besonders zu sichern, wurde als höchstes Gericht das Bundesverfassungsgericht gegründet.

„So — und achten Sie auf eine gute Erziehung!"

Q1 „So – und achten Sie auf eine gute Erziehung!"
Federzeichnung von Mirko Szewczuk, 1949

✎ B: Erläutere die Rolle der Westalliierten gegenüber den Westdeutschen. Wie stellt sich umgekehrt das Verhältnis aus deutscher Sicht dar? [II]

Q2 Fackelzug der FDJ anlässlich der Gründung der DDR
11. Oktober 1949

✎ C: Beschreibe das Foto. Erkläre, welche Wirkung mit dem Aufmarsch erreicht werden sollte und konnte. [II]

Die Geburtsstunde der Bundesrepublik Deutschland

Nachdem mit Ausnahme Bayerns alle Länderparlamente dem Grundgesetzentwurf zugestimmt hatten (Bayern schloss sich dieser Mehrheit an), trat das Grundgesetz am 23. Mai 1949 in Kraft. Damit war die Bundesrepublik Deutschland gegründet. Zur provisorischen Bundeshauptstadt wurde Bonn bestimmt. Am 14. August fanden die ersten Bundestagswahlen statt. Am 15. September wählte der Bundestag Konrad Adenauer (CDU), der eine Koalitionsregierung aus CDU/CSU, FDP und Deutsche Partei bildete, mit nur einer Stimme Mehrheit zum Bundeskanzler. Drei Tage zuvor war Theodor Heuss (FDP) von der Bundesversammlung zum ersten Bundespräsidenten gewählt worden.

Die Gründung der DDR

Auch in der sowjetischen Besatzungszone wurde die Gründung eines deutschen Staates vorbereitet. Auf Initiative der SED tagte im Dezember 1947 der Erste Deutsche Volkskongress. Die Delegierten kamen überwiegend aus der Ostzone. Auf der Tagung wurden die Einheit Deutschlands und der Abschluss eines Friedensvertrages propagiert. Außerdem wurde die Ausarbeitung einer Verfassung für ganz Deutschland beschlossen. Dem Ersten Volkskongress fehlte jedoch die demokratische Legitimation. Seine Mitglieder wurden teils von Parteien und Massenorganisationen, teils von öffentlichen und Betriebsversammlungen delegiert. Mit dem dritten und letzten Volkskongress im Mai 1949 wurde der Bevölkerung in der SBZ und Ost-Berlin erstmalig eine „Einheitsliste" vorgelegt, auf der sowohl die Kandidaten als auch die Mandatsverteilung bereits festgelegt waren. Die Wähler konnten nur noch insgesamt zustimmen oder ablehnen. Damit sicherte sich die SED ihre Macht. Am 7. Oktober 1949 erklärte sich der Deutsche Volksrat zur Provisorischen Volkskammer und die DDR als gegründet. Erster Präsident war Wilhelm Pieck, erster Ministerpräsident Otto Grotewohl.

✎ D: Vergleiche die Entstehung der DDR mit der Gründung der Bundesrepublik Deutschland. [III]

Die beiden deutschen Staaten bleiben unter Aufsicht

Trotz Staatsgründungen waren die Deutschen noch nicht völlig unabhängig. Die Westalliierten hatten sich zentrale Kontrollrechte über die Bundesrepublik gesichert. Diese wurden in einem „Besatzungsstatut" festgeschrieben, das kurz nach der Gründung der Bundesrepublik in Kraft trat. An die Stelle der Militärgouverneure als höchste alliierte Regierungsgewalt traten drei zivile „Hohe Kommissare", die die Bundesregierung und die Länderregierungen kontrollieren sollten und gleichzeitig für die Außenpolitik der Bundesrepublik zuständig waren. Auch die DDR blieb unter der Aufsicht ihrer Besatzungsmacht, es gab allerdings wesentlich weniger Mitbestimmungsrechte für die Bürger.

1945   2012

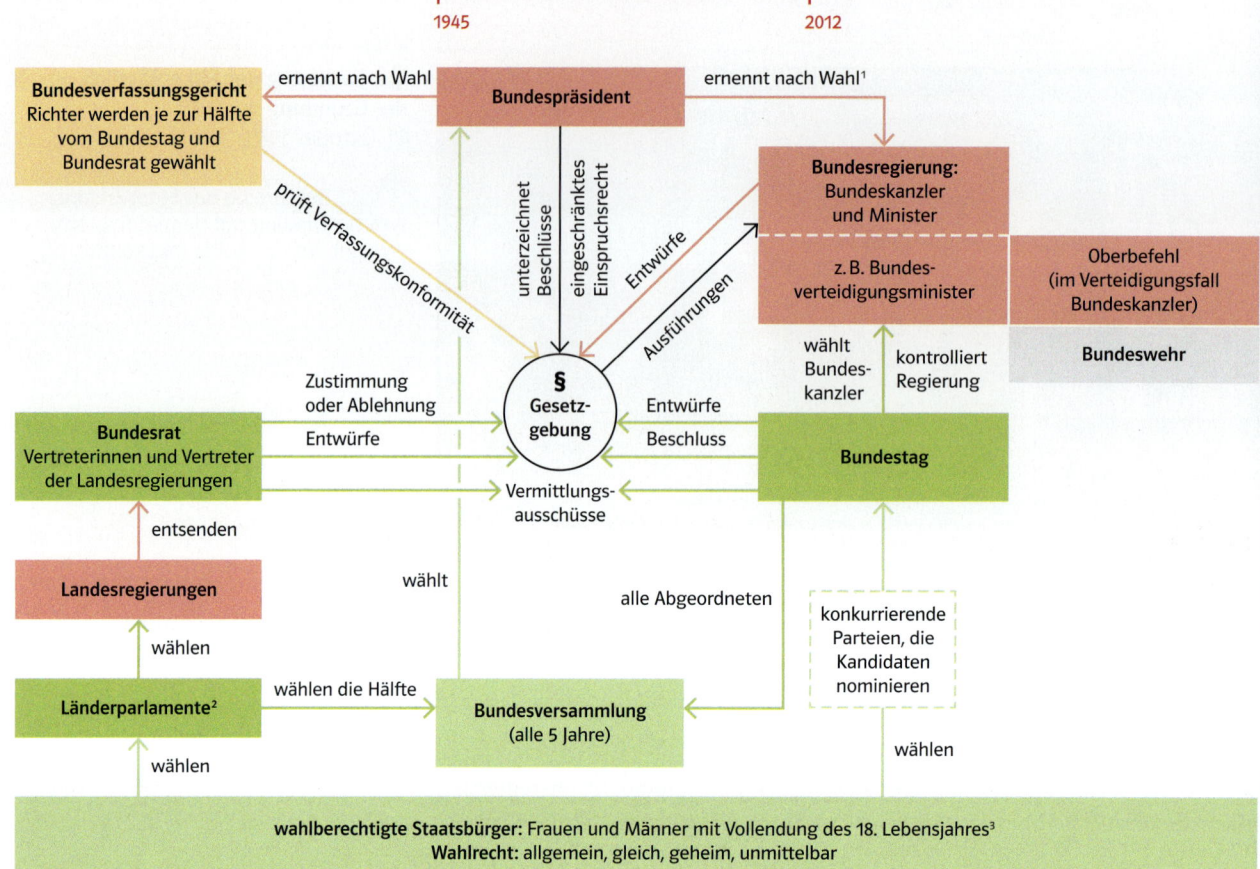

D1 Der Staatsaufbau der Bundesrepublik

¹ Der Bundespräsident ernennt den vom Bundestag gewählten Bundeskanzler und nach dessen Vorschlägen die Bundesminister.

² Die Länderparlamente wählen den jeweiligen Regierungschef, der die Minister beruft.

³ 1949 betrug das Wahlalter 21 Jahre.

✎ E: Finde heraus, inwiefern sich das Grundgesetz von der Verfassung der Weimarer Republik unterscheidet (Band 4, S. 41). [I]

Q3 Der Zweck des Grundgesetzes
Carlo Schmid (SPD) 1949 im Parlamentarischen Rat:

Wir haben unter Bestätigung der alliierten Vorbehalte das Grundgesetz zur Organisation der heute freigegebenen Hoheitsbefugnisse des deutschen Vol-
5 kes in einem Teile Deutschlands zu beraten und zu beschließen. Wir haben nicht die Verfassung Deutschlands oder Westdeutschlands zu machen. Wir haben keinen Staat zu errichten. Wofür schmie-
10 den wir dieses Instrument? Schmieden wir es, um Deutschland zu spalten? Wir schmieden es, weil wir es brauchen, um die erste Etappe auf dem Weg zur staatlichen Einigung aller Deutschen zurück-
15 zulegen! Noch liegen die weiteren Etappen außerhalb unseres Vermögens.

Carlo Schmid, Die Welt seit 1945, o. O. u. J. S. 169 f.

Q4 Grundrechte für alle
Aus dem Grundgesetz vom 23. Mai 1949:

Vorspruch

Im Bewusstsein seiner Verantwortung vor Gott und den Menschen, von dem Willen beseelt, seine nationale und
5 staatliche Einheit zu wahren und als gleichberechtigtes Glied in einem vereinten Europa dem Frieden der Welt zu dienen, hat das deutsche Volk in den Ländern (…), um dem staatlichen Le-
10 ben für eine Übergangszeit eine neue Ordnung zu geben, (…) dieses Grundgesetz der Bundesrepublik Deutschland beschlossen. Es hat auch für jene Deutschen gehandelt, denen mitzuwir-
15 ken versagt war. Das gesamte deutsche Volk bleibt aufgefordert, in freier Selbstbestimmung die Einheit und Freiheit Deutschlands zu vollenden.

Art. 1 (1) Die Würde des Menschen
20 ist unantastbar. Sie zu achten und zu schützen ist Verpflichtung aller staatlichen Gewalt. (2) Das deutsche Volk bekennt sich darum zu unverletzlichen und unveräußerlichen Menschenrech-
25 ten als Grundlage jeder menschlichen Gemeinschaft, des Friedens und der Gerechtigkeit in der Welt. (3) Die nachfolgenden Grundrechte binden Gesetzgebung, Verwaltung und Rechtsprechung
30 als unmittelbar geltendes Recht.

Klaus-Jörg Ruhl (Hrsg.), Neubeginn und Restauration. Dokumente zur Vorgeschichte der Bundesrepublik Deutschland 1945–1949, München 1989, S. 372 ff.

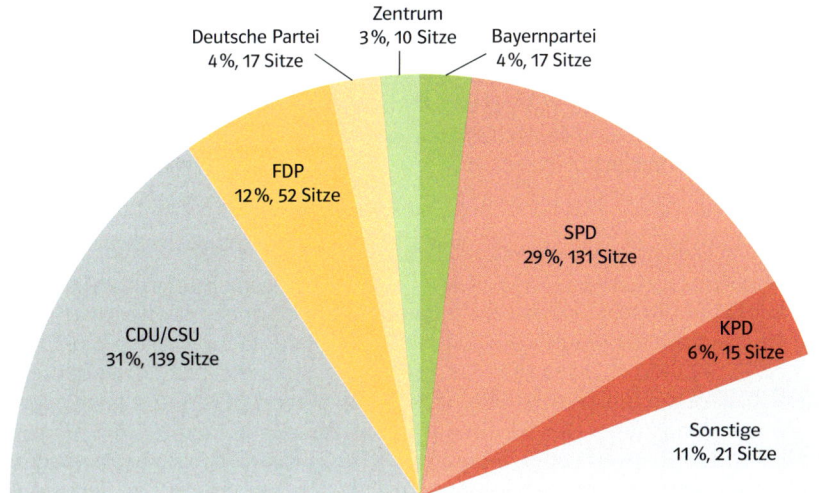

D2 Ergebnisse der Bundestagswahl vom 14. August 1949

F: Erkläre, welche Regierungskoalitionen möglich gewesen wären. [II]

Pie chart labels:
Deutsche Partei 4%, 17 Sitze
Zentrum 3%, 10 Sitze
Bayernpartei 4%, 17 Sitze
FDP 12%, 52 Sitze
SPD 29%, 131 Sitze
CDU/CSU 31%, 139 Sitze
KPD 6%, 15 Sitze
Sonstige 11%, 21 Sitze

Q5 Die antifaschistisch-demokratische Ordnung der DDR

Aus einer Rede von Walter Ulbricht, Januar 1949:

Wir haben uns bereits seit 1945 bemüht, gemeinsam mit den anderen Parteien und Massenorganisationen des antifaschistisch-demokratischen Blocks die Grundlage für eine solche friedliche, demokratische Entwicklung zu schaffen. (… Es handelt sich um eine) antifaschistisch-demokratische Ordnung, das heißt: Die faschistischen Kriegsverbrecher und Kriegsinteressenten wurden entmachtet; es wurden bedeutende strukturelle Veränderungen in Staat und Wirtschaft durchgeführt. Es erfolgte eine demokratische Umwälzung in der sowjetischen Besatzungszone Deutschlands. Durch die Enteignung der Kriegsverbrecher gingen die Schlüsselstellungen in der Wirtschaft in die Hände des Volkes über. (…) Es genügt nicht mehr, von der führenden Rolle der Arbeiterklasse zu reden. Es ist vielmehr notwendig, dass sich die Arbeiterklasse täglich ihre führende Rolle erwirbt, (…) indem sie unter Führung ihrer Partei, der Sozialistischen Einheitspartei, (…) eine breite Bewegung für den demokratischen Aufbau entfaltet.

Werner Ripper (Hrsg.), Weltgeschichte im Aufriß. Deutschland im Spannungsfeld der Siegermächte, Frankfurt am Main 1982, S. 277 f.

Q6 Die DDR – kein Staat

Der Vorsitzende der SPD und Oppositionsführer im Deutschen Bundestag, Kurt Schumacher, kommentiert am 15. Oktober 1949 die Gründung der DDR:

Man kann erfolgreich bestreiten, dass der neue Oststaat überhaupt ein Staat ist (…) er ist eine Äußerungsform der russischen Außenpolitik. Noch weniger aber ist dieser sogenannte Oststaat neu. Er besteht tatsächlich seit 1945. Er hatte ursprünglich keine deutschen zentralen Organe. Dafür funktionierte die sowjetische Militäradministration gegenüber den fünf Ländern der Ostzone und Berlin als Ersatz für eine zentrale deutsche Stelle. (… Der Oststaat) bedeutet die Anerkennung der Tatsache, dass bis auf weiteres das große russische Unternehmen, ganz Deutschland in die politischen, gesellschaftlichen, wirtschaftlichen und kulturellen Formen der Sowjets hineinzuzwingen, gescheitert ist. Die Loslösung der Ostzone durch die Russen, wie sie 1945 radikal und erfolgreich eingeleitet wurde, bedeutet das Hinausdrängen der westalliierten Einflüsse und der internationalen Kritik. Es war aber zur gleichen Zeit das Ende jeder demokratischen Freiheit der Deutschen in dieser Zone. (…) die Etablierung dieses sogenannten Oststaates (ist) eine Erschwerung der deutschen Einheit. Die Verhinderung dieser Einheit aber kann dieses Provisorium im Osten nicht bedeuten, weil das deutsche Volk und besonders die Bevölkerung der Ostzone Gebilde russischer Machtpoliti auf deutschem Boden ablehnt.

Wolfgang Benz, Die Gründung der Bundesrepublik, München 1984, S. 160 f.

---

1. Arbeite heraus, welche Lehren im Grundgesetz aus der deutschen Geschichte gezogen wurden (Q4). [II]

2. Vergleiche den Text des Grundgesetzes mit den Ausführungen Carlo Schmids (Q3, Q4). [III]

3. Vergleiche und erörtere die Positionen Ulbrichts und Schumachers (Q5, Q6). [III]

1945   2012

Herrschaft im geteilten Deutschland

Sowohl die Bundesrepublik Deutschland als auch die Deutsche Demokratische Republik nahmen für sich in Anspruch, Demokratien zu sein. Wie wurde die Herrschaft in den beiden deutschen Staaten den Menschen gegenüber begründet und gerechtfertigt?

Ankunft im Westen – die Bundesrepublik Deutschland

Vor dem Hintergrund des Ost-West-Konflikts trat der erste Bundeskanzler Konrad Adenauer entschieden für die enge Anbindung an den Westen und eine Aussöhnung mit Frankreich ein. Daher war die Rangfolge seiner politischen Absichten Freiheit, Frieden und danach erst eine mögliche deutsche Einheit. Diese Ziele versuchte er jederzeit energisch zu verwirklichen und legte dabei sein ganzes politisches Gewicht in die Waagschale. Zu seinem großen Gegenspieler wurde der SPD-Vorsitzende Kurt Schumacher. Auch er befürwortete die Bindung an westliche Demokratien. Zugleich ließ er aber keinen Zweifel an seinem politischen Ziel: ein ungeteiltes demokratisches sozialistisches Deutschland. Erst in den Jahren des wirtschaftlichen Aufschwungs verlor diese Vorstellung an Anziehungskraft für die Wähler. Die Stimmenzahl für die SPD ging deutlich zurück.

Abgrenzung nach Osten – der Antikommunismus als Staatsdoktrin

Mit Blick auf die Zustände in der DDR prägte während des Kalten Krieges ein klarer Antikommunismus das politische Klima der Bundesrepublik. So wurde zum Beispiel 1956 die KPD verboten. Und mit dem Godesberger Programm von 1959 sagte sich die SPD endgültig vom Marxismus los. Damit wandelte sie sich von der sozialistischen Klassenpartei zu einer sozialdemokratischen Volkspartei, die sich weiten Teilen der Gesellschaft öffnete.
Sowohl die Hinwendung zu den westlichen Werten als auch der Antikommunismus wurden von den meisten Bürgern geteilt. Vor allem bildete aber der wirtschaftliche Erfolg der Bundesrepublik das zunehmend sichere Fundament eines demokratischen Staates, dem seine Bürger zustimmten.

Abgrenzung nach Westen – Antifaschismus als Staatsdoktrin der DDR

Als die DDR gegründet wurde, war die Begeisterung für das große Ziel des Sozialismus bei einem Teil der jugendlichen „Aufbaugeneration" durchaus stark und echt. Mit der Aussicht auf dauerhaften Frieden und eine sozial gerechte

✎ **A:** Stelle die wichtigsten politischen Merkmale der beiden deutschen Staaten einander gegenüber. Finde jeweils Argumente dafür, warum es auf beiden Seiten immer heftige Kritiker, aber auch eifrige Befürworter gab. [III]

Q1 Schumacher: „Das dürfen wir aber auch nicht vergessen!"
Karikatur aus dem Hamburger Abendblatt, 19. September 1951
1 Konrad Adenauer
2 Kurt Schumacher

✎ **B:** Erläutere, welche politischen Ziele der Karikaturist thematisiert. Lasse auch den deutschen Michel in der Bildmitte zu Wort kommen. [II]

Q2 17. Juni 1953 auf dem Potsdamer Platz in Berlin
Menschen wehren sich mit Steinen gegen sowjetische Panzer.

C: Schreibe aus der Sicht eines Westberliner Journalisten über die Szene auf dem Foto. [II]

Gesellschaft versuchten die Herrschenden die Menschen an sich zu binden. Gleichzeitig grenzte sich die DDR-Führung gegen eine angeblich „imperialistische und revanchistische" Bundesrepublik ab, in der die Altnazis immer noch das Sagen hätten. Da eine Reihe kommunistischer Funktionsträger tatsächlich unter den Nationalsozialisten gelitten und auch Widerstand geleistet hatte, wurde dem Weststaat das Bild einer konsequent antifaschistischen demokratischen Republik entgegengesetzt.

Doch bald zeigte sich, dass die demokratische Mitbestimmung der Bevölkerung keineswegs erwünscht war. Das Parlament der DDR, die Volkskammer, wurde völlig von der SED beherrscht. Opposition wurde nicht zugelassen. Hier entstand die Diktatur einer Minderheit über das Volk nach sowjetischem Vorbild. Gegen die Willkür des Staates konnte sich kein Bürger juristisch wehren, denn es gab weder ein Verwaltungs- noch ein Verfassungsgericht.

Der Volksaufstand vom 17. Juni 1953

Am 17. Juni 1953 streikten Berliner Bauarbeiter gegen das Heraufsetzen der Arbeitsnormen. Der Streik weitete sich schnell zu einem spontanen Volksaufstand in der ganzen DDR aus. Daraufhin wurde der Ausnahmezustand verhängt und sowjetische Panzer fuhren auf. Der Aufstand wurde erstickt, bevor er zu einer breiten Demokratiebewegung werden konnte.

„Schild und Schwert der Partei" – der Staatssicherheitsdienst der DDR

Die SED-Herrschaft wurde immer von der Mehrheit ihrer Bürger abgelehnt, zumal an der Westgrenze der DDR das Erfolgsmodell ständig sichtbar war. Andererseits misstrauten die herrschenden Parteioberen den Volksmassen, in deren Namen sie angeblich die Herrschaft ausübten. Deswegen bauten sie mit dem Ministerium für Staatssicherheit einen gewaltigen Überwachungsapparat auf. Die „Stasi" war praktisch allgegenwärtig: In Betrieben, Schulen, Massenorganisationen, Blockparteien, Kultureinrichtungen, sogar in Kirchen wurden Kritiker und vermeintliche Feinde ausspioniert. Zahllose politische Gegner wurden zu langjährigen Haftstrafen verurteilt; in den ersten Jahren wurde sogar die Todesstrafe verhängt. Das wäre allerdings ohne die tätige Mithilfe Hunderttausender eifriger Zuträger und Schnüffler als „informelle Mitarbeiter" (IM) nicht möglich gewesen. Niemals bisher unterhielt ein Staat im Verhältnis zu seiner Bevölkerungszahl einen größeren Sicherheitsapparat als die DDR.

Blockpartei
So wurden in der DDR die neben der SED bestehenden Parteien genannt. Formal waren sie zwar eigenständig, aber immer von der SED abhängig und beherrscht.

1945   2012

Die Demokratie muss sich bewähren

Die westdeutsche Demokratie hatte manche Bewährungsprobe zu bestehen. Als ab 1966 eine „Große Koalition" aus CDU/CSU und SPD regierte, gab es im Bundestag mit der FDP nur eine sehr kleine Opposition. Deswegen formierten sich linke Gruppen zu einer außerparlamentarischen Opposition (APO). Diese engagierte sich unter anderem gegen die geplanten Notstandsgesetze, die in Krisenfällen die Grundrechte vorübergehend einschränken durften. Nach der Verabschiedung dieser Grundgesetzänderung zerfiel die APO schnell. Doch ein kleiner Teil von ihr radikalisierte sich in der Folgezeit und bildete die terroristische „Rote Armee Fraktion" (RAF). Mit Entführungen und Morden hochrangiger Politiker und Wirtschaftsvertreter wollte sie das „kapitalistische System" zerstören. Sie konnte aber die Bevölkerung damit nicht beeinflussen, im Gegenteil, die Mehrzahl der Bürger lehnte sie und ihre Verbrechen ab.

Zeit für Veränderungen

Nach der Wahl Willy Brandts im Jahr 1969 zum Kanzler ging die Politik weiter auf die Bevölkerung zu. Brandt wollte „mehr Demokratie wagen" und setzte eine Reihe gesellschaftlicher Reformen durch: Das Volljährigkeitsalter wurde von 21 auf 18 Jahre herabgesetzt, nicht eheliche Kinder rechtlich den ehelichen gleichgestellt, das Eherecht reformiert und der Rechtsstaat insgesamt liberalisiert. Eine Bildungsreform ergriff Schulen und Hochschulen, finanzielle Fördermaßnahmen sorgten für mehr Chancengleichheit im Bildungsbereich. Somit erfolgte eine Liberalisierung der Gesellschaft, die auch später nicht mehr rückgängig zu machen war.

Veränderungen gab es auch hinsichtlich der politischen Betätigung außerhalb der etablierten Parteien. In zahlreichen Bürgerinitiativen nahmen viele Menschen ihre demokratischen Rechte wahr. Aus der Umwelt- und Friedensbewegung gingen die Grünen hervor. Sie selbst wollten ursprünglich keine Partei im üblichen Sinne sein, sondern waren bestrebt, basisdemokratische Vorstellungen zu verwirklichen. 1983 zogen sie erstmals in den Bundestag ein. Und bald mussten alle Parteien über die Fragen von Ökologie, Nachhaltigkeit und Gleichberechtigung der Frauen nachdenken, um im Wettbewerb der politischen Ideen weiter bestehen zu können.

Reformen auch in der DDR?

Mit der Parole der Einheit von Wirtschafts- und Sozialpolitik wollte Erich Honecker als Nachfolger Walter Ulbrichts ab 1971 nicht nur den deutlichen Rückstand im Konsum und Wohnungsbau beseitigen. Er gedachte sogar, die Bundesrepublik zu überholen. Ostberlin wurde als Hauptstadt ausgebaut mit dem Fernsehturm im Zentrum, modernen Hotels und dem Palast der Republik. Erste Städtepartnerschaften mit westlichen Kommunen und vor allem auch die Weltjugendfestspiele von 1973 zeigten eine angeblich weltoffene DDR. Ein weitgefächertes Sozialprogramm mit Familien fördernden Maßnahmen oder dem Ausbau der Urlaubsmöglichkeiten sollte die Bevölkerung stärker an den Staat und die Partei binden. Dieses durchaus anspruchsvolle Ziel stand jedoch ohne solide volkswirtschaftliche Finanzierung da und trieb den Staat schließlich in den wirtschaftlichen Ruin.

✎ D: Erläutere, welche Zwecke mit der Veröffentlichung solcher Bilder verfolgt wurden. [II]

Einheit von Wirtschafts- und Sozialpolitik
Wirtschafts- und sozialpolitisches Konzept der SED ab 1971. Damit sollten die Menschen zu höheren Arbeitsleistungen angespornt werden. Dafür wurde ihnen ein höherer Lebensstandard durch steigende Löhne und Renten, eine bessere Versorgung mit Wohnungen, Urlaubsplätzen, medizinischen Leistungen usw. in Aussicht gestellt.

Q3 Honecker übergibt einer Berliner Familie eine Neubauwohnung
Anwesend sind weitere hohe SED-Funktionäre. Foto, 1980er Jahre

Q4 Das Maß ist voll

Forderungen von Aufständischen am 17. Juni 1953 an die Regierung der DDR:
Wir Werktätigen des Kreises Bitterfeld fordern von Ihnen:

1. Rücktritt der sogenannten Deutschen Demokratischen Regierung, die sich
5 durch Wahlmanöver an die Macht gebracht hat

2. Bildung einer provisorischen Regierung aus den fortschrittlichen Werktätigen

10 3. Zulassung sämtlicher großen demokratischen Parteien Westdeutschlands

4. Freie, geheime, direkte Wahlen in vier Monaten

5. Freilassung sämtlicher politischen
15 Gefangenen (direkt politischer, sogenannter Wirtschaftsverbrecher und konfessionell Verfolgter)

6. Sofortige Abschaffung der Zonengrenze und Zurückziehung der Vopo
20 (Volkspolizei)

7. Sofortige Normalisierung des sozialen Lebensstandards

8. Sofortige Auflösung der sogenannten Nationalarmee

25 9. Keine Repressalien gegen einen Streikenden

Ilse Spittman/Karl Wilhelm Fricke, 17. Juni 1953, Köln 1982, S. 15.

Q5 Ein Dichter bekennt sich

Bertolt Brecht in einem nicht veröffent-
5 lichten Gedicht zum 17. Juni 1953:

Die Lösung
Nach dem Aufstand des 17. Juni
Ließ der Sekretär des Schriftsteller-
verbandes
5 In der Stalinallee Flugblätter verteilen,
Auf denen zu lesen war, dass das Volk
Das Vertrauen der Regierung verscherzt
habe
Und es nur durch verdoppelte Arbeit
10 Zurückerobern könne. Wäre es da
Nicht einfacher, die Regierung
Löste das Volk auf und
Wählte ein anderes?

Bertolt Brecht, Gesammelte Werke in 20 Bänden, Bd. 10, Frankfurt am Main 1967, S. 1009.

Q6 Sternmarsch nach Bonn als Protest gegen die geplanten Notstandsgesetze am 11. Mai 1968

✎ E: Erkläre, mit welchem Argument die Teilnehmer auf diesem Bild auftreten. Versuche, es mithilfe von Q8 zu widerlegen. [III]

Q7 Notstand der Demokratie

Aus einer Rede von Hans-Jürgen Krahl, Bundesvorstand des Sozialistischen Deutschen Studentenbundes, Frankfurt am Main 1968:

Die Demokratie in Deutschland ist am Ende; die Notstandsgesetze stehen
5 vor ihrer endgültigen Verabschiedung. Trotz der massenhaften Proteste (…) in den letzten Jahren sind dieser Staat und seine Bundestagsabgeordneten entschlossen, unsere letzten spärlichen demokratischen Rechtsansprü-
10 che in diesem Land auszulöschen. (…) Wir haben nur eine einzige Antwort auf die Notstandsgesetze zu geben: Wenn Staat und Bundestag die Demokratie vernichten, dann hat das Volk das Recht
15 und die Pflicht, auf die Straße zu gehen und für die Demokratie zu kämpfen: Wenn die Volksvertreter die Interessen des Volkes nicht mehr vertreten, dann wird das Volk seine Interessen selbst
20 vertreten. (…) Eine soziale Demokratie lebt nur durch die aufgeklärte Selbsttätigkeit der mündigen Massen.

Detlev Claussen/Regine Dermitzel (Hrsg.), Universität und Widerstand: Versuch einer politischen Universität in Frankfurt, Frankfurt am Main 1968, S. 34–41.

Q8 Das Gesetz ist notwendig

Aus der Begründung der Vorlage für die Notstandsgesetze im Bundestag 1968:
Der vorliegende Entwurf hält unter parlamentarischen und rechtsstaatlichen Gesichtspunkten jeden Vergleich mit jeder Vorsorgeregelung für den Notfall
5 aus, die es auf der Welt gibt. (…) Es ist nicht wahr, dass durch diesen Entwurf die staatsbürgerlichen Freiheiten beseitigt werden. (…) Es ist nicht wahr, dass durch diese Vorlage der Bürger-
10 krieg vorbereitet wird. (…)

Dieses Gesetz ist notwendig, um die lebensnotwendige Versorgung der Bevölkerung und der Streitkräfte und den Schutz der Bevölkerung im Vertei-
15 digungsfall sicherzustellen (…). Dieses Gesetz ist notwendig, um der Zusammenfassung der Hilfsmittel von Bund und Ländern bei Naturkatastrophen und schweren Unglücksfällen
20 die Rechtsgrundlage zu geben. Dieses Gesetz ist notwendig, um von innen drohende Gefahren für die demokratische Verfassungsordnung unserer Bundesrepublik abzuwehren, von welcher
25 Seite und mit welchen Mitteln sie auch kommen möge.

Verhandlungen des 5. Deutschen Bundestages, Bd. 69, Bonn 1968, S. 834f.

1945   2012

Q9 Arbeitgeberpräsident Hanns-Martin Schleyer als Geisel der RAF, 1977
Er wurde von seinen Entführern erschossen, nachdem es nicht gelang, Gesinnungsgenossen freizupressen.

✏ F: Stell dir vor, du könntest dich mit einem Sympathisanten der RAF unterhalten. Was würdest du ihm sagen? [III]

Q10 Mehr Demokratie wagen
Aus der Regierungserklärung des Bundeskanzlers Willy Brandt vom 28. Oktober 1969:
Wir wollen mehr Demokratie wagen. (…) Mitbestimmung, Mitverantwortung in den verschiedensten Bereichen unserer Gesellschaft wird eine bewe-
5 gende Kraft der kommenden Jahre sein. Wir können nicht die perfekte Demokratie schaffen. Wir wollen eine Gesellschaft, die mehr Freiheit bietet und mehr Mitverantwortung fordert. (…)
10 Diese Regierung redet niemandem nach dem Mund. Sie fordert viel, nicht nur von anderen, sondern auch von sich selbst. Sie setzt konkrete Ziele. Diese Ziele sind nur zu erreichen, wenn sich
15 manches ändert im Verhältnis des Bürgers zu seinem Staat und seiner Regierung.
Die Regierung kann in der Demokratie nur erfolgreich wirken, wenn sie getra-
20 gen wird vom demokratischen Engagement der Bürger. Wir haben so wenig Bedarf an blinder Zustimmung, wie unser Volk Bedarf hat an gespreizter Würde und hoheitsvoller Distanz. Wir
25 suchen keine Bewunderer; wir brauchen Menschen, die kritisch mitdenken, mitentscheiden und mitverantworten.
Das Selbstbewusstsein dieser Regierung wird sich als Toleranz zu erken-
30 nen geben. Sie wird daher auch jene Solidarität zu schätzen wissen, die sich in Kritik äußert. Deshalb suchen wir das Gespräch mit allen, die sich um diese Demokratie mühen. (…)
35 Wir stehen nicht am Ende unserer Demokratie, wir fangen erst richtig an. Wir wollen ein Volk der guten Nachbarn werden im Innern und nach außen.
Dieter Grosser/Stephan Bierling/Beate Neuss (Hrsg.), Deutsche Geschichte in Quellen und Darstellung, Bd. 11, Stuttgart 1996, S. 35f., 50f.

SEIT 31 TAGEN GEFANGENER

Q11 „Warum gibt es in der DDR keine Opposition?"
Aus einem Artikel der SED-Zeitung „Neues Deutschland" vom 17. Mai 1957:
Manche Bürger fragen, warum es bei uns keine Opposition gibt, und meinen, zu einer richtigen Demokratie gehöre doch auch eine Opposition. Demokratie
5 herrscht aber nicht dort, wo verschiedene Parteien gegeneinander auftreten, wo die Kraft der Arbeiterklasse gespalten ist und eine Opposition besteht. Im Gegenteil, das Vorhandensein
10 oppositioneller Kräfte in bürgerlich-kapitalistischen Staaten offenbart den immer schärfer hervortretenden Interessengegensatz zwischen den sich an der Macht befindlichen Monopolis-
15 ten und Militaristen und von der Macht ausgeschlossenen unterdrückten Bevölkerung. (…)
In unserer Deutschen Demokratischen Republik sind die Kriegsverbrecher, Mo-
20 nopolisten und Junker entmachtet. Hier gehören die Fabriken und Banken dem Volk. Die Armee, Polizei und Justiz – die Machtmittel des Staates – sind Instru-
mente der Werktätigen. Es gibt keinen
25 Gegensatz zwischen der Politik unserer Regierung und den Interessen der gesamten Bevölkerung.
Eine Opposition in der DDR könnte doch nur gegen die Politik unserer Re-
30 gierung gerichtet sein. Sie müsste sich also gegen die Einführung der 45-Stunden-Woche, gegen den Bau von zusätzlich hunderttausend Wohnungen, gegen unsere niedrigen Mieten, gegen
35 die Stabilität unserer Preise, (…) gegen die hohen Ausgaben für Wissenschaft und Kultur und gegen unsere Friedenspolitik richten. Sie müsste sich gegen die Einheit der Arbeiterklasse, gegen
40 unseren Arbeiter-und-Bauernstaat richten. Sie müsste für den Einsatz von Militaristen und Faschisten in hohe Machtpositionen, für den NATO-Kriegspakt und für die Vorbereitung eines Atom-
45 krieges sein. Solch eine Opposition zu dulden wäre verbrecherisch.
Merith Niehuss/Ulrike Lindner (Hrsg.), Deutsche Geschichte in Quellen und Darstellung, Bd. 10, Stuttgart 1998, S. 401f.

Q12 In den Händen der Stasi

Anlässlich des 20. Jahrestages der DDR-Gründung am 7. Oktober 1969 riefen zwei Berliner junge Mädchen mit Flugblättern zu einem Treffen Jugendlicher auf. Am 4. Oktober wurden beide von der Staatssicherheit verhaftet. Sie blieben bis zum 19. Februar 1970 in Untersuchungshaft und wurden mehrfach verhört. Beide wurden zu zehn Monaten Haft auf Bewährung verurteilt. Aus einem Vernehmungsprotokoll vom 4. Oktober 1969, in der Zeit von 18:00 bis 24:00 Uhr:

Da ich und die genannten Jugendlichen die Meinung vertreten, dass es eine persönliche Freiheit wie z.B. in Westdeutschland in der DDR nicht gibt, gab

5 es oft solche Probleme, über die wir uns unterhielten. Durch das Abhören westlicher Rundfunksender und des Sehens von Westfernsehsendungen hatten wir uns informiert, wie z.B. in Westdeutsch-

10 land die Jugendlichen ihren Protest hinsichtlich bzw. gegenüber der bestehenden Gesellschaftsordnung zum Ausdruck bringen. Dabei kam in Gesprächen, die ich mit genanntem Personenkreis führte,

15 auch zum Ausdruck, dass solcherlei Aktionen in der DDR unmöglich seien, das Recht der freien Meinungsäußerung in der Verfassung der DDR zwar formal bestünde, uns aber nicht erlaubt sei, für sol-

20 che Forderungen öffentlich aufzutreten, wie z.B. den Jugendlichen selbst zu überlassen, sich entsprechend ihrem Willen zu kleiden bzw. von Seiten der Staatsorgane der DDR und anderer Bürger be-

25 vormundet und gegängelt werden. Ich meine damit solche Maßnahmen wie Ausweiskontrollen (…), Forderungen nach einem normalen Haarschnitt und Ähnliches. (…)

30 Da ich aus Erfahrungen weiß, dass an solchen Feiertagen wie dem 1. Mai und dem 7. Oktober ohnehin viel Jugendliche in der Karl-Marx-Allee sich aufhalten, kam ich auf den Gedanken, dass

35 man die Jugendlichen dort sammeln könne, damit sie dort ihren Protest (…) zum Ausdruck bringen, wobei ich hierbei erwartete, dass dort anwesende Bürger und die Volkspolizei etwas un-

40 ternehmen würden.

Christoph Hamann/Axel Janowitz (Hrsg.), Feindliche Jugend? Verfolgung und Disziplinierung Jugendlicher durch das Ministerium für Staatssicherheit, Berlin 2006, S. 116.

Q13
Anlässlich der offiziellen Ehrung Karl Liebknechts und Rosa Luxemburgs am 17. Januar 1988 tragen DDR-Regimekritiker Transparente mit Zitaten von Rosa Luxemburg.

✎ G: Bringe die beiden Abbildungen in einen Zusammenhang und erläutere, warum die Regimekritiker diesen Weg des Protests wählten. [II]

Q14
Karikatur von Fritz Behrendt, Frankfurter Allgemeine Zeitung, 20. Januar 1988

---

1. Schreibe anhand der Quellen Q4 und Q5 einen Kommentar zu den Problemen in der DDR im Jahre 1953. [III]

2. Begründe, weshalb die geplanten Notstandsgesetze eine gewaltige Protestwelle hervorbrachten (VT, Q7). [II]

3. Analysiere die Regierungserklärung Willy Brandts und schreibe auf, welches Demokratieverständnis darin zum Ausdruck kommt. Führe Beispiele aus deinen Erfahrungen auf, in denen dieses Demokratieverständnis umgesetzt wird (Q10). [II]

4. Erkläre an einem möglichen Beispiel, warum das Gesetz hilfreich sein und sogar Leben retten kann (Q8). [II]

5. Setze dich aus der Sicht eines demokratischen Regimekritikers mit dem Artikel im Neuen Deutschland auseinander. Welcher Charakter der DDR kommt hierin zum Ausdruck (Q11)? [III]

6. Beurteile die Haltung des von der Staatssicherheit verhafteten Mädchens. Schreibe aus westlicher Sicht einen Aufruf zu ihrer Freilassung (Q12). [III]

1945

2012

Die Außenpolitik der beiden deutschen Staaten

Wenige Jahre nach dem Krieg strebten zwei selbstbewusste deutsche Staaten danach, wieder als geachtete und gleichberechtigte Mitglieder in die internationale Staatengemeinschaft aufgenommen zu werden. Welche Spielräume hatten sie dabei unter den Bedingungen des Kalten Krieges? Welche Ergebnisse brachten ihre außenpolitischen Bemühungen?

✏️ A: Stelle die außenpolitischen Meilensteine der beiden deutschen Staaten in einem Schaubild dar. [III]

Wie souverän sind die beiden deutschen Staaten?

In den ersten Jahren des Bestehens der Bundesrepublik wurde deren Außenpolitik von den drei westlichen Besatzungsmächten entschieden. Erst 1951 wurde ein Auswärtiges Amt eingerichtet. Am 5. Mai 1955 erhielt die Bundesrepublik ihre volle Souveränität und damit sämtliche außenpolitischen Befugnisse. Lediglich in der Berlin-Frage, der Wiedervereinigung und der Regelung eines Friedensvertrages mit allen vier Siegermächten durfte sie nicht alleine entscheiden.

In der DDR wurde sofort mit der Staatsgründung das Ministerium für auswärtige Angelegenheiten eingerichtet. Der jeweilige Außenminister hatte allerdings die Beschlüsse umzusetzen, die im Politbüro der SED gefasst wurden. Da die kommunistische Führungselite ihre Politik stets mit Moskau abzustimmen hatte, war klar, dass auch die Außenpolitik der DDR immer nur mit sowjetischer Billigung ausgeübt werden konnte. Daran änderte sich auch nichts, als die UdSSR 1954 der DDR die Souveränität übertrug.

Außenpolitik im Zeichen der Blockbildung

Adenauers Orientierung auf die Westintegration war lange Zeit maßgeblich für die bundesdeutsche Außenpolitik. Dabei war es dem Kanzler besonders wichtig, die nach zwei Weltkriegen tief sitzenden französischen Sicherheitsbedenken gegenüber Deutschland zu beseitigen und das Vertrauen Frankreichs zu gewinnen. Gekrönt wurde diese Politik durch die Unterzeichnung des deutsch-französischen Freundschaftsvertrages vom Januar 1963. Genauso wichtig waren das deutsche Engagement für die europäische Einigung sowie ein gutes Verhältnis zur westlichen Führungsmacht Amerika.

Demgegenüber traten bis in die 1960er Jahre Fragen der Verständigung mit dem Osten in den Hintergrund. Das zeigte sich 1952, als eine Einbindung der Bundesrepublik in die geplante Europäische Verteidigungsgemeinschaft auf

Q1 Der französische Staatspräsident de Gaulle und Bundeskanzler Adenauer nach der Unterzeichnung des deutsch-französischen Freundschaftsvertrages am 22. Januar 1963

✏️ B: Schreibe aus der Sicht eines Franzosen, der den Zweiten Weltkrieg miterlebt hat, einen Kommentar zu diesem Bild. Finde auch eine treffende Überschrift zu deinem Kommentar. [III]

Q2 Die Mutter eines Kriegsgefangenen dankt Bundeskanzler Adenauer nach seiner Rückkehr aus Moskau. Foto, 14. September 1955, Flughafen Köln/Bonn

C: Versetze dich in die Rolle der Frau und notiere, was sie gesagt haben könnte. [II]

der Tagesordnung stand. Darüber beunruhigt, bot der sowjetische Diktator Stalin den Westmächten die Wiedervereinigung eines neutralen und weitgehend entwaffneten Deutschlands an. Die Ernsthaftigkeit dieser Note ist bis heute umstritten. Während ein Teil der Westdeutschen darin einen Weg zur Wiedervereinigung sah, stellte für Konrad Adenauer diese Note nur einen Versuch Stalins dar, zwischen die Westmächte und die Bundesrepublik einen Keil zu treiben, und er drängte die Alliierten, sich nicht auf Verhandlungen einzulassen.

Die DDR-Außenpolitik war zunächst auf die enge Einbindung in den Ostblock orientiert. 1950 schloss sie einen Vertrag mit Polen, der die Oder-Neiße-Linie als Grenze anerkannte und mit dem auf die ehemaligen deutschen Ostgebiete verzichtet wurde. Im gleichen Jahr wurde die DDR Mitglied im Rat für gegenseitige Wirtschaftshilfe (RGW), dem östlichen Gegenstück zur Europäischen Gemeinschaft im Westen. In den Folgejahren wurden zahlreiche Freundschaftsverträge mit Ostblockstaaten unterzeichnet. Ein Höhepunkt war der „Vertrag über Freundschaft, gegenseitigen Beistand und Zusammenarbeit zwischen der DDR und der UdSSR" von 1964.

Der Bonner Alleinvertretungsanspruch

Die Bundesregierung erhob den Anspruch, ganz Deutschland zu vertreten, da nur sie durch demokratische Wahlen legitimiert sei. Das spiegelte sich auch in ihrer Außenpolitik wider. Der Staatssekretär im Auswärtigen Amt, Walter Hallstein, setzte durch, dass allen Staaten, die die DDR völkerrechtlich anerkannten, der Abbruch der diplomatischen Beziehungen zur Bundesrepublik drohte. Diese sogenannte Hallstein-Doktrin bestimmte viele Jahre die bundesdeutsche Außenpolitik.

Gegenüber der Sowjetunion gab Konrad Adenauer diesen Grundsatz jedoch auf. Am 8. Mai 1955 reiste er auf Einladung der sowjetischen Führung nach Moskau. Zu diesem Zeitpunkt wurden noch fast 10 000 deutsche Kriegsgefangene in sowjetischen Lagern festgehalten. Adenauer wurde angeboten, dass die Kriegsgefangenen frei kämen, wenn zwischen beiden Staaten diplomatische Beziehungen aufgenommen würden. Der Kanzler ging darauf ein, denn er wollte sich nicht dem Vorwurf aussetzen, deutsche Interessen ungenügend zu vertreten. Die Gefangenen kehrten nach Adenauers Moskau-Besuch tatsächlich heim. Die UdSSR wertete die Aufnahme der diplomatischen Beziehungen als Anerkennung ihrer Sicht, dass es zwei deutsche Staaten gäbe.

1945   2012

Das Streben der DDR nach internationaler Anerkennung

Die Machthaber der DDR hielten ihren Staat immer für das bessere Deutschland und hätten ihn auch gern in der internationalen Öffentlichkeit so gesehen. Durch die feste Einbindung in den Ostblock war die DDR aber bald von der freien Welt isoliert. Auch die Hallstein-Doktrin hatte dazu ihren Beitrag geleistet. So wurde das Bemühen um staatliche Anerkennung zu einer festen Größe in der DDR-Außenpolitik. In der zweiten Hälfte der 1960er Jahre versuchte die SED-Führung, mit wirtschaftlichen, politischen und militärischen Hilfsangeboten junge, in die Unabhängigkeit entlassene Nationalstaaten an sich zu binden. Als Gegenleistung folgte die diplomatische Anerkennung. Weitere Staaten, darunter auch westliche Demokratien wie Schweden oder Österreich, erkannten die DDR an. Hatten 1972 erst 20 Staaten Botschaften in der DDR eingerichtet, waren es 1978 bereits 123. Im Jahr 1973 wurden beide deutsche Staaten in die UNO aufgenommen.

Willy Brandts neue Ostpolitik

Vor dem Hintergrund der Entspannung im Kalten Krieg hatte die SPD seit 1960 ihre außenpolitischen Grundpositionen neu definiert. Sie wollte sowohl die Westbindung der Bundesrepublik beibehalten, als auch den Ostblockstaaten, vor allem der DDR, weiter entgegenkommen. Willy Brandt setzte als Kanzler ab 1969 dieses Konzept um. Sein Ziel war es, die in Osteuropa gegebenen territorialen Verhältnisse anzuerkennen und mehr Kontakte zwischen den Menschen in den beiden deutschen Staaten zu ermöglichen. Damit sollte der innerdeutsche Zusammenhalt gewahrt und die Lebensfähigkeit Westberlins gesichert werden. Trotz heftiger innenpolitischer Auseinandersetzungen gelang es der Regierung Brandt, Verträge mit der UdSSR und Polen abzuschließen, die der internationalen Verständigung dienten.

Deutsche Außenpolitik nach der Wiedervereinigung

Im Zuge der Wiedervereinigung erhielt Deutschland von den ehemaligen alliierten Siegermächten die volle Souveränität. Damit waren und sind aber auch große Erwartungen an seine Außenpolitik geknüpft. Die internationale Staatengemeinschaft, allen voran die USA, fordert, dass Deutschland mehr Verantwortung für die Verteidigung der westlichen Wertegemeinschaft übernimmt. Wie kompliziert das vor dem Hintergrund der deutschen Geschichte sein kann, zeigten beispielsweise die heftigen Diskussionen über den Einsatz deutscher Soldaten außerhalb des NATO-Gebiets. So war es bei Kriegshandlungen im ehemaligen Jugoslawien in den 1990er Jahren und so zeigt es sich bei dem Einsatz der Bundeswehr in Afghanistan.

Über die Schritte zur europäischen Einigung kannst du dich auf den Seiten 138–147 informieren.

Q3 Kniefall Willy Brandts vor dem Denkmal für die Opfer des Warschauer Gettoaufstandes am 7. Dezember 1970

D: Dieses Foto ging um die Welt. Begründe, weshalb es so viel Aufsehen erregte. [II]

Q4 Adenauers Außenpolitik

Aus der Regierungserklärung Konrad Adenauers vom 20. September 1949:

Unter den Bundesministerien fehlt ein Außenministerium. Ich habe auch nicht den an mich herangetragenen Wünschen stattgegeben, ein Ministe-
5 rium für zwischenstaatliche Beziehungen einzurichten. Ich habe das deshalb nicht getan, weil nach dem Besatzungsstatut die auswärtigen Angelegenheiten, unter Einschluss internationaler
10 Abkommen, die von Deutschland oder im Namen Deutschlands abgeschlossen werden, Sache der Alliierten Hohen Kommission für die drei Zonen sind.
Wenn wir demnach auch kein Minis-
15 terium des Auswärtigen haben, so bedeutet das keineswegs, dass wir damit auf jede Betätigung auf diesem Gebiete Verzicht leisten. Das Paradoxe unserer Lage ist ja, dass – obgleich die auswär-
20 tigen Angelegenheiten Deutschlands von der Alliierten Hohen Kommission wahrgenommen werden – jede Tätigkeit der Bundesregierung oder des Bundesparlaments auch in inneren An-
25 gelegenheiten Deutschlands irgendwie eine ausländische Beziehung in sich schließt. Deutschland ist infolge Marshallplan (… und Besatzungsstatuts) enger mit dem Auslande verflochten
30 als jemals zuvor. (…)
Und nun lassen Sie mich übergehen zu Fragen, die uns in Deutschland außerordentlich am Herzen liegen und die für unser gesamtes Volk Lebensfra-
35 gen sind. Es handelt sich um (… das) Abkommen von (…) Potsdam und die Oder-Neiße-Linie.
Im Potsdamer Abkommen heißt es ausdrücklich: Die Chefs der drei Regierun-
40 gen, das sind die Vereinigten Staaten, England und Sowjetrussland, haben ihre Absicht bekräftigt, dass die endgültige Bestimmung der polnischen Westgrenzen bis zur Friedenskonferenz
45 vertagt werden muss. Wir können uns daher unter keinen Umständen abfinden mit einer von Sowjetrussland und Polen später einseitig vorgenommenen Abtrennung dieser Gebiete. (…)
50 Die Bundesregierung wird allen diesen Fragen die größte Aufmerksamkeit widmen und sich dafür einsetzen, dass auch das uns zustehende Recht geachtet wird. (…)

Q5 „Für ein Linsengericht"

Karikatur von Mirko Szewczuk, 1950
Walter Ulbricht erkennt die Oder-Neiße-Linie als Ostgrenze an.

✎ E: Erkläre, welches Urteil der Zeichner zur DDR-Außenpolitik abgibt. [II]

55 Der deutsch-französische Gegensatz, der Hunderte von Jahren die europäische Politik beherrscht hat, (…) muss endgültig aus der Welt geschafft werden. (…)
60 Wir sind entschlossen, alles zu tun, was in unserer Kraft steht, um diesen vorgezeichneten Weg zur Sicherung des Friedens zu gehen. Wenn ich aber vom Frieden spreche, dann muss ich auf
65 die Teilung Deutschlands zurückkommen. Ich fürchte, dass in Europa keine Ruhe eintreten wird, wenn sie nicht verschwindet. Sie ist durch die Spannungen herbeigeführt worden, die
70 zwischen den Siegermächten entstanden sind. Auch sie werden vorübergehen. Wir hoffen, dass dann der Wiedervereinigung mit unseren Brüdern und Schwestern in der Ostzone und in Ber-
75 lin nichts mehr im Wege steht.

Merith Niehuss/Ulrike Lindner (Hrsg.), Deutsche Geschichte in Quellen und Darstellung, Bd. 10, Stuttgart 1998, S. 196f., 200f.

Q6 Das französische Sicherheitsbedürfnis

Bundeskanzler Adenauer erklärt im November 1949 in der Wochenzeitung „DIE ZEIT":

Die Sicherheitsfrage ist tatsächlich die Kernfrage des deutsch-französischen Verhältnisses. (…) Es nützt nichts, dass wir tatsächlich ungefährlich sind, son-
5 dern es kommt darauf an, ob Frankreich uns für gefährlich hält. (…) Ob uns das heutige französische Sicherheitsbedürfnis überholt vorkommt, ob es tatsächlich überholt ist, dies alles ist nicht
10 entscheidend. Auch wenn Frankreich sich im Irrtum befindet, so ist sein Verlangen nach Sicherheit doch psychologisch vorhanden und also eine politische Tatsache, mit der wir zu rechnen
15 haben. Wir tun daher gut daran, wenn wir auch uns überflüssig erscheinende Sicherheiten in Kauf nehmen, sofern unsere Existenz hierdurch nicht ernstlich gefährdet wird.

Die ZEIT vom 3. November 1949, S. 1.

Q7 „Die Unterschrift des Jahres"
Karikatur von Hanns Erich Köhler, 1970

✎ F: Vergleiche die Karikatur mit Q5. Stelle fest, wodurch sich die Meinungen der beiden Zeichner unterscheiden. [III]

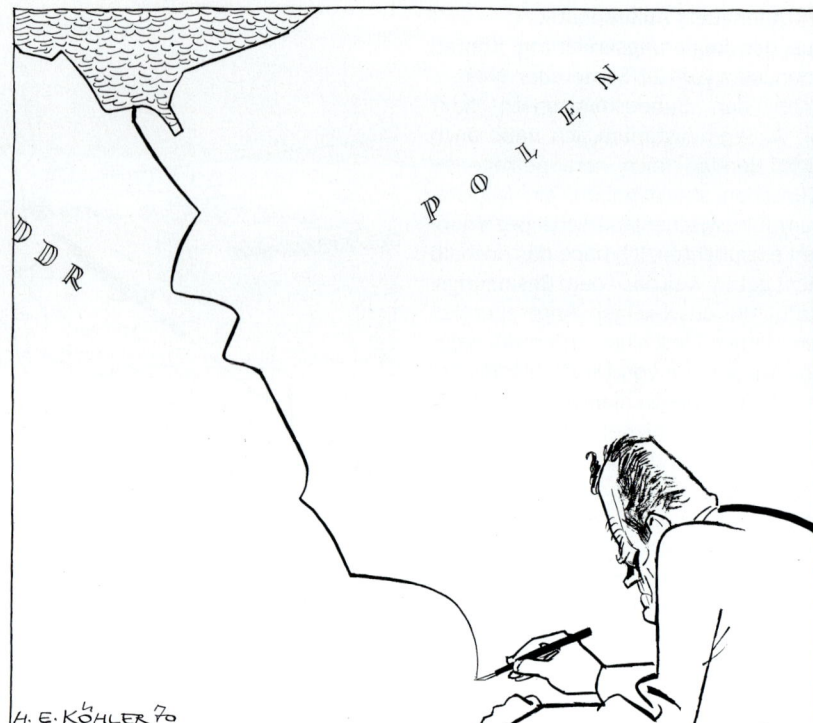

Q8 Die neue Ostpolitik
Aus der Regierungserklärung Willy Brandts vom 28. Oktober 1969:

Unser nationales Interesse erlaubt es nicht, zwischen dem Westen und dem Osten zu stehen. Unser Land braucht die Zusammenarbeit und Abstimmung
5 mit dem Westen und die Verständigung mit dem Osten.
Auf diesem Hintergrund sage ich mit starker Betonung: Das deutsche Volk braucht den Frieden im vollen Sinne
10 dieses Wortes auch mit den Völkern der Sowjetunion und allen Völkern des europäischen Ostens. Zu einem ehrlichen Versuch der Verständigung sind wir bereit, damit die Folgen des Unheils
15 überwunden werden können, das eine verbrecherische Clique über Europa gebracht hat.
Dabei geben wir uns keinen trügerischen Hoffnungen hin: Interessen,
20 Machtverhältnisse und gesellschaftliche Unterschiede sind weder (…) aufzulösen noch dürfen sie vernebelt werden. (…)
In Fortsetzung der Politik ihrer Vorgän-
25 gerin erstrebt die Bundesregierung gleichmäßig verbindliche Abkommen über den gegenseitigen Verzicht auf Anwendung oder Androhung von Gewalt. Die Bereitschaft dazu gilt – ich
30 darf es wiederholen – auch gegenüber der DDR. Ebenso unmissverständlich will ich sagen, dass wir gegenüber der uns unmittelbar benachbarten Tsche-
35 choslowakei zu den Abmachungen bereit sind, die über die Vergangenheit hinausführen.
Die Politik des Gewaltverzichts, die die territoriale Integrität des jeweili-
40 gen Partners berücksichtigt, ist nach der festen Überzeugung der Bundesregierung ein entscheidender Beitrag zur Entspannung in Europa. Gewaltverzichte würden eine Atmosphäre schaffen, die weitere Schritte möglich macht.

Dieter Grosser/Stephan Bierling/Beate Neuss (Hrsg.), Deutsche Geschichte in Quellen und Darstellung, Bd. 11, Stuttgart 1996, S. 49 f.

Q9 Schritte zur Verständigung
Aus einer gemeinsamen Erklärung des Bundestages vom 17. Mai 1972 zu den Verträgen von Moskau und Warschau:
1. Zu den maßgebenden Zielen unserer Außenpolitik gehört die Erhaltung des Friedens in Europa und die Sicherheit der BRD. Die Verträge mit Moskau
5 und Warschau, in denen die Vertragspartner feierlich und umfassend auf die Anwendung und Androhung von Gewalt verzichten, sollen diesen Zielen dienen. Sie sind wichtige Elemente des
10 Modus vivendi (Übereinkunft), den die BRD mit ihren östlichen Nachbarn herstellen will.
2. Die Verpflichtungen, die die BRD in den Verträgen eingegangen ist, hat sie
15 im eigenen Namen auf sich genommen. Dabei gehen die Verträge von heute tatsächlich bestehenden Grenzen aus, deren einseitige Änderungen sie ausschließen. Die Verträge neh-
20 men eine friedensvertragliche Regelung für Deutschland nicht vorweg und schaffen keine Rechtsgrundlage für die heute bestehenden Grenzen.
3. Das unveräußerliche Recht auf
25 Selbstbestimmung wird durch die Verträge nicht berührt. Die Politik der BRD, die eine friedliche Wiederherstellung der nationalen Einheit im europäischen Rahmen anstrebt, steht nicht im
30 Widerspruch zu den Verträgen. (…) Mit der Forderung auf Verwirklichung des Selbstbestimmungsrechts erhebt die BRD keinen Gebiets- und Grenzänderungsanspruch.

Wolfgang Lautemann/Manfred Schlenke (Hrsg.), Geschichte in Quellen, Bd. 7, München 1980, S. 551.

Q10 Der Staatsratsvorsitzende der DDR, Walter Ulbricht, und der Präsident der Vereinigten Arabischen Republik (Ägypten), Gamal Abdel Nasser, am Kairoer Zentralbahnhof, 24. Februar 1965

✎ G: Kommentiere das Ereignis einmal aus westlicher, einmal aus östlicher Sicht. [III]

Q11 Internationale Anerkennung der DDR

Walter Ulbrichts Staatsbesuch in Ägypten (damaliger Name: Vereinigte Arabische Republik) war seine erste Auslandsreise in ein nichtsozialistisches Land. Seine Ehefrau Lotte Ulbricht schreibt darüber:

Die verzweifelten und oft grotesken Bemühungen der Bonner Regierung, die Reise des Staatsratsvorsitzenden in die VAR zu verhindern, hatten die ganze Welt und in erster Linie natürlich unsere Bürger auf diese Reise aufmerksam gemacht. So gut hätten wir das mit der besten Propaganda nicht geschafft. (…) Vor mir liegt das umfangreiche Reiseprogramm; daraus ist zu entnehmen, dass für den Empfang Walter Ulbrichts alle Ehrungen vorgesehen sind, die einem Staatsoberhaupt beim Besuch eines fremden Landes zukommen. Unser Arbeiter-und-Bauern-Staat gilt also etwas in der Welt! (…) Nun ist es so weit, wir fahren in den Kairoer Hauptbahnhof ein. Noch bevor der Zug zum Stehen kommt, dröhnen – zum zweiten Male heute! 21 Salutschüsse. Die Riesenhalle ist voller Menschen. Kaum hält der Zug, erfüllen Rufen, Klatschen und Jubel die Halle. (…) Rosenblätter und Konfetti wirbeln in der Luft. Fotografen und Journalisten sind kaum zu bändigen. Als beide Staatsoberhäupter aus der Halle treten, bricht auf dem Vorplatz, auf dem sich Hunderttausende Kairoer versammelt haben, ein Orkan los, wie ich ihn bisher nirgends erlebt habe. Er lässt auf der ganzen Fahrt bis zum Kubbeh Palast (Sitz des ägyptischen Staatspräsidenten) nicht nach und zeigt ganz deutlich: Das ist die Antwort der arbeitenden Menschen von Kairo auf die Bonner Hetze gegen die Reise Walter Ulbrichts in die VAR.

Lotte Ulbricht, Eine unvergessliche Reise, Leipzig/Berlin 1966, S. 13 ff.

Q12 Das vereinte Deutschland

Aus der Regierungserklärung Helmut Kohls vom 30. Januar 1991:

Mit der Wiedergewinnung der vollen Souveränität wächst uns Deutschen nicht nur mehr Handlungsfreiheit, sondern auch mehr Verantwortung zu. So sehen es auch unsere Partner in der Welt. (…) Es geht jetzt darum, dass das vereinte Deutschland seine Rolle im Kreis der Nationen annimmt mit allen Rechten und mit allen Pflichten. Dies wird zu Recht von uns erwartet und wir müssen dieser Erwartung gerecht werden. Es gibt für uns Deutsche keine Nische in der Weltpolitik. Es darf für Deutschland keine Flucht aus der Verantwortung geben.

Bulletin (Presse und Informationsamt der Bundesregierung) Nr. 11 vom 31. Januar 1991.

---

1. Erläutere die Grundpositionen der Außenpolitik Adenauers. Auf welche besonderen Probleme und Schwierigkeiten bei ihrer Umsetzung weist er hin (Q4, Q6)? [II]

2. Nimm Stellung, ob die außenpolitische Grundorientierung der Bundesregierung unter Willy Brandt die Außenpolitik Adenauers fortsetzt, verändert oder ergänzt (VT, Q8, Q9). [III]

3. Beschreibe, wie die DDR versuchte, internationale Anerkennung zu erlangen (VT, Q11). [I]

4. Erkläre, wie sich die Rolle der deutschen Außenpolitik nach der Wiedervereinigung gewandelt hat (VT, Q12). [II]

5. Informiere dich darüber, welche neuen Aufgaben die Bundesrepublik in der internationalen Politik in jüngster Vergangenheit übernommen hat. [I]

1945   2012

Zwei deutsche Staaten zwischen Konfrontation und Verständigung

Nach der Gründung der Bundesrepublik und der DDR stellten sich viele Deutsche die bange Frage, ob sie jemals wieder gemeinsam in einem Staat leben würden. Gehörten sie denn nicht alle der deutschen Nation an? Hatten sie nicht das gleiche Recht wie andere Nationen auch? Oder hatten sie dieses Recht durch die nationalsozialistischen Verbrechen verspielt? Wie gingen die beiden deutschen Staaten mit diesen Fragen um?

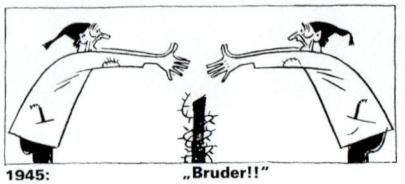

1945:   „Bruder!!"

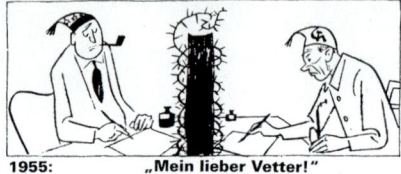

1955:   „Mein lieber Vetter!"

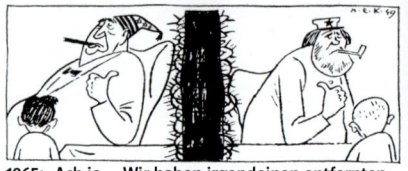

1965: „Ach ja, – Wir haben irgendeinen entfernten Verwandten im Ausland."

Q1 Karikaturenfolge von Hanns Erich Köhler (1949)

✎ A: Interpretiere die Karikatur. Beachte dabei die Entstehungszeit. [III]

✎ B: Stelle die Deutschlandpolitik der Bundesrepublik und der DDR im Lauf der Jahrzehnte dar. Vergleiche die Entwicklung mit der Karikatur Q1. [III]

Die Bundesrepublik als Nachfolgestaat des Deutschen Reiches?

Lange Zeit herrschte in der Bundesrepublik weitgehend Übereinstimmung darüber, dass nur sie berechtigt sei, für das gesamte deutsche Volk zu sprechen und dessen Selbstbestimmungsrecht zu vertreten. Begründet wurde dies damit, dass im Gegensatz zur DDR die Staatsgründung auf dem Wege demokratischer Wahlen erfolgt war. Daraus ergab sich andererseits aber auch die Pflicht, die Wiedervereinigung anzustreben. Das entsprach zudem dem Grundgesetz.

Doch im Laufe der Jahre begann sich die Einstellung zur deutschen Einheit allmählich zu wandeln. Immer mehr Menschen hatten sich in der Zweistaatlichkeit so eingerichtet, dass für sie die Frage der deutschen Nation kaum noch eine Rolle spielte. Nicht wenige – vor allem die Linken – betrachteten die deutsche Teilung als verdiente Strafe für die Entfesselung des Zweiten Weltkrieges und den Holocaust. So war es kein Wunder, dass viele die Anerkennung der DDR als souveränen Staat forderten.

Die DDR – das bessere Deutschland?

Auch in der DDR hielt sich anfangs der Wille zur Einheit. Die SED vertrat die Position, es gäbe nur eine deutsche Nation und die könne naturgemäß nur in einem deutschen Staat leben – natürlich unter sozialistischen Bedingungen. Nachdem Mitte der 1950er Jahre die Bundesrepublik in die NATO und die DDR in den Warschauer Pakt eingetreten waren, wurde diese These unglaubwürdig. Nun verkündete die SED-Führung, es gäbe zwar zwei deutsche Staaten, aber nur eine deutsche Nation. Zur Begründung musste die deutsche Geschichte herhalten: Angeblich lief alle Entwicklung seit Jahrhunderten auf die Errichtung eines „fortschrittlichen Arbeiter- und Bauernstaates" zu. So sah sich die DDR nicht nur als das bessere Deutschland, sondern sie vereinnahmte auch Persönlichkeiten wie Luther, Schiller, Goethe, ja schließlich sogar Bismarck und Friedrich II. als ihre historischen Vorläufer. Doch auch diese Theorie hielt sich nicht lange. Honecker prägte schließlich die Formel „Zwei Staaten – zwei Nationen". Angeblich existierte eine sozialistische deutsche Nation neben einer bürgerlichen. Und die sozialistische Nation brauche einen sozialistischen Staat. Diese Absage an eine gemeinsame deutsche Nation zeigte sich auch darin, dass nun die eigene Nationalhymne wegen der Zeile „Deutschland, einig Vaterland" nicht mehr gesungen wurde.

Kurswechsel in der Deutschlandpolitik

Vor dem Hintergrund seiner neuen Ostpolitik leitete Willy Brandt auch Veränderungen in der Deutschlandpolitik ein. In Erfurt trafen sich 1970 zum ersten Mal die Regierungschefs der beiden deutschen Staaten, Willy Brandt und Willi Stoph. Unter dem Motto „Wandel durch Annäherung" versuchte die Bundesrepublik, gutnachbarliche Beziehungen auf der Basis der Gleichberechtigung herzustellen. Dem lag der Gedanke zugrunde, dass die DDR nur zu Zugeständnissen – vor allem im Bereich der Menschenrechte – gebracht werden könnte, wenn man sich vorsichtig annäherte. Diese Politik fand ihren Höhepunkt im Grundlagenvertrag von 1972, in dem beide Seiten die Unverletzlichkeit der zwischen ihnen bestehenden Grenzen bekräftigten und ihre Unabhängigkeit und Selbstständigkeit als Staaten respektierten. Im Verständnis der Bundesrepublik war aber die DDR weiterhin nicht Ausland, deshalb wurden in Bonn und Ost-Berlin keine Botschaften errichtet, sondern lediglich „Ständige Vertretungen" des jeweils anderen Staates.

Deutsch-deutsche Vernunftpartnerschaft

Als Ende der 1970er Jahre ein neuer Rüstungswettlauf begann, fühlten sich beide deutsche Staaten an der Nahtstelle der Blocksysteme besonders bedroht. Deswegen strebten sie nach einer Partnerschaft der Vernunft. In kleinen Schritten wurden praktische Fragen auf den Gebieten der Wirtschaftsbeziehungen, des Postwesens und des Verkehrs geklärt. Seit der Mitte der 1980er Jahre entwickelten sich sogar Dutzende von Städtepartnerschaften mit gegenseitigen Besuchsmöglichkeiten – allerdings auf Seiten der DDR nur für einen ausgewählten Personenkreis.

Anfang September 1987 wurde der SED-Generalsekretär Erich Honecker in Bonn mit allen Ehren empfangen, die dem Oberhaupt eines souveränen Staates zustehen. Dies war sicher der Höhepunkt seines politischen Lebens, denn Unabhängigkeit und Gleichberechtigung der beiden deutschen Staaten wurden damit belegt. Allerdings hielt Kanzler Kohl auch bei dieser Gelegenheit ausdrücklich am Auftrag des Grundgesetzes zur Vollendung der Einheit und Freiheit Deutschlands in freier Selbstbestimmung fest.

Dass der Gedanke an die deutsche Nation auch nach vierzig Jahren noch wach war, zeigte sich, als Helmut Kohl im Dezember 1989 zu einem Besuch in Dresden weilte. Dort hallte ihm „Deutschland, einig Vaterland" entgegen. Diese Zeile aus der DDR-Nationalhymne wurde zum sprachlichen Symbol für den Wunsch nach einer Wiedervereinigung der beiden deutschen Staaten.

Q2 Staatsbesuch Erich Honeckers am 7. September 1987 in Bonn

C: Schreibe zwei Kommentare zu dieser Szene, einen aus der Sicht der CDU, einen aus der Sicht der SED. [III]

1945   2012

Q3 Nation als umschließendes Band
Aus der Rede des Bundeskanzlers Willy Brandt zur „Lage der Nation" im Deutschen Bundestag am 14. Januar 1970:
25 Jahre nach der bedingungslosen Kapitulation des Hitlerreiches bildet der Begriff der Nation das Band um das gespaltene Deutschland. Im Begriff der Na-
5 tion sind geschichtliche Wirklichkeit und politischer Wille vereint. Nation umfasst und bedeutet mehr als gemeinsame Sprache und Kultur, als Staats- und Gesellschaftsordnung. Die Nation gründet
10 sich auf das fortdauernde Zusammengehörigkeitsgefühl der Menschen eines Volkes. Niemand kann leugnen, dass es in diesem Sinne eine deutsche Nation gibt und geben wird, soweit wir voraus-
15 zudenken vermögen. (…) Niemand darf sich der trügerischen Hoffnung hingeben, den Auseinandersetzungen entgehen zu können, die unausweichlich sind, weil Deutschland eben nicht nur staat-
20 lich gespalten ist, sondern weil sich auf seinem Boden völlig unterschiedliche Gesellschaftssysteme gegenüberstehen. In diesem Punkt sind wir uns mit Ulbricht einig: Zwischen unserem Sys-
25 tem und dem, was drüben Ordnung geworden ist, kann es keine Mischung, keinen faulen Kompromiss geben.

Stenographische Protokolle des 6. Deutschen Bundestages, Januar 1970, S. 840 ff.

Q4 Ein schlechter Vertrag?
Aus einer Bundestagsrede des CDU-Abgeordneten Rainer Barzel vor der Verabschiedung des Grundlagenvertrages mit der DDR, 15. Dezember 1972:
Ich muss ein Wort zu der Ankündigung des Herrn Bundeskanzler sagen, am 21. Dezember (…) den Grundvertrag unterschreiben zu lassen, (…) obwohl der
5 Schießbefehl (an der innerdeutschen Grenze) andauert (…). Trotz dieser Erfahrung wollen Sie einen so weitgehenden Vertrag ohne verbindlich gesicherte,

Q7 „Menschliche Erleichterungen"
Karikatur von Baumeister, 1973

✏ D: Erläutere die Aussage der Karikatur. Stelle begründet dar, welcher politischen Seite der Künstler zuneigt. [III]

ausreichende menschliche Erleichte-
10 rungen unterschreiben. (…) Dieser Vertrag – schlecht und eilig ausgehandelt, ohne angemessene Leistung und Gegenleistung – soll (…) dem Frieden dienen. Frieden aber (…) ist doch (…) eine Sa-
15 che der Menschenrechte. Ebenso sieht es doch die Satzung der Vereinten Nationen vor, auf die dieser schlechte Vertrag vielfach Bezug nimmt. (…)
Mit der Unterschrift unter den Grund-
20 vertrag bereiten Sie der DDR den Weg in die UNO, ohne dass diese auch nur die mindesten Zusicherungen gemacht hätte (…) den Bürgern der DDR die in der UNO-Charta beschworenen Men-
25 schenrechte zu gewährleisten. (…)
Demokraten, wenn sie wie dieses ganze Haus zum Frieden entschlossen sind, müssen oft und manchmal für lange Zeit Unrecht hinnehmen. Aber Demo-
30 kraten sollten dies nie bestätigen.

Irmgard Wilharm (Hrsg.), Deutsche Geschichte 1962–1983, Dokumente in zwei Bänden, Frankfurt am Main 1983, S. 88.

Q5 Wandel durch Annäherung
Der SPD-Politiker Egon Bahr in einer Rede vor der Evangelischen Akademie in Tutzing am 15. Juli 1963:
Wir haben gesagt, dass die Mauer ein Zeichen der Schwäche ist. Man könnte auch sagen, sie war ein Zeichen der Angst und des Selbsterhaltungstrie-
5 bes des kommunistischen Regimes. Die Frage ist, ob es nicht Möglichkeiten gibt, diese durchaus berechtigten

Sorgen dem Regime graduell so weit zu nehmen, dass auch die Auflockerung
10 der Grenzen und der Mauer praktikabel wird, weil das Risiko erträglich ist. Das ist eine Politik, die man auf die Formel bringen könnte: Wandel durch Annäherung. Ich bin fest davon überzeugt, dass
15 wir Selbstbewusstsein genug haben können, um eine solche Politik ohne Illusion zu verfolgen, die sich außerdem nahtlos in das westliche Konzept der Strategie des Friedens einpasst, denn
20 sonst müssten wir auf ein Wunder warten, und das ist keine Politik.

Deutschland Archiv 8/1973, S. 862 ff.

Q6 Die deutsche Frage im Unterricht
Aus dem Beschluss der Kultusministerkonferenz der Bundesrepublik vom 23. November 1978:
Die Behandlung der deutschen Frage im Unterricht muss davon ausgehen, dass die Wiedervereinigung zur Zeit nicht zu erreichen ist. Der Unterricht
5 soll aber zu der Einsicht führen, dass wir dieses nationale Ziel gemäß unserem politischen Selbstverständnis dennoch im Hinblick auf künftige Entwicklungen verfolgen und nicht aufgeben.
10 Sich dafür zu engagieren, steht nicht im Gegensatz zu einer nüchternen realistischen Beurteilung der Lage und ist weder doppelbödig noch unaufrichtig, sondern entspricht der offengelegten
15 politischen Zielsetzung der Bundesrepublik Deutschland.

Informationen zur politischen Bildung Nr. 192, Bonn 1981, S. 1.

Q8 „. . . und der mitgelieferte Damokles-Brieföffner"

Karikatur des westdeutschen Grafikers Wolfgang Hicks anlässlich einer Einladung der DDR an die Bundesrepublik zu Gesprächen über einen Vertragsvorschlag über die innerdeutschen Beziehungen, 1969

1 Bundesminister für besondere Aufgaben Horst Ehmke (SPD)
2 Bundeskanzler Willy Brandt (SPD)
3 Außenminister Walter Scheel (FDP)
4 SPD-Fraktionsvorsitzender Herbert Wehner

✎ E: Interpretiere die Karikatur und entwirf ein Antwortschreiben an die DDR aus der Sicht der dargestellten Personen. [III]

... und der mitgelieferte Damokles-Brieföffuer

Q9 Die deutsche Frage aus DDR-Sicht

Aus den Verfassungen der DDR:

Artikel 1, Auszug:

1949: Deutschland ist eine unteilbare Republik; sie baut auf den deutschen Ländern auf. (…) Es gibt nur eine deutsche Staatsangehörigkeit.

1968: Die Deutsche Demokratische Republik ist ein sozialistischer Staat deutscher Nation. Sie ist die politische Organisation der Werktätigen in Stadt und Land, die gemeinsam unter Führung der Arbeiterklasse und ihrer marxistisch-leninistischen Partei den Sozialismus verwirklichen.

1974: Die Deutsche Demokratische Republik ist ein sozialistischer Staat der Arbeiter und Bauern. Sie ist die politische Organisation der Werktätigen in Stadt und Land unter Führung der Arbeiterklasse und ihrer marxistisch-leninistischen Partei.

Matthias Judt (Hrsg.), DDR-Geschichte in Dokumenten, Berlin 1997, S. 508 f.

Q10 Absage an die Einheit?

Aus einem Interview Erich Honeckers mit AP am 4. Juni 1974:

Es gibt zwei Staaten, die sozialistische DDR und die kapitalistische BRD, die sich grundverschieden entwickeln, und es gibt Bürger der DDR und Bürger der BRD. Normale Beziehungen zwischen diesen beiden Staaten können nur solche der friedlichen Koexistenz sein. Auf ihrer soliden Grundlage gestalten sich die Dinge zum Nutzen der Menschen. Heute über das zu sprechen, was Sie ein Zusammenkommen in der Zukunft nennen, ist müßig. Fest steht: Sozialismus und Kapitalismus lassen sich nicht unter ein Dach bringen. Im Übrigen haben auch Politiker westlicher Staaten mehrfach betont, dass sie derselben Ansicht sind. Für die DDR gibt es kein Zurück zum Kapitalismus, und der Weg zum Sozialismus in der BRD ist eine innere Angelegenheit unseres Nachbarlandes.

Archiv der Gegenwart, Bd. 7, St. Augustin 2000, S. 6250 f.

---

1. Erläutere, welche Bedeutung Bundeskanzler Brandt der Nation zumaß und welche Auswirkungen das auf seine Deutschlandpolitik hatte (VT, Q3). [II]

2. Vergleiche die Deutschlandpolitik der von der SPD geführten Regierung mit den politischen Vorstellungen der Opposition. Welche grundsätzlichen Unterschiede werden dabei deutlich (Q4–Q6)? [III]

3. Beschreibe, wie in den verschiedenen Verfassungen der DDR die Frage der deutschen Nation beantwortet wird (Q9). [I]

4. Schreibe aus der Sicht eines kritischen DDR-Bürgers eine Einschätzung zu Honeckers Deutschlandpolitik (Q10). [III]

5. Befrage deine Eltern und Großeltern, welche Rolle die Einheit Deutschlands in ihrem Leben gespielt hat. Stelle die Ergebnisse deiner Befragung in der Klasse vor. [III]

1945   2012

Eine Grenze teilt Deutschland

Nichts hat die Teilung Deutschlands so stark symbolisiert wie die DDR-Grenz-anlagen und der Befehl an die DDR-Grenztruppen, jeden Fluchtversuch zu ver-hindern und dabei den Tod des Flüchtlings bewusst in Kauf zu nehmen. Warum mauerte sich die DDR im wahrsten Sinne des Wortes ein? Was bedeutete für die Menschen das Leben mit der innerdeutschen Grenze?

Von der Demarkationslinie zur Grenze

Noch vor der Gründung der beiden deutschen Staaten nahm die Demarkations-linie zwischen Ost und West immer stärker den Charakter einer innerdeut-schen Grenze an. 1946 sperrte die sowjetische Besatzungsmacht die Grenze zu den drei westlichen Zonen und seit 1948 benötigte derjenige, der von den Westzonen in die sowjetische Besatzungszone reisen wollte, zusätzlich eine Aufenthaltsgenehmigung der Sowjetbehörden.

Im Mai 1952 beschloss der Ministerrat der DDR, an der Grenze eine 5 km breite Sperrzone zu errichten. Diese Zone durfte fortan nur noch an bestimmten Kon-trollstellen und mit Sondergenehmigung betreten werden. Aus dieser Sperr-zone vertrieb die Staatssicherheit 1952 und 1961 rund 50 000 als politisch un-zuverlässig eingestufte Personen und siedelte sie im DDR-Hinterland an.

Der 13. August 1961 und die Folgen

Trotz dieser Maßnahmen flohen viele DDR-Bürger in den Westen, bis zum Sommer 1961 waren es circa 2,5 Millionen. Politische Unfreiheit und Un-zufriedenheit mit dem Lebensstandard waren die häufigsten Gründe dafür. Mehr als die Hälfte floh über Westberlin, denn Berlin hatte auf Grund des Vier-Mächte-Status bis dahin offene Sektorengrenzen. Weil vor allem junge und gut ausgebildete Facharbeiter und Hochschulabsolventen die DDR verließen, fehlten der DDR-Wirtschaft bald wichtige Arbeitskräfte. Mit dem Einverständ-nis der UdSSR ließ daher die SED in der Nacht vom 12. zum 13. August entlang der Sektorengrenze einen Stacheldrahtverhau und Steinwälle errichten. Von einem Tag auf den anderen wurden Familien für Jahre getrennt. In den fol-genden Monaten wurde auch die Grenze zwischen der DDR und der Bundes-republik nahezu unüberwindlich ausgebaut. Nach den amtlichen Unterlagen

✎ **A:** Liste in einer Tabelle auf, wel-che Auswirkungen die innerdeutsche Grenze für die Menschen in der DDR und für die Menschen in der Bundes-republik hatte. [I]

Q1 Bau der Berliner Mauer am 13. August 1961

✎ **B:** Beschreibe, welche unterschied-lichen Personengruppen auf dem Foto zu erkennen sind. Ordne diesen Perso-nengruppen Aufgaben zu, die sie zu erfüllen hatten. [II]

Q2 Grenzsoldaten beugen sich über einen Flüchtling, den sie erschossen haben.
Willi Block kam am 7. Februar 1966 im Alter von 30 Jahren im Todesstreifen bei Berlin-Spandau ums Leben.

C: Versuche, dich in die Lage eines der beiden Grenzsoldaten zu versetzen. Welche Gedanken und Gefühle könnten ihn bewegt haben? [II]

verloren von 1961 bis 1989 insgesamt 238 Menschen bei dem Versuch, die innerdeutsche Grenze zu überwinden, ihr Leben. Ihre genaue Zahl wird wohl niemals festzustellen sein. Wer bei der Flucht gefasst wurde, hatte mit einer Haftstrafe zu rechnen. Viele dieser Häftlinge wurden wie andere politische Gefangene von der Bundesrepublik freigekauft und durften in den Westen umsiedeln. Neben Tragödien gab es aber auch immer wieder geglückte Fluchten. Manche überwanden den Metallgitterzaun, benutzten Sport- oder Agrarflugzeuge, kamen über die Elbe oder wurden von Fluchthelfern durch die Sperranlagen geschleust. Wer die DDR verlassen wollte, konnte auch einen Ausreiseantrag stellen. Dessen Genehmigung dauerte oft sehr lange und war von der Willkür der Behörden abhängig.

DDR-Bürger arrangieren sich

Den DDR-Bewohnern blieb nichts anderes übrig, als sich in die politische Ausweglosigkeit zu fügen. Seit 1964 durften DDR-Bürger im Rentenalter einmal pro Jahr für vier Wochen ihre Verwandten in der Bundesrepublik oder im Westteil Berlins besuchen. Bei Todesfällen oder Krankheiten war eine weitere Reise möglich. Ansonsten blieben Westreisen ein Privileg von Wissenschaftlern, Sportlern, Künstlern und Geschäftsreisenden, die als zuverlässig und loyal eingestuft wurden.

Die Auswirkungen der Grenze auf die Bundesrepublik

Auf bundesrepublikanischer Seite hatte die Undurchlässigkeit der Grenze zur Folge, dass ein etwa 40 km breiter Streifen in eine absolute Randlage geriet und wirtschaftlich stark unterentwickelt war. Die Bundesregierung versuchte, dieses Zonenrandgebiet über Steuervorteile für Gewerbeansiedlungen, Subventionen und Maßnahmen der Verkehrserschließung zu fördern.
Die Bundesbürger spürten natürlich auch die Einschränkungen im Besuchsverkehr. Nach und nach wurden aber Erleichterungen mit der DDR ausgehandelt. Weihnachten 1963 durften Westberliner erstmals ihre Verwandten im Ostteil der Stadt besuchen, seit Juni 1973 hatten die Bewohner von 56 grenznahen Städten und Kreisen der BRD die Möglichkeit, zu Tagesbesuchen in grenznahe Bereiche der DDR zu reisen. Besuche in der DDR waren aber immer mit dem Zwangsumtausch einer bestimmten D-Mark-Summe in „Mark der DDR" im Verhältnis 1:1 verbunden.

D1 Skizze der Grenzsperranlagen

1 Grenzverlauf mit Grenzsteinen;
2 Grenzhinweisschild bzw. -pfahl unmittelbar vor dem Grenzverlauf;
3 DDR-Grenzsäule (ca. 1,8 m hoch, schwarz-rot-gold mit DDR-Emblem)
4 Abgeholzter und geräumter Geländestreifen; 5 Einreihiger Metallgitterzaun (ca. 3,2 m hoch); 6 Durchlass im Metallgitterzaun; 7 Kfz-Sperrgraben (mit Betonplatten befestigt); 8 ca. 6 m bzw. 2 m breiter Kontrollstreifen (Spurensicherungsstreifen); 9 Kolonnenweg mit Fahrspurplatten (Lochbeton); 10 Lichtsperre; 11 Anschlusssäule für das erdverkabelte Grenzmeldenetz; 12–14 Beobachtungstürme aus Beton; 15 Beobachtungsbunker; 16 Hundelaufanlage; 17 Schutzstreifenzaun mit elektronischen und akustischen Signalanlagen und Schalteinrichtungen; 18 Stromverteilungs- und Schalteinrichtungen am modifizierten Schutzstreifenzaun; 19 Hundefreilaufanlage; 20 Durchlasstor im Schutzstreifenzaun mit Signaldrähten; 21 Betonsperrmauer/Sichtblende; 22 Kontrollpassierpunkt zur Sperrzone

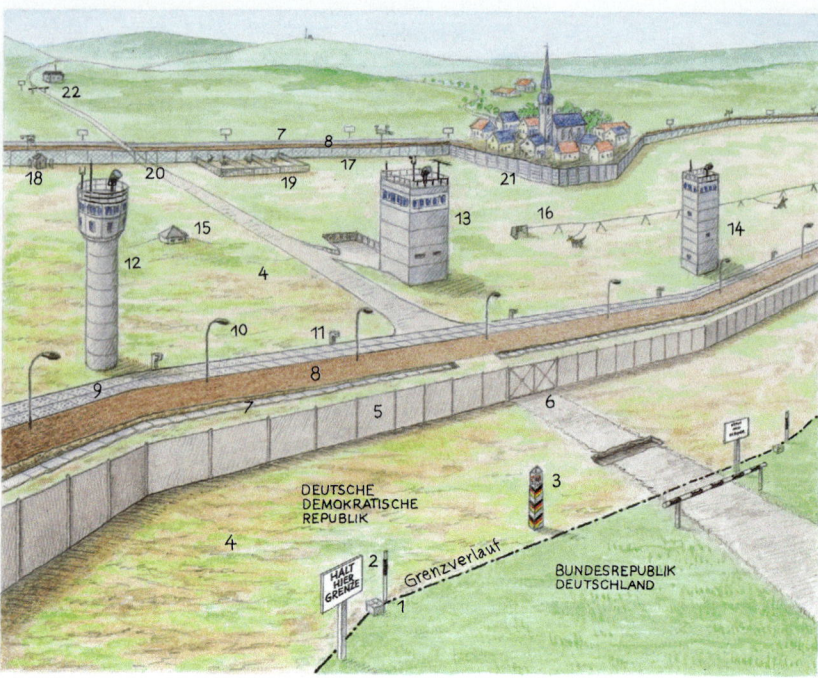

✎ D: Stell dir vor, du könntest dir von bundesdeutscher Seite die Grenzanlagen anschauen. Schreibe einen Bericht darüber, welche Wirkung sie auf dich ausüben. [II]

Q3 Schüsse auf Verräter?

Albert Norden, Mitglied des Politbüros des ZK der SED, sagt 1963 vor Soldaten der Berliner Gruppen der Nationalen Volksarmee:

Ich sage, jeder Schuss aus der Maschinenpistole eines unserer Grenzsicherungsposten zur Abwehr solcher Verbrechen rettet in der Konsequenz
5 Hunderten von Kameraden, rettet Tausenden Bürgern der DDR das Leben und sichert Millionenwerte an Volksvermögen.

Ihr schießt nicht auf Bruder und
10 Schwester, wenn ihr mit der Waffe den Grenzverletzer zum Halten bringt. Wie kann der euer Bruder sein, der die Republik verrät, der die Macht des Volkes verrät, der die Macht des Volkes antas-
15 tet! Auch der ist nicht unser Bruder, der zum Feinde desertieren will. Mit Verrätern muss man sehr ernst sprechen. Verrätern gegenüber menschliche Gnade zu üben, heißt unmensch-
20 lich am ganzen Volk handeln.

Volksarmee Nr. 41/1963.

Q4 Fluchtversuche

Nach einem gescheiterten Fluchtversuch und einer Verurteilung 1972 versucht Bertold Starke im Dezember 1988 nochmals die Flucht und wird erneut gefasst. Er wird zu einem Jahr und vier Monaten Freiheitsstrafe verurteilt. Nach Verbüßung von 8 ½ Monaten wird
er von der Bundesrepublik freigekauft und abgeschoben:

Am 12.12.1988 fuhr ich mit meinem PKW zunächst bis Teltow in Richtung Bahnhof. Dort endet das Gleis der Reichsbahn in Richtung Berlin. Ich kam am
5 12.12.1988 gegen 1.00 Uhr am genann-
ten Ort an und habe mich dann eine Zeitlang versteckt. Ich versuchte dann über die dort vorhandenen Grenzzäune nach Berlin West zu gelangen. Ich hatte
10 bereits die Zäune im Vorfeld des hohen Streckmetallgitterzauns überwunden und wollte nun das letzte Hindernis nehmen. Ich hatte schon den letzten Zaun erreicht, es gelang mir aber nicht,
15 die Oberkante zu ergreifen und mich hochzuziehen. Vorher war noch ein Wachhund der Grenzsoldaten auf mich aufmerksam geworden, als ich in der Nähe des Signalzaunes war. Er hat aber
20 kaum gebellt. Als ich mich nun vor dem Zaun befand, kamen insgesamt acht Grenzsoldaten und nahmen mich fest. Ich hatte noch keinerlei Sachen über den Zaun geworfen. Ich wurde mehr-
25 fach angerufen, und es wurde auch geschossen. Ich habe aber nicht bemerkt, dass die Schüsse in meiner Nähe einschlugen.

Heiner Sauer/Hans Otto Plumeyer, Der Salzgitter Report, Frankfurt am Main/Berlin 1991, S. 159 f.

Q5 Brautpaar in Westberlin an der Mauer, 5. September 1961, aufgenommen vom Berliner Fotografen Alex Waidmann

Die Braut kann ihre Eltern in Ostberlin nur von Weitem sehen.

✎ E: Schreibe einen Tagebucheintrag aus der Sicht der jungen Frau. [II]

Q6 Flucht aus der DDR 1989

Mario Wächtler ist einer der letzten DDR-Flüchtlinge. Er schwimmt 1989 über die Ostsee in den Westen. Die Cellesche Zeitung berichtete über seine Flucht:

„Ich hatte zwar genug Geld, aber man hat ja für sein Geld nichts bekommen. Außerdem wollte ich reisen, wo-
5 hin ich wollte und nicht nur in die sozialistischen Staaten. (…) Im Urlaub in Mecklenburg habe ich die Häuser am Timmendorfer Strand in Schleswig-Holstein gesehen, die zum Grei-
20 fen nahe schienen." (…) Also macht er
10 sich am 2. September in seinem Wohnort Karl-Marx-Stadt – heute Chemnitz – mit seinem Trabi auf den Weg in Richtung Küste. (…) Als Startpunkt für seine Flucht hat Wächtler die Wohlenberger
15 Wiek westlich von Wismar ausgesucht.
Er zieht einen Neoprenanzug an, tarnt die freien Körperstellen mit Damen-

strumpfhosen und steigt gegen 23 Uhr im Schutz der Dunkelheit ins Wasser.
30 Als es hell wird, schwimmt er immer noch und fühlt sich gut. (…) Mit Tagesanbruch wächst die Gefahr, von den DDR-Grenzschützern entdeckt zu werden. Tatsächlich passieren ihn zwei Pa-
25 trouillenboote, zunächst scheinen sie ihn aber nicht zu bemerken. Gesehen hat ihn allerdings der westdeutsche Kapitän der westdeutschen Fähre „Peter Pan", die vom schwedischen Trelle-
30 borg nach Travemünde unterwegs ist. Die Fähre ändert ihren Kurs und lässt ein Rettungsboot zu Wasser. Das sehen auch die DDR-Grenzer und steuern auf Wächtler zu, ein regelrechtes Wettren-
35 nen beginnt. Das Rettungsboot erreicht den Flüchtling zuerst, Wächtler ist in Sicherheit.

Cellesche Zeitung vom 26. August 2004, S. 17.

---

1. Die DDR-Verantwortlichen verteidigten sich nach 1989 immer mit der Aussage, es habe keinen offiziellen Schießbefehl gegeben. Setze dich mit dieser Behauptung anhand von Q3 auseinander. [III]

2. Im offiziellen DDR-Sprachgebrauch war die Mauer ein „Antifaschistischer Schutzwall". Erkläre, was die Machthaber mit einem solchen Begriff bezweckten (VT, Q3). [II]

3. Verfasse ein Gespräch zwischen zwei Geschwistern, von denen die oder der eine die DDR unbedingt verlassen will. Der oder die andere will ihm oder ihr das ausreden (VT, Q4, Q6). [III]

4. Befrage deine Eltern oder Großeltern darüber, welche Erinnerungen sie an den 13. August 1961 haben und wie er ihr Leben beeinflusst hat. [I]

1945

2012

Soziale Marktwirtschaft im Westen

Die beiden deutschen Staaten unterschieden sich auch grundlegend in ihrer Wirtschaftspolitik. In der Bundesrepublik wurde frühzeitig ein Wirtschaftsmodell entwickelt, das sich bis heute behauptet hat. Wodurch zeichnet es sich aus?

Ein Wirtschaftswunder?

Die Wirtschaftspolitik der Bundesrepublik wurde lange Zeit von ihrem ersten Wirtschaftsminister Ludwig Erhard geprägt. Sein Konzept ging davon aus, dass Produktion und Handel durch die Nachfrage am Markt reguliert würden. Doch gleichzeitig sollte der Staat kontrollierend und steuernd in die Wirtschaft eingreifen können, wenn es notwendig war. Damit sollte der freie Wettbewerb vor übermäßiger Monopolbildung geschützt, unzumutbare soziale Ungleichheiten ausgeglichen und damit Wohlstand für alle erreicht werden. Dieses Konzept wird als soziale Marktwirtschaft bezeichnet. Zu den Instrumenten dieser Wirtschaftspolitik gehören z. B. direkte Kinderbeihilfen, Miet- und Wohnungsbauzuschüsse sowie in den ersten Jahren die Zahlung eines Lastenausgleichs für Verluste im Krieg. Nach anfänglichen Härten und Schwierigkeiten stiegen in Westdeutschland die Produktions- und Exportdaten rasant, die Zahl der Arbeitslosen sank bis 1961 auf unter 1 Prozent. Für breite Bevölkerungsschichten verbesserten sich die Lebensverhältnisse dank erheblicher Lohnzuwächse. Niemals zuvor waren die Menschen in Westdeutschland schneller zu Wohlstand gekommen als in den ersten 20 Jahren nach der Gründung der Bundesrepublik, sodass bald von einem „Wirtschaftswunder" gesprochen wurde. Benachteiligt waren anfangs allerdings die nicht mehr Berufstätigen. Das besserte sich erst, als 1957 ein neues Rentensystem eingeführt wurde. Von da an zahlten die Erwerbstätigen in die Rentenversicherung ein, die die Rente für die Ruheständler im gleichen Zeitraum auszahlte. Rentenerhöhungen wurden zudem an die Entwicklung der Löhne und Gehälter gebunden,

Strukturänderungen in der Wirtschaft

Im Laufe der Zeit veränderte sich die Struktur der bundesdeutschen Wirtschaft. Die Landwirtschaft war davon relativ früh betroffen. Viele Arbeitskräfte wanderten nämlich in den gewerblichen Sektor ab, weil dort höhere Löhne gezahlt wurden. Diesen Nachteil gegenüber der gewerblichen Wirtschaft versuchte die Bundesregierung ab 1956 mit einem staatlichen Förderprogramm

A: Schreibe einen Eintrag für ein Schülerlexikon zum Begriff „soziale Marktwirtschaft". [II]

B: Liste die Veränderungen auf, die in der bundesdeutschen Wirtschaft in den 40 Jahren bis 1989 vorgenommen wurden. [I]

Q1 In einer Duisburger Neubausiedlung, 1960er Jahre

C: Versetze dich in die Lage einer der abgebildeten Personen und erzähle über deine Lebensverhältnisse in der Zeit, in der das Foto aufgenommen wurde. [II]

auszugleichen. 1962 wurde die westdeutsche Agrarpolitik in den gemeinsamen europäischen Agrarmarkt eingegliedert, wodurch sich der Strukturwandel in der Landwirtschaft noch mehr beschleunigte. „Wachsen oder Weichen" wurde zur Devise in der Landwirtschaft. Dennoch schwand in der Bundesrepublik die Bedeutung des landwirtschaftlichen Sektors mehr und mehr.

Der Steinkohlebergbau im Ruhrgebiet war ab Ende der 1950er Jahre ebenfalls von einer Strukturkrise betroffen. Wegen billiger Importkohle sowie des günstigen und leichter zu bekommenden Erdöls lohnte der Kohleabbau kaum noch. Zechenstilllegungen und Entlassungen in großem Ausmaß waren die Folge. Bundeskanzler Erhard vertraute darauf,

dass der Markt die Krise selbst überwinden würde, und lehnte ein Eingreifen des Staates in den Wirtschaftsprozess ab. Stattdessen forderte er die Betroffenen auf, den „Gürtel enger zu schnallen". Die an wirtschaftliches Wachstum gewöhnten Bundesbürger reagierten mit Angst und Protest. Die neue Regierung aus CDU/CSU und SPD begann 1966, darauf politisch zu reagieren. Sie erließ Gesetze, die dem Staat erlaubten, in großem Maße Schulden aufzunehmen. Mit diesem Geld sollten Konjunkturprogramme aufgelegt und dadurch die Wirtschaft aus der Talsohle geführt werden. In wirtschaftlich besseren Zeiten sollten die Staatsschulden dann aus den Steuermehreinnahmen zurückgezahlt werden. In den Folgejahren stieg die Staatsverschuldung aufgrund notwendiger Ausgaben für die von Strukturproblemen betroffenen Menschen, Wirtschaftszweige und Regionen jedoch auf immer neue Rekordhöhen.

Q2 Demonstration in Dortmund am 31. März 1967 gegen die Schließung der Zeche Hansa in Dortmund-Huckarde

D: Schreibe eine kurze Rundfunkreportage zu dem Bild. [III]

Arbeitslosigkeit – ein Dauerproblem des Westens

In den 1970er Jahren begann in der Bundesrepublik wie in anderen Industriestaaten eine weitgehende Umgestaltung der Arbeitswelt. Sie war von neuen revolutionierenden Techniken – insbesondere der Computertechnik – gekennzeichnet. Rationalisierung und Automatisierung von Produktionsabläufen führten zu einem enormen Anstieg der Produktivität. Das wiederum führte zu einem massenhaften Abbau von Arbeitsplätzen, insbesondere in der Schwerindustrie und vor allem für Minderqualifizierte. So war die Bundesrepublik seit 1983 mit einer Sockelarbeitslosigkeit von etwa 2 Millionen Arbeitslosen konfrontiert. Vollbeschäftigung rückte in weite Ferne.

Ökologie und Wirtschaft

1972 erregte der „Club of Rome" – eine internationalen Vereinigung von Wissenschaftlern, Wirtschafts- und Kulturfachleuten sowie Politikern – mit einer Studie großes Aufsehen. In der Schrift „Die Grenzen des Wachstums" prognostizierten die Experten, dass die natürlichen Rohstoffe schon sehr bald so knapp würden, dass ein wirtschaftliches Umdenken erfolgen muss. Doch das ökologische Bewusstsein entwickelte sich erst allmählich. Die Bundesregierung unter Willy Brandt nahm zwar den Umweltschutz in ihre Reformpolitik auf, ein eigenes Bundesministerium für Umwelt wurde aber erst 1986 gegründet. Ökologisches Denken fand seine Entsprechung in der Wirtschaft vor allem in Unternehmen, die sich auf die Nutzung alternativer Energien spezialisierten.

Q3 Buchcover

Q4 „Nie wieder"

Plakat der Industrie zur Unterstützung der CDU und Ludwig Erhards im Bundestagswahlkampf 1953

✏️ E: Erkläre, worauf das Plakat Bezug nimmt. Nenne Gründe, warum die Industrievertreter für Ludwig Erhard Wahlkampf betreiben. Nimm dazu auch den Text Q5 zu Hilfe. [II]

Q5 Ordnung in der Marktwirtschaft

Ludwig Erhard schreibt 1957 über die Chancen und Gefahren der sozialen Marktwirtschaft:

Eine Wirtschaftspolitik ist nur dann und nur so lange für gut zu erachten, als sie den Menschen schlechthin zum Nutzen und Segen gereicht. Wer diesen Ge-
5 danken zu Ende führt, muss mit mir zu der Feststellung gelangen, dass es in jeder Volkswirtschaft wohl Gruppeninteressen gibt, dass diese aber nicht als Elemente der Wirtschaftspolitik anzu-
10 erkennen sind, und dass sich aus dem Widerstreit der Interessen auch keine fruchtbare Synthese ableiten lässt. Eine Atomisierung der Volkswirtschaft in Gruppeninteressen ist deshalb nicht zu
15 dulden. (…) Ich möchte hierbei das vielleicht etwas banal erscheinende Bild eines Fußballspiels gebrauchen dürfen. Da bin ich der Meinung, dass ebenso wie der Schiedsrichter nicht mitspie-
20 len darf, auch der Staat nicht mitzuspielen hat. Eines ist bei einem guten Fußballspiel als wesentliches Merkmal zu erkennen: Das Fußballspiel folgt bestimmten Regeln, und diese stehen
25 von vornherein fest. Was ich mit einer marktwirtschaftlichen Politik anstrebe, das ist, um im genannten Beispiel zu bleiben, die Ordnung des Spiels und die für dieses Spiel geltenden Regeln auf-
30 zustellen. (…)

Es muss (…) daher im ureigensten Interesse jeder organischen Sozialpolitik liegen, eine zugleich expansive wie auch stabile Wirtschaft sicherzustellen und
35 Sorge zu tragen, dass die Prinzipien, nach denen die Wirtschaft geordnet ist, erhalten bleiben und weiter ausgebaut werden. (…)

Ich bin in der letzten Zeit allenthalben
40 erschrocken, wie übermächtig der Ruf nach kollektiver Sicherheit im sozialen Bereich erschallte. Wo aber sollen wir hinkommen und wie wollen wir den Fortschritt aufrechterhalten, wenn wir
45 uns immer mehr in eine Form des Zusammenlebens von Menschen begeben, in der niemand mehr die Verantwortung für sich selbst zu übernehmen bereit ist und jedermann Sicherheit im
50 Kollektiv gewinnen möchte. (…) Dieser Drang und Hang ist mehr als alles andere geeignet, die echten menschlichen Tugenden: Verantwortungsfreudigkeit, Nächsten- und Menschenliebe,
55 das Verlangen nach Bewährung, die Bereitschaft zur Selbstvorsorge und noch vieles Gute mehr allmählich aber sicher absterben zu lassen – und am Ende steht vielleicht nicht die klassen-
60 lose, wohl aber die seelenlos mechanisierte Gesellschaft.

Ludwig Erhard, Wohlstand für Alle, Düsseldorf 1957, S. 136 ff. und 257–260.

D1 Steinkohlenbergbau in der Bundesrepublik 1957–1985

Jahr	Ruhr (in 1000 t)	Saar (in 1000 t)	Revier Aachen (in 1000 t)	Ibbenbüh-ren (in 1000 t)	Förderung insgesamt (in 1000 t)	Beschäf-tigte insgesamt (in 1000)
1957	123,2	16,3	7,6	2,3	149,4	607,3
1960	115,5	16,2	8,2	2,4	142,3	490,2
1965	110,9	14,2	7,8	2,2	135,1	377,0
1970	91,1	10,5	6,9	2,8	111,3	252,7
1975	75,9	9,0	5,7	1,8	92,4	202,3
1980	69,2	10,1	5,1	2,2	86,6	186,2
1985	64,0	10,7	4,7	2,4	81,8	166,2

www.nrw2000.de/nrw/wirtschaftswunder.htm
(16. Februar 2012)

✎ F: Analysiere die Statistiken bezüg-lich der Entwicklung der Bergbauregi-onen in der Bundesrepublik. Schlage Maßnahmen als Antwort darauf vor. [II]

D2 Entwicklung der Arbeitslosigkeit 1950–1985

Jahr	Bundesrepublik und Westberlin	
	Arbeitslose	Arbeitslosen-quote in %
1950	1 868 504	11,0
1955	1 073 576	5,6
1960	270 678	1,3
1965	147 352	0,7
1970	148 846	0,7
1975	1 074 217	4,7
1980	888 900	3,8
1985	2 304 014	9,3

Bundesagentur für Arbeit, Nürnberg

✎ G: Stelle die Entwicklung der Arbeitslosigkeit in einem Säulendia-gramm dar. Trage auf der x-Achse verschiedene Phasen der Wirtschafts-entwicklung ein und kommentiere sie mithilfe des VT. [III]

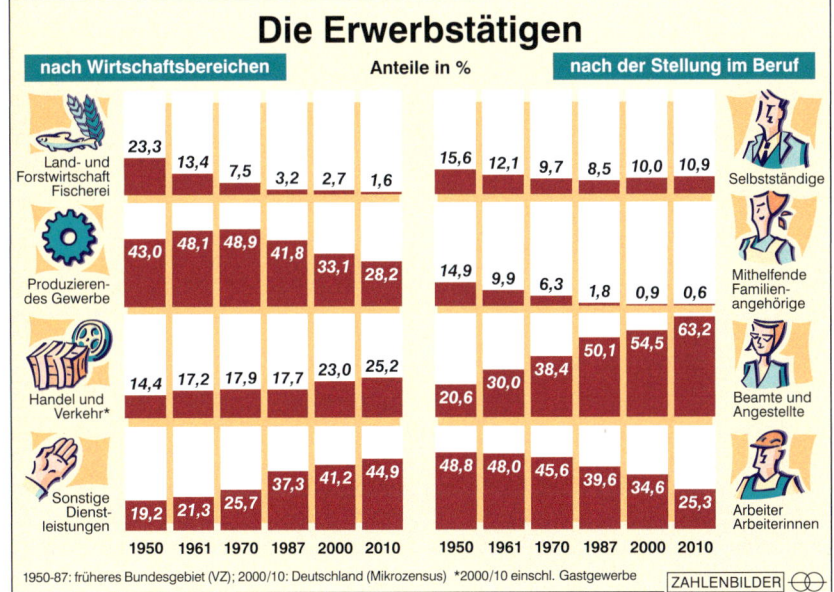

Die Erwerbstätigen

nach Wirtschaftsbereichen — Anteile in % — nach der Stellung im Beruf

Land- und Forstwirtschaft Fischerei: 23,3 | 13,4 | 7,5 | 3,2 | 2,7 | 1,6
Produzierendes Gewerbe: 43,0 | 48,1 | 48,9 | 41,8 | 33,1 | 28,2
Handel und Verkehr*: 14,4 | 17,2 | 17,9 | 17,7 | 23,0 | 25,2
Sonstige Dienstleistungen: 19,2 | 21,3 | 25,7 | 37,3 | 41,2 | 44,9

Selbstständige: 15,6 | 12,1 | 9,7 | 8,5 | 10,0 | 10,9
Mithelfende Familienangehörige: 14,9 | 9,9 | 6,3 | 1,8 | 0,9 | 0,6
Beamte und Angestellte: 20,6 | 30,0 | 38,4 | 50,1 | 54,5 | 63,2
Arbeiter Arbeiterinnen: 48,8 | 48,0 | 45,6 | 39,6 | 34,6 | 25,3

1950 | 1961 | 1970 | 1987 | 2000 | 2010

1950-87: früheres Bundesgebiet (VZ); 2000/10: Deutschland (Mikrozensus) *2000/10 einschl. Gastgewerbe
ZAHLENBILDER
© Bergmoser + Höller Verlag AG
247 130

D3 Strukturveränderungen in der Wirtschaft

✎ H: Erkläre, wie sich die Wirtschafts-struktur verändert hat, und stelle dar, was das für die Menschen bedeutete. [III]

1. Untersuche die Aussagen Ludwig Erhards zur sozialen Marktwirtschaft. Stelle insbesondere heraus, welche Rolle er dem Staat zuschreibt und wel-che Forderungen er an die gesamte Gesellschaft stellt (Q5). [II]

2. Setze dich mit den Schattensei-ten einer ständig auf wirtschaftliches Wachstum orientierten Gesellschaft auseinander. Welche Lösungsstra-tegien werden heute diskutiert (VT, Q3)? [III]

3. Befrage deine Eltern oder Großel-tern darüber, welche Erinnerungen sie mit dem Begriff „Wirtschaftswunder" verbinden. Fertige zu dem Thema eine Bildcollage an. [III]

1945   2012

Sozialistische Planwirtschaft im Osten

Die SED-Machthaber versprachen den DDR-Bürgern ein Leben in Wohlstand. Die sozialistische Art zu wirtschaften sei der westlichen Marktwirtschaft in allen Belangen überlegen, verkündeten sie. Doch was wurde am Ende aus all den vollmundigen Versprechungen?

A: Erläutere, wie sich die Verstaatlichung der gesamten Wirtschaft auf das Denken und die Motivation der Menschen auswirken musste.

Über die Enteignungen in der sowjetischen Besatzungszone kannst du auf der Seite 61 nachlesen.

VEB, LPG und PGH anstelle von Privatunternehmen

Die DDR-Machthaber hatten von Anfang an das Ziel, die Privatunternehmen abzuschaffen und staatlich kontrollierte Volkseigene Betriebe (VEB) an ihre Stelle zu setzen. Das war die Voraussetzung dafür, die gesamte wirtschaftliche Macht in ihren Händen zu konzentrieren. Schon vor der Gründung der DDR und in deren Anfangsjahren wurden große Unternehmen vor allem der Grundstoff- und Schwerindustrie sowie große Landgüter und sämtliche Banken enteignet. Später folgten dann mittlere und Kleinunternehmen; 1972 gab es praktisch keine Privatunternehmer mehr. In der Landwirtschaft übte die SED immer stärkeren Druck auf die Bauern aus, damit sie ihre Höfe aufgaben und gemeinsam in Landwirtschaftlichen Produktionsgenossenschaften (LPG) wirtschafteten – natürlich unter Führung von SED-genehmen Vorsitzenden. Zu Beginn der 1960er Jahre war diese Kollektivierung im Wesentlichen abgeschlossen. Ganz ähnlich wurden private Handwerksbetriebe in die Produktionsgenossenschaften des Handwerks (PGH) gezwungen. Auch der Handel wurde verstaatlicht. Die staatliche Handelsorganisation (HO) und die Konsumgenossenschaft ersetzten nach und nach die privaten Händler.

Zentralverwaltungswirtschaft anstelle von Marktwirtschaft

Die Rolle der freien Unternehmer übernahmen in der DDR eine staatliche Planungsbehörde und deren nachgeordnete Verwaltungen. Alle wesentlichen Entscheidungen, angefangen von den Produktionszielen über die Investitionssummen bis hin zu Personal- und Lohnfragen wurden dort geplant und zum Gesetz erhoben. Man spricht deswegen auch von Planwirtschaft. Die Entscheidungsfreiheit der Leiter und Mitarbeiter in den Betrieben wurde damit ganz stark beschnitten. Eine derartige Entmündigung führte dazu, dass viele Menschen kaum noch motiviert waren, effizient zu arbeiten. Deswegen wurde der Wettbewerb zwischen den Einzelnen bzw. zwischen Arbeitsbrigaden eingeführt. Auszeichnungen und Belobigungen sollten die Stimmung heben und die Arbeitsleistungen steigern. Auch hierin orientierte sich die SED am sowjetischen Vorbild.

Q1 Auszeichnung einer LPG-Brigade in einem Dorf bei Erfurt, 1968

B: Schau dir die Haltung und den Gesichtsausdruck der Ausgezeichneten an und formuliere Gedanken, die ihnen durch den Kopf gehen könnten. [II]

Q2 Aufmarsch zum 10. Jahrestag der Gründung der DDR in Ostberlin

C: Stell dir vor, du kommst als Angestellte oder Angestellter mit einem Freund oder einer Freundin eines VEB zu dem Aufmarsch und liest das Plakat. Welches Gespräch könnte sich zwischen euch entwickeln? Gestaltet einen solchen Dialog. [III]

Von Plan zu Plan

1951 trat der erste Fünfjahresplan in Kraft. Der sah den vorrangigen Aufbau einer eigenen Schwerindustrie vor. Das war in gewisser Weise notwendig, denn der Osten Deutschlands war von den schwerindustriellen Zentren in Schlesien und im Ruhrgebiet abgeschnitten. Auch wegen erheblicher Demontageverluste und der Zahlung von Reparationsleistungen an die UdSSR aus der laufenden Produktion hatte die DDR schlechtere Startbedingungen als die Bundesrepublik. Zudem konnte sie auch nicht mit Auslandshilfen rechnen. Die Verantwortlichen planten dies jedoch lange Zeit einseitig auf Kosten der Konsumgüterindustrie und des Wohnungsbaus. Erst 1972 verkündete Erich Honecker die Einheit von Wirtschafts- und Sozialpolitik und räumte der Konsumgüterproduktion und dem Wohnungsbau den Vorrang ein.

Der Weg in den Ruin

Trotz ehrgeiziger Ziele blieb die wirtschaftliche Entwicklung der DDR immer hinter der der Bundesrepublik zurück. Das lag am System der Planwirtschaft: Die Zentralisation der wirtschaftlichen Entscheidungen führte dazu, dass die Betriebe nicht flexibel auf die Anforderungen des Marktes reagieren konnten und Fehlentscheidungen schwer zu korrigieren waren. Das führte nicht nur zur Unzufriedenheit über das Warenangebot bei der eigenen Bevölkerung, die DDR-Wirtschaft wurde auch immer weniger konkurrenzfähig im internationalen Handel. Daraus folgte, dass viele Produkte zum Schleuderpreis angeboten wurden, um wenigstens ein Minimum an Devisen einzunehmen. In den Folgejahren vernachlässigte die DDR den Ausbau des Verkehrsnetzes, die Sanierung des Altbaubestandes und die Modernisierung der Industrieanlagen. Die Auslandsverschuldung stieg von 1 Mrd. D-Mark im Jahr 1970 auf etwa 50 Mrd. im Jahr 1989. Im Herbst 1989 bestätigte eine von der SED in Auftrag gegebene Analyse den wirtschaftlichen Bankrott der DDR-Volkswirtschaft.

Alt und arm

Die ungünstige Wirtschaftsentwicklung ließ auch keinerlei Spielraum für das Rentensystem der DDR. Um die niedrige Rente den Löhnen anzupassen, richtete die DDR bereits 1968 eine freiwillige Zusatzrentenversicherung ein. Trotz der staatlichen Subventionierung des Grundbedarfs lebten viele Rentner in der DDR jenseits der Armutsgrenze.

Kranke Wälder, tote Flüsse

Obwohl die DDR den Umweltschutz 1968 in ihre Verfassung aufgenommen hatte und 1972 ein entsprechendes Ministerium einrichtete, befand sich die Umwelt in einem verheerenden Zustand. Für Umwelttechnik und Schutzmaßnahmen fehlte das Geld und so flossen giftige Industrieabwässer ungefiltert in die Flüsse, Abgase verpesteten die Luft.

Q3 Werbeplakat für den ersten Fünfjahrplan der DDR, 1952

D: Diskutiert mithilfe des Textes, was für und was gegen die Aussage des Plakates spricht. [III]

1945 2012

Q4 Grundlagen der sozialistischen Arbeitsverhältnisse

Aus dem DDR-Gesetzbuch der Arbeit in der geänderten Fassung vom 23. November 1966:

In der Deutschen Demokratischen Republik hat sich die Arbeiterklasse von der kapitalistischen Ausbeutung befreit und zu der Klasse erhoben, die mit ihren Ver-
5 bündeten den Staat und die Wirtschaft leitet und die Volksmassen auf dem Wege der bewussten Gestaltung ihres Lebens führt. Mit der Befreiung von der Ausbeutung und Unterdrückung hat die
10 Arbeiterklasse für sich, für die werktätigen Bauern, die Intelligenz und alle anderen Werktätigen die entscheidende Freiheit errungen. Die Arbeiter-und-Bauern-Macht und das Volkseigentum
15 garantieren erstmals in der Geschichte Deutschlands die Freiheit und die sozialen Rechte der Werktätigen. Das Recht auf Arbeit, das Recht auf gleichen Lohn für gleiche Arbeit, das Recht auf Bildung,
20 das Recht auf Erholung und das Recht auf Gesundheits- und Arbeitsschutz sowie auf materielle Versorgung bei Krankheit, Invalidität und Alter sind gesichert. Das sind entscheidende sozialistische Er-
25 rungenschaften der Werktätigen.

In der Deutschen Demokratischen Republik hat sich der Charakter der Arbeit grundlegend verändert. Aus der Last der unfreien Arbeit für schmarotzende
30 Ausbeuter wurde die freie Arbeit der Werktätigen für sich selbst und für die Gesellschaft. Im Prozess der Arbeit vollzogen sich tiefgreifende Veränderungen, die auf dem neuen Verhältnis der
35 Menschen zur Arbeit und zueinander beruhen. Kameradschaftliche Zusammenarbeit und gegenseitige Hilfe bestimmen in zunehmendem Maße die Arbeit und führen zur Herausbildung der
40 sozialistischen Menschengemeinschaft. Im Prozess der wissenschaftlich-technischen Revolution entfalten sich die von allen Fesseln befreiten schöpferischen Talente und Fähigkeiten der Werktäti-
45 gen. Die sozialistische Gemeinschaftsarbeit trägt in hohem Maße dazu bei, dass sich sozialistische Persönlichkeiten entwickeln. Die Arbeit wird zur Sache des Ruhmes und der Ehre.

Wolfgang Lautemann/Manfred Schlenke (Hrsg.), Geschichte in Quellen, Bd. 7, München 1980, S. 301.

196 **Wartburg 353 – zuverlässig und bequem**

Wartburg 353 - Automobile zeichnen sich aus durch:
● Leistungsvermögen
● enorme Zuverlässigkeit
● ausgezeichneten Fahrkomfort

Kennzeichnend für alle Modelle der GENEX ist die einheitliche, hochentwickelte und bewährte Technik sowie das serienmäßig hohe Ausstattungsniveau.

Spezielle langjährige Erfahrungswerte enthält das ständig verfeinerte und international anerkannte Frontantriebskonzept mit leistungsstarkem, robustem und nahezu wartungsfreiem, wassergekühltem Dreizylinder-Zweitaktmotor.

Als moderner und bequemer Reisewagen empfiehlt sich die Limousine 353 W und 353 S in drei Ausführungen. Sie ist viertürig und bietet bequeme Sitzplätze für vier bis fünf Personen. Der Heckkofferraum hat ein Fassungsvermögen von 525 dm³.

Der »Tourist« - ein fünftüriges Kombi-Modell - hat außerdem alle Vorteile eines Vielzweckwagens. Durch schnell wandelbare Inneneinrichtung ergibt sich im Fahrzeugheck ein etwa 2000 dm³ großer Laderaum mit ebenem Boden.

Anhängerzugvorrichtung   siehe Katalogseite 193
Spoiler   siehe Katalogseite 191
Windabweiser   siehe Katalogseite 192

Wartburg 353 S Limousine mit Stahlschiebedach

Das GENEX-PKW-Angebot

Sämtliche Autos werden fahrbereit übergeben. In unseren Preisen sind auch die Zulassungsgebühren, die Beschriftung und die Beschaffung der Nummernschilder sowie die Kosten für die Betankung enthalten.

Da auch die Bezahlung der Kraftfahrzeugsteuer und der Haftpflichtversicherung für das laufende Jahr inbegriffen ist, unterscheiden sich die Preise je nach Liefermonat.

Ausstattung

Wartburg 353 S Tourist mit Stahlschiebedach

Q5 Seite aus einem GENEX-Katalog, 1988

Bundesbürger konnten über die eigens dafür eingerichtete Handelsform GENEX DDR-Bürgern Geschenke machen, die mit D-Mark bezahlt wurden. Das Angebot reichte von Lebens- und Genussmitteln über Bekleidung und Haushaltwaren bis hin zu Fertighäusern.

✎ E: Eine Frau in Köln möchte ihrem Bruder in der DDR ein Auto schenken. Ihr Mann lehnt das aus politischen Gründen ab. Spielt dieses Gespräch nach. [III]

Q6 Geld und Tausch

Die DDR-Wirtschaft aus der Sicht einer Bundesbürgerin:

In der DDR regiert Geld die Welt nicht. Man hat ausreichend, um durchschnittlich zu leben, Wohnung und Grundnahrungsmittel zu bezahlen. Für Geld lässt sich wenig kaufen. Auf ein Auto wartet man zehn bis zwölf Jahre, eine Nacht und einen Tag steht man vor dem Laden Schlange, um einen Farbfernseher zu erwerben, Grund und Boden sind nicht käuflich, Häuser und Segelboote sind rar. Da Geld nicht viel wert ist, muss „der Rubel rollen". Man lebt für den Tag, die Stunde (…) Geld wäre kein Problem, gäbe es nur die Mark der DDR. Jedoch kursiert die D-Mark (West). Sie ist bei staatlichen Umtauschstellen in das staatliche Spielgeld „Forum-Scheck" einzutauschen. Mit „Forum-Schecks" zahlt der DDR-Bürger in „Intershop"-Läden und erhält Jeans, Kaffee, Schnaps, Süßigkeiten, Kosmetika, Autozubehör der westlichen Hersteller. Das Westgeld, im Volksmund „buntes Geld" oder „blaue Fliesen" genannt, öffnet dem Besitzer viele Türen, beschafft rare Ersatzteile, lässt Handwerker pünktlich erscheinen. Auf dem „Schwarzen Markt" wird es „eins zu fünf" gehandelt. Dennoch ist nicht jede Ware dafür zu bekommen (es gibt sie einfach nicht).

Irene Böhme, Die da drüben. Sieben Kapitel DDR, Berlin/W. 1986, S. 72 ff.

Q7 Arbeit nur für den Export

Beschwerde einer Abgeordneten des Bezirks Karl-Marx-Stadt (Chemnitz) im Bezirkstag über die Bevorzugung modischer Exportmodelle, 1986:

Zur Veranschaulichung der Kollektion wurden den Abgeordneten Modelle vorgeführt. Einige gefielen uns sehr gut. Meistens waren das jedoch Exportmodelle. Von der Optik her fielen also diese Erzeugnisse sofort ins Auge. Auf die Frage, warum das so ist, wurde erklärt, dass für diese Modelle ein höherer Aufwand erforderlich ist: Steppnähte, Taschenklappen und anderes. Aber das sind doch gerade die Details, die ein Modell ansprechend machen. Was haben wir gekonnt, wenn wir für den Binnenmarkt Erzeugnisse mit geringerem Arbeitsaufwand produzieren, nur damit die Stückzahl eingehalten wird, die nicht gekauft werden, weil sie nicht den modischen Vorstellungen der Kunden entsprechen (…)?

Christian Heimann, Systembedingte Ursachen des Niedergangs der Wirtschaft. Das Beispiel der Textil und Bekleidungsindustrie 1945–1989, Frankfurt am Main 1997, S. 341.

D1 Ausstattung von DDR-Haushalten mit ausgewählten industriellen Konsumgütern

Auf 100 Haushalte entfielen in den angegebenen Jahren:

André Steiner, Von Plan zu Plan. Eine Wirtschaftsgeschichte der DDR. München 2004, S. 157 und 189.

	1960	1965	1970	1975	1980
PKW	3,2	8,2	15,6	26,2	38,1
Fernsehgeräte	18,5	53,7	73,6	87,9	105,0
Kühlschränke	6,1	25,9	56,4	84,7	108,8
Waschmaschinen	6,2	27,7	53,6	73,0	84,4

D2 Ausstattungsgrad privater Haushalte mit ausgewählten langlebigen Gebrauchsgütern in der Bundesrepublik am 1. Januar des jeweiligen Jahres in Prozent

Statistisches Bundesamt Wiesbaden, Gruppe VII D.

✎ F: Interpretiere die Statistiken. [III]

	1962/63	1969	1973	1978	1983
PKW	27,3	44,0	55,3	61,8	65,3
Fernsehgeräte	34,4	72,7	87,2	93,2	93,8
Kühlschränke	51,8	83,6	92,5	84,0	79,0
Kühl- und Gefrierkombination				14,4	20,1
Waschmaschinen					82,5
mit eingebauter Schleuder, Automat	8,6	38,8	58,5	69,6	
ohne eingebaute Schleuder	25,3	22,1	16,3	12,1	

1. Du liest als DDR-Bürgerin oder -Bürger im Gesetzbuch der Arbeit. Schreibe danach einen Leserbrief an die SED-Zeitung „Neues Deutschland" (Q4). [III]

2. Stelle den Zusammenhang zwischen Planwirtschaft und den in Q6 und Q7 dargestellten Verhältnissen dar. [III]

3. „In der DDR gab es wenigstens keine Arbeitslosigkeit." Nimm zu dieser immer wieder geäußerten Behauptung Stellung (VT, Q6, Q7). [III]

1945

2012

Die 1950er Jahre: Alltag in Ost und West

Für die einen waren die 1950er Jahre eine „gute" Zeit, weil die Menschen in beiden Teilen Deutschlands mit Optimismus und Tatkraft an den Wiederaufbau gingen. Anderen steckte der Krieg immer noch in den Knochen und sie sehnten sich nur nach Ruhe, Privatheit und Sicherheit. Wie spiegelte sich das im Alltag der Menschen wider?

Radio und Kino als Massenmedien

Radio und Kinofilme waren in den 1950er Jahren die wichtigsten Massenmedien. Die Musiktruhe für Radio, Schallplatten und Tonbandgerät stieg zu einem klassenübergreifenden Wohlstandssymbol auf. Am Feierabend und am Wochenende hörten die Menschen gemeinsam im Wohnzimmer Radio. In den westdeutschen Kinofilmen der 1950er Jahre überwogen Heimatfilme, Komödien und leichte Krimis. Sie spiegelten die Sehnsucht nach einer heilen und von materiellen Sorgen freien Welt wider. In der DDR unterstand die Filmproduktion der Kontrolle des Staates. Spielfilme sollten ideologisch beeinflussen und den Zuschauern sozialistische Orientierungshilfe sein. Die Themen kreisten um Probleme des sozialistischen Aufbaus und die Auseinandersetzung mit dem Westen im Zeichen des Kalten Krieges. Erst in der zweiten Hälfte des Jahrzehnts zog allmählich das Fernsehen in den Alltag ein, das zunächst nur ein Programm am Abend ausstrahlte.

Privater Jugendprotest

Nachdem 1945 alle bis dahin gültigen Ideale zerbrochen waren, fanden sich die Jugendlichen in einer Welt der totalen Desorientierung und Desillusionierung wieder. Die meisten Jugendlichen wollten damals wie heute einfach nur ihre Musik hören, herumhängen, ihre spezielle Kleidung tragen und einfach so sein, wie sie waren. Sie besuchten Tanzschulen und bastelten an ihrer Karriere.

Ein tiefer Bruch zwischen den Generationen zeigte sich jedoch Mitte der 1950er Jahre. Die sogenannten Halbstarken provozierten die Erwachsenenwelt durch ihr öffentliches Auftreten. Sie entstammten meistens der Arbeiterschicht, fuhren Moped, trugen Nietenjeans und klemmten sich die Zigarette

Q1 Wohnzimmer eines jungen Bonner Ehepaares nach Feierabend
Foto, 1958

A: Du bist ein Jugendlicher in den 1950er Jahren und kommst in das Wohnzimmer, in dem du deine Eltern bei ihrer typischen Abendbeschäftigung antriffst. Schreibe deine Gedanken auf. [II]

Q2 **Volks-Kulturhaus in Letschin (Brandenburg)**
Foto, 1953

B: Entwirf einen Werbezettel für das Kulturhaus in Letschin. [II]

lässig zwischen die Lippen. Ihre Idole waren der amerikanische Schauspieler James Dean und Rock-'n'-Roll-Musiker wie Bill Haley und Elvis Presley.

In den 1950er Jahren besuchten nur etwa fünf Prozent eines Jahrgangs das Gymnasium. Unter ihnen bildete sich eine kleine elitäre Protestgruppe heraus. Ihre geistigen Vorbilder waren die französischen Philosophen und Schriftsteller Jean-Paul Sartre und Albert Camus, die verkündeten, jeder Mensch müsse seiner Existenz auf der Welt einen eigenen Sinn geben. Durch ihre schwarze Kleidung hoben sich die Existenzialisten äußerlich von anderen Jugendlichen ab. Beide Protestrichtungen irritierten die bürgerliche Gesellschaft.

Staatlich organisierte Jugendarbeit

In der DDR versuchte die Partei der Jugend Orientierung zu geben und dem Einzelnen von Jugend an zu vermitteln, dass nicht sein individuelles Wohlergehen, sondern der Aufbau der sozialistischen Gesellschaft der Sinn des Lebens sei. 1946 hatte die Partei die Freie Deutsche Jugend (FDJ) als staatliche Jugendorganisation gegründet. Wer 14 Jahre oder älter war, konnte Mitglied werden, das blaue Hemd war das Kennzeichen. Die Mitgliedschaft bedeutete nicht nur Zugang zu den zahlreichen Freizeitangeboten und Jugendklubs. Die FDJ wies in diesem Jahrzehnt mehr als 5000 zentrale Jugendprojekte auf Großbaustellen, in Industrie und Landwirtschaft aus, die nicht nur in der DDR, sondern auch in der UdSSR und auf dem afrikanischen Kontinent angesiedelt waren. Jugendliche wurden aufgefordert, sich für zwei Wochen freiwillig zur Projektarbeit zu melden. Nur wer als Jugendlicher das gewünschte gesellschaftliche Engagement auch außerhalb der Schule zeigte, hatte die Chance, nach der zehnten Klasse eine weiterführende Schule und anschließend die Universität zu besuchen.

Eisdielen und Kulturhäuser

Während sich in der Bundesrepublik die Jugendlichen in den 1950er Jahren in Eisdielen, Milchbars und Jazzkellern trafen, entstanden in der DDR auf dem Lande und in den Städten staatlich geförderte Kulturhäuser. Sie dienten der politisch-kulturellen Bildung der neuen sozialistischen Persönlichkeit, aber sie waren auch Orte der Geselligkeit und der regimetreuen Unterhaltung. Ausgestattet mit moderner Technik, mit einem Tanz- und Theatersaal, einem Restaurant, einer Bibliothek, einem Vortragssaal und Klubräumen waren sie vor allem in ländlichen Regionen gesellige und kulturelle Anlaufpunkte für alle Altersgruppen.

1945   2012

Q3 Die skeptische Generation

Der Soziologe Helmut Schelsky (1912–1984) analysiert 1957 die Jugendgeneration:

Selbstverständlich haben die politischen Erfahrungen der letzten Jahrzehnte im politischen oder, genauer gesagt, im unpolitischen Verhalten der
5 gegenwärtigen Jugendgeneration ihre Spuren hinterlassen. Der Zusammenbruch und die Untaten einer Politik und eines Systems, denen ein großer Teil der Jugend einmal gläubig und vertrauend
10 angehangen hatte, die persönlichen Nachteile und Diffamierungen, denen auch ein Teil der Jugend dieser Generation auf Grund ihrer politischen oder militärischen Vergangenheit unterworfen
15 war, vor allem aber wohl die Erkenntnis, in welchem Maße ein sozialer und politischer Idealismus durch die modernen Großorganisationen der Politik ideologisch ausgebeutet werden kann, haben
20 zu einer Skepsis und Ablehnung gegenüber der Politik der Vergangenheit und der Gegenwart zugleich geführt, zu einem Misstrauen gegen politische Ideologien und Ideen, zu eben dem „Ohne-
25 uns" gegenüber allen öffentlichen und gesamtgesellschaftlichen Ansprüchen, das sich auf das Private und das Berufliche, auf den in eigener Urteilskraft und Verantwortung überschaubaren Be-
30 reich des Daseins bewusst beschränken will.

Helmut Schelsky, Die skeptische Generation. Eine Soziologie der deutschen Jugend, Düsseldorf/Köln 1957, S. 74 ff.

Q4 Tanzstunde mit Sartre

Das Aufeinandertreffen der unterschiedlichen Jugendkulturen war alles andere als einfach:

Die Tanzstunde war eine Folter. (…) [W]ir mussten uns unterhalten, und ich frage: Schon die „Fliegen" von Sartre gelesen, um einen Anfang zu machen, und
5 er fragt: was is'n das, und ich sag': Theaterstück, und er sagt: Theater find' ich blöd, besonders diese modernen Sachen, und ich sag': Ja, das ist so'ne moderne Sache und verstumme (…) und
10 ich denke, als Frau taug' ich ja gar nichts, ich müsst' mehr Interesse zeigen, und ich frage: Für Autos interessierst du dich doch? Klar, sagt er und tritt mir wieder

auf den Fuß. Opel? werfe ich in die De-
15 batte. Nee, mehr Ford, sagt er nach einem Nachdenken. Oder so'n Amischlitten. Chrysler, sage ich mit Kennermiene. Cadillac, gibt er zurück, und ich nicke. Ja, das wär' was. Und wir schwiegen wie-
20 der. (…) Dies mit den Fliegen, sagt er, hast du das gelesen? Ich nicke. Frauen, die so'n Zeug lesen, find' ich beknackt, sagt er. Ich werde rot und ganz still. Ich hab' das so zufällig gelesen, ver-
25 rate ich mich und meine innersten Ambitionen, weil ich doch möchte, dass er mich fragt, ob er mich nach Hause bringen darf. Na ja, sagt er, so was liest man doch nicht zufällig. Er hat mich ertappt.
30 Frauen, sagt er, also von Frauen habe ich so'ne bestimmte Meinung. So? sage ich. Ja, sagt er. (…) Frauen sollten erstmal, ja, schön sein und anschmiegsam und gut kochen sollten sie können und kin-
35 derlieb sein und tierlieb und auf keinen Fall intellektuell. Ich bin nicht intellektuell, behaupte ich. Ha, sagt er. (…) [H]eute fahre ich allein in der Straßenbahn nach Hause.

Helma Sanders-Brahms, Tanzstunde mit Sartre. In: Angela Delille/Andrea Grohn (Hrsg.), Perlonzeit, Berlin 1985, S. 56 ff.

Q5 Für die sozialistische Sache

Die „Volksstimme" aus Magdeburg veröffentlichte am 23. April 1958 den folgenden Aufruf der Bezirksleitung der FDJ:

An alle Mädel und Jungen des Bezirkes Magdeburg!

Wir geben heute Antwort auf die Vorschläge vieler Mitglieder der FDJ, zu Eh-
5 ren des V. Parteitages der Sozialistischen Einheitspartei Deutschlands einen zentralen Bauplatz der Jugend zu schaffen. Die Bezirksleitung der FDJ erklärt in Auswertung des Beschlusses der Sozialisti-
10 schen Einheitspartei Deutschlands „Zur sozialistischen Umgestaltung der Landwirtschaft" einen Teilabschnitt der altmärkischen Wische zum Bauplatz der Jugend.
15 Wir wollen helfen, den jahrzehntelangen Traum der Wischebauern, ihre Erträge zu steigern und ihr Leben schöner zu gestalten, durch unsere Taten Wirklichkeit werden zu lassen. Deshalb wird
20 in diesem Jahr die Jugend beim Bau der Entwässerungsanlagen Hilfe leisten und 70 Kilometer Gräben räumen.

An die Mitglieder der FDJ, an alle Mädel und Jungen geht unser Ruf: Helft mit
25 bei der sozialistischen Umgestaltung der Wische! Meldet euch sofort bei eurer FDJ-Leitung und erklärt euch bereit, 14 Tage im Wischegebiet zu arbeiten. Bereits am 12. Mai sollen die ersten Ju-
30 gendbrigaden damit beginnen.
Im September wollen wir berichten: Die Jugend des Bezirkes Magdeburg leistete in der Wische eine große sozialistische Tat. (…)
35 Jedem Jugendlichen wird durch die Bezirksleitung der Freien Deutschen Jugend für seine Mitarbeit das Abzeichen „Für sozialistische Taten" verliehen. Vorwärts zum V. Parteitag der Sozia-
40 listischen Einheitspartei Deutschlands! Vorwärts beim Aufbau des Sozialismus! Es lebe der 1. Mai!
Bezirksleitung Magdeburg der FDJ

Die Volksstimme, 23.4.1958, Aufruf der Bezirksleitung Magdeburg der FDJ, zit. nach: Der Sozialismus prägt das Gesicht der Wische. Chronik, Teil 1: 1958–1960, Osterburg 1988, S. 14.

Q6 Viele gute Tage

Der Wische-Aktivist Heinz Ditewig berichtet 1988 in einer Festschrift zum 40. Jahrestag der DDR über seine Erlebnisse.

Es war im Monat August 1958, als bei
35 Grad Hitze die Böschungsarbeiten nicht mit dem Spaten erfolgen konn-
5 ten, da durch den „Sommerfrost" (wenn der nasse Schlickboden der Wische im Sommer trocknete, wurde er sehr hart) der betonharte Boden nur mit der Spitzhacke zu bearbeiten war. Aber
10 trotz Blasen und Schwielen, der Graben wurde fertig gestellt, die schwere Arbeit vergessen, wenn die blauen Fahnen mit dem Emblem der aufgehenden Sonne vor den „Besiegern" des Wi-
15 schebodens flatterten und der Weg ins Quartier mit Gesang und froher Laune angetreten werden konnte. Denn es war ein guter Tag mit vielen Eindrücken und Erlebnissen. Viele solcher Tage ha-
20 ben wir erlebt, wenn wir im Auftrag des Operativstabes dann zum Abschluss des Durchganges den Umgestaltern der Altmärkischen Wische die Urkunden mit Ehrenzeichen überreichten
25 und den Dank aussprachen für die geleistete Arbeit im Namen unserer Par-

tei und im Namen der Wischebauern. Wenn ich heute durch meine Tätigkeit in die Wische komme, dann sehe ich noch die Bilder von damals vor meinen Augen und wäre wieder bereit, noch einmal mit der Jugend solchen Einsatz für unsere Heimat zu leisten.

Der Sozialismus prägt das Gesicht der Wische. Chronik, Teil 1: 1958–1960, Osterburg 1988, S. 45 f.

Q7 Auf uns Mädchen war Verlass

Die Wische-Aktivistin Helma Babock berichtet in derselben Festschrift:
Ich war dabei, als es in die Wische ging. 19 Jahre war ich damals alt und wohnte in Wernigerode. Schon auf dem Bahnhof war große Aufregung. Hans Hochmuth war unser FDJ-Sekretär. Er leitete auch dort unseren Einsatz. Ein toller Kumpel war Hans. Wir arbeiteten in Iden-Rohrbeck. Die Jungen hoben Gräben aus, und wir Mädchen halfen hauptsächlich beim Einbringen der Ernte. Ich erzählte meinen drei Söhnen oft von unseren Einsätzen.

Der Sozialismus prägt das Gesicht der Wische. Chronik, Teil 1: 1958–1960, Osterburg 1988, S. 46.

Q8 Ab in die Wische

Am 1. Mai 1958 begann das erste zentrale Jugendobjekt der FDJ in der Landwirtschaft der DDR. Das Niederungsgebiet der Elbe, die altmärkische Wische (Wiese), sollte trockengelegt werden. Mehr als 16 000 FDJler und FDJlerinnen waren insgesamt bis zum Ende der Aktion 1960 für jeweils zwei Wochen im Einsatz.
Foto, 14. Mai 1958

---

1. Erkläre, inwiefern das Medienverhalten der Menschen in den 1950er Jahren ein Spiegel ihrer Erinnerungen an die jüngste Vergangenheit, aber auch ihrer Sehnsüchte und Hoffnungen für die Zukunft war (VT, Q1). [II]

2. Vergleiche die Motive und Ziele der Jugendgruppen der „Halbstarken", „Exis" und FDJ (VT, Q2–Q5). [III]

3. Beschreibe die Erwartungen und Rollenzuweisungen von Männern und Frauen in den 1950er Jahren (Q4). [I]

4. Untersuche, welche Ziele die FDJ mit dem Jugendprojekt „Wische" verfolgt (Q5–Q8). [II]

5. Erörtere, warum im Jahr 1988 in einer Broschüre der Kreisleitung Osterburg der SED die Erinnerungen damaliger Aktivisten an das Jugendprojekt Wische veröffentlicht werden (Q6, Q7). [III]

1945

2012

Werbung als historische Quelle untersuchen

Historische Werbung kann uns Aufschlüsse über das Alltagsleben von Menschen vergangener Zeit, über ihre Bedürfnisse, Wünsche und Vorstellungen geben. Denn Werbung hat nur dann Erfolg, wenn sie ihre Zielgruppe richtig anspricht, wenn sie deren Interessen trifft, sie geschickt lenkt oder erst weckt. Deshalb können wir aus historischer Werbung zeittypische Lebens- und Denkweisen rekonstruieren.

Autowerbung nach dem Zweiten Weltkrieg
Der wirtschaftliche Aufstieg Westdeutschlands nach dem Zweiten Weltkrieg verbessert die Konsummöglichkeiten für breitere Bevölkerungsschichten. Beim Essen geht es nicht mehr nur um das alltägliche Überleben, sondern um Genuss und Überfluss; man hat eine eigene Wohnung und richtet sich ein mit Möbeln und Haushaltsgeräten; das Reisen wird für immer mehr Menschen erschwinglich; und es beginnt die individuelle Motorisierung mit Motorrad, Motorroller und vor allem Automobil. All dies wird von der Werbung begleitet und vorangetrieben.

Vor dem Zweiten Weltkrieg waren Autos nur für wenige Menschen erschwinglich. Die Produzenten wandten sich vorwiegend an ein überschaubares, aber zahlungskräftiges Publikum. Nach dem Krieg sind dann zunächst kleine, billige und sparsame Modelle gefragt: Man ist froh, wenn man überhaupt einen „fahrbaren Untersatz" hat. Erst allmählich wächst auch die Nachfrage nach luxuriöseren Typen. Vor allem aber etabliert sich seit Mitte der 1950er Jahre die „Mittelklasse" für die langsam wachsenden Ansprüche einer größeren Kundschaft. Nun werden auch Motorleistung und Markenimage stärker zum Werbeargument. Die Modellpalette der Autobauer bringt eine immer stärkere soziale Differenzierung zum Ausdruck.

Q1 Werbeanzeige für den NSU-Prinz aus der Frauenzeitschrift „Constanze", 1960, 25x17 cm

Methodische Arbeitsschritte

1 Beschreiben

- Beschreibe deinen ersten Eindruck von der Werbung.
- Nenne Dinge, die dir besonders ins Auge fallen.

2 Untersuchen

- Benenne die einzelnen Elemente der Darstellung und ihr Verhältnis zueinander.
- Untersuche die Farbgebung und ihre Funktion.
- Stelle fest, wie das Produkt bildhaft dargestellt wird (Foto oder Zeichnung; realistisch oder verfremdet; einzeln oder eingebettet in eine Szene).
- Untersuche den Charakter des Werbetextes (sachlich–informierend, erzählend, appellierend usw.).

3 Deuten

- Charakterisiere zusammenfassend die „Botschaft" der Werbung.
- Benenne und begründe: Was scheint dir an dieser Werbung besonders zeittypisch zu sein?

Beschreiben

Im Vordergrund ist das beworbene Automobil mit geöffnetem Kofferraum abgebildet. Schräg links dahinter sitzt die Familie, der der Wagen gehört, vor einem Zelt; der Junge hantiert am Auto. Unter dem Bild fällt ein fett gedruckter Werbeslogan ins Auge.

Untersuchen

Den Kopf der Anzeige bildet ein Logo der Marke bzw. des Modells NSU-Prinz in Verbindung mit einem gerasterten Balken als Zierelement. Darunter steht ein längerer, klein gedruckter Werbetext. Im Zentrum der Anzeige befindet sich das Bild. Der Werbeslogan ist über den Doppelpunkt mit dem oberen Werbetext verbunden. Die Anzeige ist in einem einheitlichen Braunton gehalten.

Bei dem Bild handelt es sich um eine Fotografie (ev. auch um zwei zusammenmontierte Fotografien). Das Bild ist freigestellt, d. h. von der ursprünglichen Umgebung der Objekte ist nichts zu sehen. Der Wagen ist in Schrägansicht von seitlich-vorne fotografiert; sein Heck ist nicht zu sehen. Beides gemeinsam ergibt einen Eindruck von Dynamik.

Die Familie besteht aus den Eltern und zwei Kindern, einem Jungen und einem Mädchen. Sie scheint einen Zelturlaub zu machen und sitzt gerade beim Essen oder Kaffeetrinken. Der Junge holt Gegenstände aus dem Kofferraum des Wagens – dieser sitzt vorne, der Motor hinten. Damit wird demonstriert, dass der Junge mit dem Wagen besonders verbunden ist. Die Eltern scheinen zum Wagen hinzublicken, die Mutter macht eine Handbewegung zu ihm hin, als würden sie über ihn sprechen.

Der Text argumentiert einerseits (ohne dass genauere technische Angaben gemacht werden) mit den Fahrleistungen des Wagens, andererseits mit seiner Sparsamkeit: Der „Prinz" ist ein Familienwagen, den man sich leisten kann. Ausdrücklich wird die im Bild dargestellte Urlaubssituation im Text aufgegriffen. Ganz selbstverständlich wird der Vater als Fahrer angesprochen. Nur er und die „Herren Söhne" (auf dem Bild gibt es nur einen) interessieren sich für die Fahrleistungen des Wagens. Der Text mündet in den formelhaften, in keiner Weise markenspezifischen Slogan: „Wohl dem, der einen PRINZ besitzt!"

Deuten

Die Werbung stellt die Familienfreundlichkeit und Alltagstauglichkeit des Wagens in den Mittelpunkt. Die Ausstrahlung der Anzeige ist – mit passender farblicher Gestaltung – brav, geradezu bieder. Adressiert ist die Anzeige an eine „typische" Familie der Zeit, wie sie im Bild selber präsentiert wird. Sogar die Geschlechterrollen werden der Zeitmeinung entsprechend ausdrücklich angesprochen. Die Familie kann sich Auto und Urlaub eben gerade leisten, die Grenzen sind eng (Camping). Nur ein solcher Wagen macht das möglich. Er passt zur Familie – er gehört gewissermaßen dazu, diesen Anschein vermittelt das Bild.

---

1. Suche in Zeitungen oder Zeitschriften nach heutiger Autowerbung. Untersuche sie nach demselben Muster.

Stelle Elemente fest, die dir besonders zeittypisch zu sein scheinen. [III]

1945   2012

Die Gesellschaft verändert sich

Die beiden ersten Nachkriegsjahrzehnte schienen bestimmt zu sein vom Wiederaufbau, von der Sehnsucht nach einem Leben in geordneten Verhältnissen mit festen Normen und Regeln. Doch das sollte sich bald ändern …

✎ A: Stelle zusammen, welche Erscheinungen zeigten, dass sich ab den 1960er Jahren die Gesellschaft in den beiden deutschen Staaten zu wandeln begann. [I]

„Wir wollen nicht so sein wie ihr"

In der zweiten Hälfte der 1960er Jahre wurde eine Generation erwachsen, die den Krieg nicht mehr miterlebt hatte. Das Bestreben ihrer Eltern, die Zeit des Nationalsozialismus rasch zu vergessen und das Glück im bescheidenen Wohlstand zu suchen, war nicht mehr ihre Welt. Die Zeit der traditionellen Jugendorganisationen wie Pfadfinder, Naturfreunde, kirchliche Jugendgruppen oder die sozialistischen Falken schien vorbei zu sein. Die jungen Leute hatten es satt, sich von den biederen Moralvorstellungen der Älteren gängeln zu lassen. Sie wollten sich ausprobieren, ihre Individualität ausleben. Dieses neue Selbstverständnis äußerte sich in einer völlig neuen Jugendkultur. Laute Rock- und Popmusik, lange Haare der Jungen, Miniröcke der Mädchen, sexuelle Freizügigkeit und das Experimentieren mit Drogen riefen Kopfschütteln und Entsetzen der Erwachsenen hervor. Diese neue Jugendbewegung war in den USA und in ganz Westeuropa verbreitet. Sie fasste auch in der DDR Fuß, jedoch in stark abgeschwächter Form.

Der Protest wird politisch

Die Jugendlichen wollten aber nicht nur im privaten Bereich Veränderungen bewirken. Vor allem Schüler und Studenten wandten sich in den späten 1960er Jahren politischen Themen zu. Proteste gegen den Vietnamkrieg, gegen autoritäre Strukturen an Universitäten und fehlende Bildungschancen für alle gehörten ebenso dazu wie die Forderung, endlich die NS-Vergangenheit aufzuarbeiten. Dabei entwickelten sich in der linken Jugendszene ganz neue Formen des politischen Protests. Die althergebrachte Demonstration schien ausgedient zu haben. Sitzblockaden, Besetzungen von Hörsälen und Universitätsrektoraten, Steinwürfe gegen Polzisten fanden viele Jugendliche wirkungsvoller.

In der DDR gab es vergleichbare Aktionen nicht. Wer aber genau hinschaute und hinhörte, dem konnte Kritik an den herrschenden Verhältnissen nicht verborgen bleiben. Die SED-Führung hatte von Anfang an großen Wert darauf gelegt, die jungen Leute von frühester Jugend an politisch zu beeinflus-

Q1 Protest gegen den Vietnamkrieg in Düsseldorf am 29. März 1969

✎ B: Fasse anhand der Bilder, die die Jugendlichen in den Händen halten, ihre politische Haltung zusammen. [I]

sen. In der Pionierorganisation und in der Freien Deutschen Jugend (FDJ) sollten sie ihre Freizeit verbringen und für die Errichtung des Sozialismus willfährig gemacht werden. Doch die Jugendlichen orientierten sich trotz alledem an westlicher Kultur. Solange sie dabei den politischen Vorstellungen der linken Szene, wie dem Sozialistischen Deutschen Studentenbund, nahestanden, wurde das akzeptiert und sogar gefördert. Beispielsweise versuchten SED und FDJ, Beatgruppen und Liedermacher in ihre politisch-ideologische Arbeit einzubinden. Aber sobald die Jugendlichen Kritik an der DDR äußerten und demokratische Freiheiten forderten, ging die Staatsmacht gegen sie vor. Ausschluss von Oberschulen und Universitäten, ständige polizeiliche Kontrollen, Aufführungsverbote für Rockgruppen, aber auch Verhaftungen waren die üblichen Maßnahmen.

Die Frauenbewegung

Im Osten wie im Westen hatten die Frauen nach dem Krieg entscheidend zum Wiederaufbau beigetragen. Dabei spielte noch nicht so sehr der Wunsch nach Selbstständigkeit und Gleichberechtigung eine Rolle, sondern die Sorge, die Familie durchzubringen. In den 1950er und 1960er Jahren wurde die Hausfrau und Mutter wieder das bevorzugte gesellschaftliche Leitbild der Bundesrepublik. Das Gleichberechtigungsgesetz der Bundesrepublik verkündete 1957 zwar die Gleichstellung von Mann und Frau, aber die Wirklichkeit blieb in vielen Bereichen hinter dem Gesetz zurück. Dagegen formierte sich eine selbstbewusste Frauenbewegung. Seit Ende der 1960er Jahre begannen die Frauen zunehmend den Beruf als Grundlage für ein selbst bestimmtes Leben anzusehen. Sie forderten Chancengleichheit, Karrieremöglichkeiten und eine familienfreundlichere Arbeitswelt.

In der DDR waren die Frauen von Anfang an den Männern juristisch gleichgestellt. Der chronische Arbeitskräftemangel in der DDR-Wirtschaft führte dazu, dass nahezu alle Frauen berufstätig waren – auch in typischen Männerberufen. Zudem zwangen die niedrigen Löhne die Frauen, zum Familienunterhalt beizutragen. Dadurch wurde das traditionelle Rollenverhalten aufgebrochen. Aber der Doppelbelastung waren die DDR-Frauen ebenso ausgesetzt wie die Frauen im Westen, auch wenn seit den 1970er Jahren ein dichtes Netz von Kinderkrippen und Kindergärten ihnen die Vereinbarung von Mutterschaft und Beruf erleichterten. Und bei den Aufstiegschancen blieben auch DDR-Frauen den Männern unterlegen. Sie füllten zwar häufig niedere und mittlere Leitungsfunktionen wie Schulleiterposten aus, als Professorinnen, Betriebsleiterinnen oder Ministerinnen waren sie aber die absolute Ausnahme.

Q2 Frauendemonstration BRD 1977

C: Erkläre die Losung auf dem Transparent und formuliere weitere Forderungen der Frauen auf dem Bild. [III]

1945   2012

Q3 Gastarbeiter demonstrieren in Berlin am Rande der Kommunalwahlen von 1981

D: Bewerte die Forderungen der Demonstranten auf dem Foto. [III]

Wird Deutschland bunter?

Mit dem Aufschwung der westdeutschen Wirtschaft fehlte es zunehmend an Arbeitskräften. Zuerst wurden die Lücken noch von den Flüchtlingen und Vertriebenen gefüllt. Doch das reichte schon bald nicht mehr aus. Deswegen schloss die Bundesregierung mit Italien, Spanien, Griechenland, der Türkei, Portugal und Jugoslawien Abkommen über die Anwerbung von Arbeitskräften. So kamen bis zum Anwerbestopp im Jahr 1973 circa 2,3 Millionen Arbeitskräfte in die Bundesrepublik. Ihre Frauen und Kinder folgten ihnen in der Regel nach kurzer Zeit. Auch fast 2,5 Millionen deutschstämmige Aussiedler vor allem aus Russland, Polen und Rumänien zogen in jener Zeit nach Westdeutschland. Hinzu kamen politisch Verfolgte aus Krisengebieten, die in der Bundesrepublik Asyl beantragten. Sie alle brachten ihre Lebensgewohnheiten, Traditionen und Religionen mit. Auch dadurch veränderte sich die deutsche Gesellschaft.

Seit der zweiten Hälfte der 1960er Jahre nahm auch die DDR Vertragsarbeiter aus Polen, Ungarn, Vietnam, Mosambik und Angola auf. Einerseits sollten sie den Arbeitskräftemangel lindern, andererseits übernahm die DDR im Rahmen von Freundschaftsverträgen die Berufsausbildung junger Ausländer. Auch die DDR-Universitäten bemühten sich verstärkt um ausländische Studenten, zumal dies auch Deviseneinnahmen versprach. Die Integration der Ausländer in die DDR-Gesellschaft war allerdings nie vorgesehen. Nach Ablauf der jeweiligen Verträge kehrten sie in ihre Herkunftsländer zurück.

Technik verändert die Gesellschaft

Zwei Produkte der modernen Technik haben den Alltag der Menschen in den letzten Jahrzehnten grundlegend verändert: das Auto und der Fernseher. Mit dem Siegeszug des Autos ging in der Bundesrepublik der Ausbau der Autobahnen in den 1960er und 1970er Jahren einher. Mobilität wurde für die Menschen zum Inbegriff der Freiheit. Die DDR-Bürger hatten ganz ähnliche Wünsche. Allerdings hatten sie immer mit jahrelangen Lieferzeiten für Autos und mit dem ständigen Mangel an Ersatzteilen zu kämpfen. Und ihre automobile Freiheit erstreckte sich auf die Länder des Ostblocks und endete an der Westgrenze.

Seitdem in den 1960er Jahren Fernsehgeräte zur Massenware wurden, verbrachten viele Menschen einen wachsenden Teil ihrer Freizeit vor diesem Medium – im Westen wie im Osten. Mit der Einführung und steten Zunahme von Privatsendern Mitte der 1980er Jahre nahm dieser Trend noch zu. Das Fernsehen nahm so zunehmend auf das Konsumverhalten und den Erwartungshorizont der Menschen Einfluss und auch die Politiker nutzten das Medium verstärkt.

Q4 Moralische Zersetzung der Jugend
Der damalige Vorsitzende des FDJ-Zentralrates Erich Honecker sagt 1965 vor dem Zentralkomitees der SED:
Den Erscheinungen der amerikanischen Unmoral und Dekadenz wird nicht offen entgegengetreten. Das gilt besonders für den Bereich der heiteren Musik und der Unterhaltung, für einzelne literarische Arbeiten und leider auch für viele Sendungen im „DT64" (Rundfunksender). (…) Über eine lange Zeit hat „DT64" in seinem Musikprogramm einseitig die Beat-Musik propagiert. In den Sendungen des Jugendsenders wurden in nicht vertretbarer Weise die Fragen der allseitigen Bildung und des Wissens junger Menschen, die verschiedensten Bereiche der Kunst und der Literatur der Vergangenheit und Gegenwart außer Acht gelassen. Hinzu kam, dass es im Zentralrat der Freien Deutschen Jugend eine fehlerhafte Beurteilung der Beat-Musik gab. Sie wurde als musikalischer Ausdruck des Zeitalters der technischen Revolution „entdeckt". Dabei wurde übersehen, dass der Gegner diese Art Musik ausnutzt, um durch die Übersteigerung der Beat-Rhythmen Jugendliche zu Exzessen aufzuputschen. Der schädliche Einfluss solcher Musik auf das Denken und Handeln von Jugendlichen wurde grob unterschätzt. Niemand in unserem Staate hat etwas gegen eine gepflegte Beat-Musik. Sie kann jedoch nicht als die alleinige und hauptsächlichste Form der Tanzmusik betrachtet werden. Entschieden und systematisch müssen ihre dekadenten Züge bekämpft werden, die im Westen in letzter Zeit die Oberhand gewannen und auch bei uns Einfluss fanden. Daraus entstand eine hektische, aufpeitschende Musik, die die moralische Zersetzung der Jugend begünstigt.

Neues Deutschland vom 16.12.1965.

Q5 Ein Gitarrist und die Sängerin Tamara Danz von der DDR-Rockband „Silly" auf der DDR-Veranstaltung „Rock für den Frieden" in Berlin 1982

E: Begründe aus der Sicht eines DDR-Jugendlichen, warum du solche Veranstaltungen trotz deren Staatsnähe gern besuchst. [II]

Q6 Rockballade vom kleinen Otto
Text: Gerulf Pannach, Musik: Thomas Schoppe
Solche Texte führten dazu, dass die Leipziger Rockgruppe Klaus-Renft-Combo 1975 Aufführungsverbot bekam:

Seine Kinderjahre
Lagen ihm im Magen
Wie Steine, doch er weint nicht mehr
Manchmal sagte Otto
Leben ist wie Lotto
Doch die Kreuze macht ein Funktionär!

Ob ich nach Norden
Ob ich nach Norden
Ob ich nach Norden flieh?

Als er mal ein Foto
Sah vom großen Otto
Aus Hamburg an der Reeperbahn
Schrieb dem Namensvetter
Er: Du bist mein Retter
Der mir die Freiheit kaufen kann!

Hol mich nach Norden
Hol mich nach Norden
Hol mich oder ich flieh!

Die deutschen Mark, die harten
Ließen auf sich warten
Da ging er an die Autobahn
Und fuhr ungefährdet
Bis nach Wittenberge
Dort sprang er auf'n Elbekahn

Hol mich nach Norden
Hol mich nach Norden
Hol mich oder ich flieh!

Nimm mich mit oh Kapitän
Auf die Reise!
Nimm mich mit oh Kapitän
Durch die Schleuse!

Nach dem Tütenkleben
Wollt er nicht mehr leben
Er fuhr nach Wittenberge rauf
Und ging in die Elbe
Die Stelle war die selbe
Vielleicht taucht er in Hamburg wieder auf

Hol mich nach Norden
Hol mich nach Norden
Hol mich oder ich flieh!

Text Gerulf Pannach
© Rechtsnachfolge Gerulf Pannach

109

1945   2012

Q7 Was hat 1968 gebracht?

Der Schriftsteller und ehemaliges Mitglied des Sozialistischen Deutschen Studentenbundes Volkhard Brandes erinnert sich 1988:

Das größte Verdienst der Bewegung von '68 ist vielleicht – auch wenn wir das damals nicht so sahen – die Zersetzung der herrschenden Alltagskultur.
5 Wir können noch immer offener sprechen, freier denken und ungezwungener leben als vor der Revolte; die soziale Kontrolle über den Einzelnen ist weniger allmächtig. Was in den sech- 10 ziger Jahren als Emanzipationsprozess begann, lebt bis heute fort. (…) Wir haben erfahren, dass man nur etwas bekommt, wenn man bereit ist, auch die Spielregeln zu durchbrechen. Wir haben 15 aber auch erfahren, dass es für einen Erfolg auf diesem Weg keine Garantie gibt und man sich blutige Nasen holen kann.

Volkhard Brandes, Wie der Stein ins Rollen kam, Frankfurt am Main 1988, S. 194.

Q8 Weiterbildung und Mütterlichkeit, Ölgemälde des DDR-Malers Erich Gerlach, 1971

✎ F: Erläutere, welche Probleme der Maler mit seinem Bild anspricht. Finde heraus, welche Position er dazu einnimmt. [II]

Q9 „Haltet fest an der Familie"

Der damalige Bundesinnenminister Gerhard Schröder sagt in einer Rede bei der Hauptversammlung des Deutschen Bundesjugendringes am 19. November 1953 in Hamburg:

Die wichtigste Zelle des Staates ist die Familie. Sie ist die schützende Hülle, in der der junge Mensch aufwachsen und seine Gaben entwickeln soll. Im Ge-5 schwisterkreis, im Verhältnis von Eltern und Kindern muss sich der Geist der Zusammenarbeit, der Toleranz und auch der Achtung gegenüber der Erfahrung der Älteren entwickeln. Solche Eigen-10 schaften sind für das gesamte Staatswesen unerlässlich. Wo die Familien auseinanderbrechen, da wird der Staat in Gefahr sein, und keine noch so geniale Politik wird den Bestand des Volkes 15 sichern können. Wo aber in der jungen Generation der Wille zur Familie lebendig ist, und wo sich dieser Wille, die Aufgaben der Familie zu erfüllen, täglich bewährt, da wächst aus solchen Fami-20 lien ein junges und lebensfähiges Volk. Darum mein Wunsch an die Jugend: Haltet fest an Euren Familien! Bereitet Euch vor auf die Gründung eigener Familien, werdet Väter und Mütter, die die 25 Zukunft unseres Volkes in behutsamen, aber auch festen Händen tragen. (…) Aber es gibt auch hier ganz klare Wünsche, die nur von der Jugend selbst erfüllt werden können: Die ganze Fülle 30 jugendlicher Aktivität und jugendlicher Lebenserwartung muss einmünden in die Freude am Beruf, in den Willen zur Leistung, in den Willen zur zuverlässigen qualifizierten Arbeit. Nicht das 35 rasche, das bequeme, das möglichst gute Geldverdienen sollte das erste Ziel der Jugend sein, sondern der Wunsch, Qualitätsarbeiter zu werden, gleichgültig, ob man in die Fabrik geht oder ob 40 man am Schreibtisch sitzt. Ein solcher Qualitätsarbeiter, vielseitig und solide ausgebildet, ist einigermaßen krisenfest. Er ist gleichzeitig das wichtigste Kapital für die Volkswirtschaft und da-45 mit für das Aufblühen unseres ganzen Volkes und Staates.

Christoph Kleßmann (Hrsg.), Das gespaltene Land. Leben in Deutschland 1945 bis 1990, München 1993, S. 271f.

Q10 „Das ist doch kein Leben"

Aus einem Porträt über Regina W., Direktorin für Absatz und Außenwirtschaft im Kombinat Elektroapparatewerk Berlin-Treptow, Jahrgang 1940:

Würden Sie wieder Leiterin werden? „Nein. Ich möchte gern mit vielen Menschen zu tun haben. Aber Leiter würde ich nicht wieder werden." Aber Ihre Ar-
5 beit macht Ihnen Spaß? „Ja, großen Spaß." (…)

Sie steht jeden Morgen um halb fünf auf und kommt selten vor sieben oder acht Uhr am Abend nach Hause. Auch
10 das ist nicht sicher (…). „Ich brauche mich gar nicht erst zu verabreden, ich komme doch nicht", oder: „Ich bin immer müde", und letztlich an einem Freitagabend: „Das ist doch kein Leben."
15 Befragt danach, wie sie sich denn ihr Leben vorstelle, sagt sie, so genau wüsste sie das auch nicht, vielleicht könne sie sich das gar nicht mehr vorstellen. Sie braucht auf jeden Fall mehr Zeit.
20 „Ich möchte mal ins Theater gehen, bevor es angefangen hat. Ich brauche mehr Zeit für mein Kind. Ich möchte mal wieder, wie als Studentin, einen ganzen Sonntag im Bett bleiben, lesen,
25 im Nachthemd durch das Zimmer gehen und wieder ins Bett, essen, Musik hören (…). Ich schlafe so gern." Sie kocht gern, trifft sich gern mit Freunden und Bekannten, liest gern, ist früher in alle Bib-
30 liotheken gelaufen, freut sich über ihre Wohnung, die sie sich schön gemacht hat und in der sie selten ist. Kurz: Ihr macht das Leben Spaß. Dazu gehört ihre Arbeit, aber dazu gehört mehr. Für das
35 Mehr bleibt wenig Zeit. Darum sagt Regina W. an jenem Freitagabend, manchmal hätte sie es satt (…).

FÜR DICH. Illustrierte Zeitschrift für die Frau, Heft 6/1974, S. 7 f.

Ausländische Mitbürger
Anteil der ausländischen Bevölkerung an der Gesamtbevölkerung in %
Quelle: Statistisches Bundesamt, Stand Ende 2015

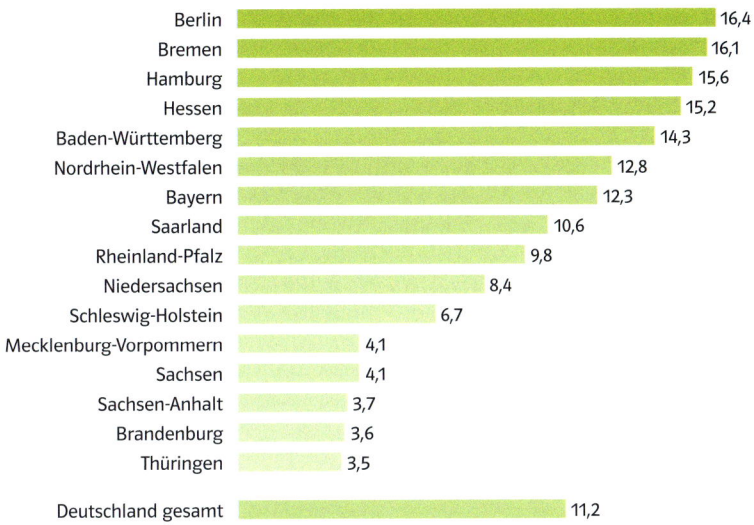

Land	%
Berlin	16,4
Bremen	16,1
Hamburg	15,6
Hessen	15,2
Baden-Württemberg	14,3
Nordrhein-Westfalen	12,8
Bayern	12,3
Saarland	10,6
Rheinland-Pfalz	9,8
Niedersachsen	8,4
Schleswig-Holstein	6,7
Mecklenburg-Vorpommern	4,1
Sachsen	4,1
Sachsen-Anhalt	3,7
Brandenburg	3,6
Thüringen	3,5
Deutschland gesamt	11,2

D1 Anteil der in Deutschland lebenden Ausländer an der Gesamtbevölkerung

G: Untersuche den Ausländeranteil in den Bundesländern und erläutere die Gründe für die großen Unterschiede. [II]

Q11 Fernsehfreier Tag

1978 schreibt der damalige Bundeskanzler Helmut Schmidt:

Das Fernsehen ist ein sehr attraktives und bestimmendes Medium. Das Gerät steht im Wohnzimmer, und es genügt ein Knopfdruck, um es einzuschalten.
5 Es ist schwer, sich dieser Anziehungskraft zu entziehen und einen Schritt zu anderen Formen der Kommunikation zu machen. Gerade deswegen meine ich, jeder Einzelne, jede Familie sollte
10 sich bewusst die Chance geben, zu erproben, zu erfahren, zu lernen, was alles man an einem Tag ohne Fernsehen machen könnte – notfalls zu erfahren, dass man nicht mehr miteinander reden
15 kann. (…) Ich will dazu anregen, mit der modernen Technik souveräner umzugehen. Es geht um eine Verbesserung der unmittelbaren, zwischenmenschlichen Kommunikation. Es geht darum,
20 mehr miteinander zu reden, mehr miteinander zu tun, überhaupt mehr miteinander zu leben. Es geht um eine vernünftige, mitmenschliche Alternative zum Dauerfernsehen. Unsere Gemein-
25 schaft, unser Land würde dabei gewinnen, wenn der Fernseher häufiger ausgeschaltet bliebe.

Helmut Schmidt, Plädoyer für einen fernsehfreien Tag. Ein Anstoß für mehr Miteinander in unserer Gesellschaft. In: Die ZEIT vom 26. Mai 1978.

---

1. Nimm Stellung zu Honeckers Angriffen auf die Jugendkultur (Q4). [III]

2. Weise anhand der Ballade von Q6 nach, dass es in der DDR durchaus wirkungsvolle politische Proteste gab. [II]

3. Über die dauerhafte Wirkung der Jugendproteste gibt bis heute unterschiedliche Auffassungen. Befrage deine Eltern dazu und vergleiche ihre Aussagen mit denen von Volkhard Brandes (Q7). [III]

4. Arbeite aus Q9 heraus, welche Erwartungen die Politik in den 1950er Jahren an die Jugend der Bundesrepublik hatte. Stelle diese Erwartungen dem Selbstverständnis der nachfolgenden Generation gegenüber (VT). [II]

5. Schreibe aus der Sicht der Regina W. Forderungen an die SED bezüglich der Umsetzung der Gleichstellung von Mann und Frau (Q10). [III]

6. Verfasse einen Leserbrief zu der Position, die Helmut Schmidt in der „Zeit" veröffentlichte (Q11). [III]

1945   2012

Die 1970er Jahre: Erschütterung und Stabilisierung

Ein unruhiges Jahrzehnt zwischen RAF-Terror und Discofieber, das sind die 1970er Jahre in der Erinnerung der Bundesbürger. In den Erzählungen vieler DDR-Bürger erscheint zumindest die erste Hälfte des Jahrzehnts als „goldenes" Zeitalter der DDR. Wie kam es zu dieser unterschiedlichen Entwicklung?

Wohnraumnot

Nachdem im Zweiten Weltkrieg in vielen Großstädten zwei Drittel des Wohnraums zerstört worden waren, war die Schaffung von Wohnraum eine der vordringlichsten Aufgaben in beiden deutschen Staaten. Seit den 1950er Jahren hatte die Bundesrepublik ein staatlich gefördertes Wohnungsbauprogramm aufgelegt, um günstige Sozialwohnungen zu bauen. Um 1980 stand statistisch für fast jeden Haushalt eine Wohnung zur Verfügung. Die Hälfte des Wohnraumbestandes entfiel dabei auf privates Eigentum.

In der DDR blieben moderne Wohnungen auch in den 1970er Jahren Mangelware. Zwar hatte die SED 1950 das städtebauliche Leitbild „National, schön und großzügig" verkündet, aber bereits 1955 wurde es durch das Motto „Besser, billiger und schneller bauen" ersetzt. In den 1970er Jahren milderten Neubauprojekte in Großplattenbauweise den Wohnungsmangel und Subventionen garantierten stabile Mietpreise. Der meistgebaute Wohnungstyp hatte drei Zimmer und 66 m². Im Nahbereich der Industriezentren entstanden riesige Wohnsiedlungen, während die historischen Altbauten in den Innenstädten verfielen.

Emanzipation der Frauen

Die meisten gesellschaftlichen Trends in der BRD waren Folgen der Studentenrevolte der späten 1960er Jahre. Eine energisch und prinzipiell argumentierende Frauenbewegung prangerte im Westen die Benachteiligung der Frauen in Arbeit, Bildung, Politik und Familie an. Das Schlagwort „Emanzipation" machte die Runde. Während sich im Lauf der darauf folgenden Jahrzehnte die rechtlichen Bedingungen in den Bereichen Arbeit, Bildung, Politik für die Frauen verbesserten, blieb eine Veränderung des tief verwurzelten Rollenver-

Mehr Informationen zur Studentenrevolte findest du auf den Seiten 106 und 107.

Q1 Im Rahmen des Wohnbauprogramms entstanden in den 1970er Jahren bevorzugt Plattenbausiedlungen. Die Wohnungen waren recht klein und wurden im Volksmund „Arbeiterschließfächer" genannt.
Foto, Karl-Marx-Stadt 1975

A: In den Großstädten der DDR gab es Jugendliche, die lieber in Altbauwohnungen als in der „Platte" wohnten. Schreibe auf, welche Gründe das gehabt haben könnte. [II]

ständnisses in der Gesellschaft weitgehend aus. Jedoch veränderte sich die Einstellung vieler Frauen zur Sexualität und zur Ehe, unter anderem aufgrund der Markteinführung der Anti-Baby-Pille. Unter dem Motto „Mein Bauch gehört mir" forderten Frauen in der Bundesrepublik die Abschaffung des Paragraphen 218, der Abtreibung unter Strafe stellte, und bekannten sich öffentlich zu einem Schwangerschaftsabbruch.

Frauen in der DDR blickten mit Unverständnis auf die in Westdeutschland hitzig geführten Debatten über Gleichberechtigung. Gleichberechtigung war in der DDR politisch anerkannt und die Frauen waren ganz selbstverständlich in die Arbeitswelt integriert, wo ihnen viele Berufe offen standen. In der DDR wurde früh geheiratet. Die Frauen bekamen in der Regel bereits mit Anfang 20 ihre Kinder. Sie profitierten von der staatlichen Kinderbetreuung, die seit den 1950er Jahren immer weiter ausgebaut wurde. Der Staat unterstützte die frühzeitige Eheschließung ab 1972 mit einem Ehekredit, von dem mit jedem geborenen Kind ein Teil erlassen wurde. Mit dem dritten Kind war der Kredit gänzlich „abgekindert". Im Alltag erlebten dann viele Frauen aber die Kluft zwischen Anspruch und Wirklichkeit, denn vor allem die Organisation des Alltags belastete die Frauen stark. Im Gegensatz zur BRD konnten sich Frauen in der DDR ohne finanzielle und gesellschaftliche Probleme scheiden lassen.

Q2 Die Spitze des erreichbaren Wohlstands in der früheren DDR: ein nur wenige Jahre alter Trabi und eine der standardisierten Datschen in einem Schrebergarten in Schmalkalden/DDR Foto, 1979

B: Informiere dich zunächst bei Verwandten oder Nachbarn über ein typisches Wochenende in der „Datsche" in den 1970er und 1980er Jahren. Schreibe danach einen Tagebucheintrag über ein Wochenende auf der Datsche. [II]

C: Versetze dich in die Rolle einer jungen DDR-Bürgerin, die verheiratet ist und bereits ein Kind hat. Diese Frau ist von ihrer Cousine aus Westdeutschland in einem Brief über die Proteste westdeutscher Frauen nach Gleichberechtigung informiert worden. Verfasse einen Antwortbrief. [II]

Auf Seite 74 findest du mehr Informationen zur außerparlamentarischen Opposition und zur RAF.

Politisches Engagement und Nischengesellschaft

In der Bundesrepublik begann ein Teil der Jugendlichen die gesellschaftlichen und politischen Zustände offen zu kritisieren. Die Anhänger verstanden sich selbst als Opposition außerhalb des Parlaments. Daher wird diese Bewegung auch außerparlamentarische Opposition genannt (APO). Sie forderten die Beendigung des Vietnamkrieges, eine gründlichere Aufarbeitung der NS-Vergangenheit und den Aufbruch der verkrusteten Gesellschaft.

So sehr die APO auch für Aufsehen in der BRD sorgte, es gelang ihr nie, größere Teile der Bevölkerung zu erreichen. Dennoch hinterließen die Protestaktionen in der westdeutschen Gesellschaft Spuren. Immer mehr Menschen begannen, sich außerhalb der Parteien in die Politik einzumischen und ein neuer Lebensstil griff um sich, der alte autoritäre Verhaltensweisen überwand. Die dunkle Seite war, dass die propagierte Gewalt gegen Sachen bald umschlug in Gewalt gegen Personen und in Mord und Terror der Roten Armee Fraktion (RAF) mündete.

Demgegenüber herrschte in der DDR in den 1970er und 1980er Jahren die Tendenz, sich in den privaten Bereich zurückziehen. Das Symbol für die Flucht aus dem staatlich kontrollierten Alltag war die „Datsche", wie die kleinen Wochenendgrundstücke genannt wurden. Die SED-Führung duldete diesen Trend, denn wer sein Wochenende auf seiner Datsche verbrachte, engagierte sich nicht in Oppositionsgruppen. Die Eigenleistung der Kleingärtner und Kleintierzüchter verbesserte darüber hinaus die Versorgungslage. Die in den staatlichen Sammelstellen abgelieferten Produkte wurden gut bezahlt. Für die Mehrzahl der Bürger waren es Versorgungsprobleme, die zu Unmut führten, aber man hatte sich im Staat eingerichtet und wer sich an die Spielregeln hielt, hatte keine Schikanen und Benachteiligungen zu befürchten.

Q3 Das Ideal des sozialistischen Bauens

In den 1970er und 1980er Jahren entstand in Leipzig-Grünau die zweitgrößte Großwohnsiedlung der DDR. 1989 lebten dort 85 000 Einwohner. Alle Bauten waren gleich, was dem sozialistischen Ideal entsprach und niemanden hervorheben sollte. Es gab eine attraktive Infrastruktur mit Kindergärten, Schulen, Arztpraxen und Altenheimen. Telefonanschlüsse waren aber die Ausnahme.
Foto, 1983

Q4 Die Platte war ein Traum

Brigitte Schulze, Jahrgang 1953, erinnert sich im Jahr 2016 an ihren Umzug in die Plattenbausiedlung Leipzig-Grünau in Jahr 1983:

Einen „freien Wohnungsmarkt" für Neubauwohnungen gab es nicht. Eine Neubauwohnung konnte man nur über ein Betriebskontingent oder bei Bestehen einer gesellschaftlichen Notwendigkeit

5 erhalten. Letzteres war z. B. bei uns im Haus bei den Bewohnern gegeben, die ihre Häuser in Eythra wegen der Tagebauerweiterung verlassen mussten.

Unsere Altbauwohnung lag im Osten

10 von Leipzig. Wir hatten eine Duschkabine und einen Wasserboiler in der Küche eingebaut und hatten in jedem Zimmer einen Kachelofen. Wir verfügten über einen Balkon, der baupolizei-

15 lich gesperrt war, und ein Fenster, das nicht mehr zu schließen und mit Papier ausgestopft war, sowie über eine Außentoilette (für uns alleine). Das war ein normales Wasser-WC in einem

20 Raum mit kleinem Fenster einen Treppenabsatz höher. Im Sommer nervte nur die Reinigung des Treppenhauses, das gebohnert und mit einem eisernen Bohnerbesen poliert wurde, da keine

25 Farbe mehr auf den Holzdielen war, sowie das Durchknallen der Hauptsicherung, wenn am Sonnabend alle Mieter ihre selbst eingebauten Duschen und Wannen zur gleichen Zeit anstellten.

30 Die Winter waren aber richtig hart. Trotz der Umwicklung der Rohre und dem ständigen Brennen einer Infrarotlampe ist die Außentoilette häufig eingefroren. Die Küche war so kalt, dass

35 der Kühlschrank nicht mehr lief, weil die Außentemperatur unter der des Kühlschrankes lag. Waschen konnte man sich nur noch im Wohnzimmer. (…) Die Neubauwohnung in einem Block

40 mit 6 Geschossen war wie im Traum. Es war immer warm und man konnte sich waschen und baden, wann man wollte. Das Treppenhaus war schnell zu reinigen. Leider hatten wir keinen Balkon,

45 den habe ich etwas vermisst. In unserem Haus hatte niemand ein Telefon, aber es gab eine Telefonzelle in unserer Straße und ansonsten wurden private Telefonate auf der Arbeit (Büro,

50 Betrieb …) erledigt.

Brigitte Schulz, 8. Juni 2016, eigener Bericht.

Q5 Tagesablauf einer Mutter

Schilderung auf der Vorschulkonferenz 1977:

Früh zwischen 5.00 und 5.15 Uhr mussten die Kinder aufstehen, von mir ganz zu schweigen. Kurz vor 5.45 Uhr ging es dann schon aus dem Haus. 10 Minuten brauchten wir bis zur Kindereinrichtung, zu Krippe und Kindergarten. Es war für mich schon ein Vorteil, dass beide Einrichtungen in einem Objekt untergebracht waren. Wie das am Morgen so ist, waren die Kleinen noch müde und auch nicht so selbstständig, daher brauchten sie noch immer meine Unterstützung beim Auskleiden, bevor sie in ihre Gruppe gehen konnten. Dann wurde es für mich höchste Zeit, zum Bahnhof zu gehen, um mit dem Zug in den Betrieb zu fahren. Abends ging es dann vom Zug rasch in die Kindereinrichtung, und so gegen 17.30 Uhr war ich mit den Kindern wieder zu Hause. Wir waren täglich 11½ Stunden unterwegs. Danach mussten dann noch die Einkäufe getätigt und Wege erledigt werden, alles im Eilschritt und meistens mit den Kindern. Bis zum Abendbrot und bis die Kinder ins Bettchen mussten, blieb nicht mehr viel Zeit. Da mein Mann noch eher aus dem Haus geht und später nach Hause kommt als ich, war es gar nicht so einfach, alle Aufgaben, die im Haushalt anfallen, zu lösen und sich auch noch genügend Zeit für die Kinder zu nehmen.

Monika Müller-Rieger, „Wenn Mutti früh zur Arbeit geht …" Zur Geschichte des Kindergartens in der DDR, Berlin 1997, S. 14.

Q6 Wachsende Distanz

Ein Leserbrief aus einer Berliner Zeitung von 1967 lautet:

Wir, die arbeitende Bevölkerung, haben es satt, uns von den dummen Jungen, die erst einmal hinter den Ohren trocken werden sollen, terrorisieren zu lassen. Wann greift die Polizei endlich mit einem harten Besen durch? Diese Lümmel, die auf Kosten der Steuerzahler ein nicht gerade schlechtes Leben führen, sollte man einmal für ein Jahr ins Arbeitshaus sperren, damit sie wieder zur Vernunft kommen. (…) Sie (die Studenten) sind nichts, sie haben nichts (außer einem wirren Kopf) und wollen uns beibringen, was Demokratie ist. Ich habe in der Bekanntschaft einen Studenten, der am Sonnabend auch seinen Mund groß aufmachen musste. Er will Lehrer werden. Gott behüte meine Kinder vor solchen Pädagogen.

Kai Hermann, Die Revolte der Studenten, Hamburg 1967, S. 133.

Q7 Zweites Flugblatt der Kommune 1

Anlässlich eines Großbrandes im Brüsseler Kaufhaus „A l'innovation" verfassten Berliner Kommunarden eine Reihe von Flugblättern. In einem davon heißt es:

Warum brennst Du, Konsument? Ein brennendes Kaufhaus mit brennenden Menschen vermittelt zum ersten Mal in einer europäischen Großstadt jenes knisternde Vietnamgefühl (dabei zu sein und mitzubrennen), das wir in Berlin bislang noch missen mussten (…) So sehr wir den Schmerz der Hinterbliebenen in Brüssel mitempfinden: Wir, die dem Neuen aufgeschlossen sind, können, solange das rechte Maß nicht überschritten wird, dem Kühnen und Unkonventionellen, das, bei aller menschlichen Tragik, die im Brüsseler Kaufhausbrand steckt, unsere Bewunderung nicht versagen (…)

Zit. nach: Achim Zinkann, „Macht kaputt, was euch kaputtmacht". In: Praxis Geschichte 6/2001, S. 22.

Q8 Bilanz nach 10 Jahren westdeutscher Protestbewegung

Der Frankfurter Psychotherapeut Jörg Bopp schreibt 1979 in der Kulturzeitschrift „Kursbuch":

Je weiter der zeitliche Abstand zur Studentenbewegung wird und je trostloser die Gegenwart erscheint, desto üppiger wuchert im Kneipendunst das linke Jägerlatein. Die Studentenbeweger pflegen ihre APO-Mythen, wie ihre Väter ihre Kriegs-, Widerstands- und Aufbaumythen pflegen. Die APO-Generation baut am Denkmal ihrer großen Vergangenheit und spürt nicht, dass sie dabei anfängt zu versteinern. Wenn man die deutsche Linke mit ihren französischen, italienischen und holländischen Gesinnungsfreunden vergleicht, fällt auf, dass ihr dreierlei fehlt: Selbstironie, Lebenskunst und Neugierde. Die deutschen Jugendlichen beginnen das zu spüren. Die APO-Generation tritt ihnen nicht mit Neugierde gegenüber, sondern mit Besserwisserei. In einer Mischung von kleinbürgerlichem Missmut und großbürgerlicher Herablassung verkündet sie, dass die heutigen Jugendlichen nichts entdeckten, was sie nicht schon lange wüssten, besser wüssten (…)

Jörg Bopp, Vatis Argumente: APO-Generation und heutige Jugend. In: Hans-Magnus Enzensberger (Hrsg.), Kursbuch 58, Berlin 1979, S. 2 ff.

---

1. Arbeite heraus, warum viele DDR-Bürger froh waren, wenn sie in einer Großsiedlung am Rande der Stadt eine Wohnung zugeteilt bekamen (VT, Q1, Q3, Q4). [II]

2. Führt in eurer Klasse eine Diskussion innerhalb einer SED-Führungsgruppe, ob neues Bauland für Datschenbauer zur Verfügung gestellt werden sollte (VT, Q4). [II]

3. Nimm Stellung zur Diskrepanz zwischen dem offiziellen Anspruch der Gleichberechtigung und dem tatsächlichen Alltag der Frauen in der DDR (VT, Q5). [III]

4. Interpretiere das Flugblatt der Kommune 1 (Q7). [III]

5. Begründe, warum die Mehrheit der westdeutschen Bürger sich von der Protestbewegung der Studenten distanzierte (VT, Q6–Q8). [II]

1945   2012

Vergangenheit, die nicht vergeht

Wie lebt man mit einer Geschichte, die von Rassenhass und Volksverhetzung, von Völkermord und Kriegsverbrechen geprägt ist? Diese Frage mussten sich nach 1945 alle Deutschen stellen. Welche unterschiedlichen Antworten fanden sie darauf?

✎ A: Erkläre, inwiefern man von einem Missbrauch des Antifaschismus durch die DDR-Machthaber sprechen kann. [II]

Antifaschismus als Mittel zur politischen Legitimation

Die Zeit des Nationalsozialismus hatte im Selbstverständnis der DDR von Anfang an einen hohen Stellenwert. Die DDR-Geschichtsschreibung interpretierte den Nationalsozialismus als die radikalste Form bürgerlicher Herrschaft, die es zu beseitigen galt. Das deutsche Volk war nach dieser Deutung von einer kleinen Clique gewissenloser Nazis und ihrer monopolkapitalistischen Hintermänner verführt worden. Damit war die Mehrheit der Ostdeutschen von persönlicher Schuld freigesprochen und brauchte sich nicht mehr damit auseinanderzusetzen. Mit solchen Argumenten definierte sich die DDR als neuer sozialistischer, antifaschistischer Staat, der nichts mit der NS-Vergangenheit zu tun hatte. Aufgrund dieser Logik lehnte die SED auch die Zahlung von Entschädigungen an Israel ab. Wurden NS-Täter in der DDR entdeckt, richtete sich ihre juristische Verfolgung danach, welches politische Kapital daraus geschlagen werden konnte. Hart bestraft wurden sie immer dann, wenn die SED damit nachweisen wollte, dass im Gegensatz zur Bundesrepublik in der DDR eine wirkliche Aufarbeitung der Vergangenheit erfolge.

Verordneter Antifaschismus

Über viele Jahre hinweg wurde in der DDR ein Geschichtsbild von der NS-Zeit verbreitet, das sich einseitig dem kommunistischen Widerstand zuwandte. Auch wenn der bürgerliche, religiöse und militärische Widerstand nicht völlig verschwiegen werden konnte, so wurde doch die KPD immer als die führende Kraft dargestellt. Viele Bereiche der Geschichte wurden entweder gar nicht erforscht oder in der Öffentlichkeit verschwiegen. Dazu gehörten z. B. die Verfolgung und Vernichtung der Sinti und Roma, der Homosexuellen und der Behinderten sowie das Mitwirken der Bevölkerung an Verfolgung und Vernichtung. Der Völkermord an den europäischen Juden fand in der DDR-Geschichtsschreibung erst in den späten 1980er Jahren den ihm angemessenen Stellenwert.

Q1 Kundgebung in Ostberlin zu Ehren der Opfer des Faschismus am 14. September 1975

✎ B: Vergleiche die Bilder Q1 und Q2 miteinander und erläutere, welche unterschiedlichen Schwerpunkte in der Vergangenheitsaufarbeitung der beiden deutschen Staaten zum Ausdruck kommen. [III]

Opfer statt Täter

In den ersten Jahren der Bundesrepublik wollten die meisten Bürger nichts mit der braunen Vergangenheit zu tun haben. Sie verdrängten die NS-Verbrechen. Stattdessen nahmen sie sich selbst als Opfer wahr: Opfer der Verführungskünste eines dämonischen Hitler, Opfer des alliierten Bombenkrieges, Opfer von Vertreibungen, Opfer der Kriegsniederlage. Daraus resultierte eine Politik, die sich das Ziel setzte, verurteilte NS-Täter zu amnestieren und die wegen nationalsozialistischer Betätigung entlassenen Beamten und Berufssoldaten wieder einzustellen. Während bei Bundeswehroffizieren deren Verhalten während der NS-Zeit überprüft wurde, hielten die Politiker das bei Richtern, hohen Ministerialbeamten und Universitätsprofessoren nicht für nötig.

Späte Gerechtigkeit

Auf die Dauer waren ungesühnte nationalsozialistische Verbrechen nicht zu verheimlichen. Um sie bundesweit aufzuklären, wurde 1958 in Ludwigsburg die „Zentralstelle zur Aufklärung nationalsozialistischer Verbrechen" gegründet. Unter ihrer Mitwirkung wurden 1963–1965 die Frankfurter Auschwitz-Prozesse gegen das Lagerpersonal geführt. Dadurch wurde den Menschen in der Bundesrepublik das ganze Ausmaß der nationalsozialistischen Mordmaschine vor Augen geführt. Doch es dauerte noch bis in die 1980er Jahre, bevor der Holocaust als ein von Deutschen verursachter einzigartiger Zivilisationsbruch allgemein anerkannt wurde. Andererseits bekannte sich die Bundesrepublik sehr früh zu ihrer Verantwortung gegenüber dem Staat Israel und leistete Wiedergutmachung. 1996 führte die Regierung den Holocaust-Gedenktag am 27. Januar ein und 1999 fasste der Bundestag den Beschluss, in Berlin ein zentrales Mahnmal für die Opfer des Holocaust zu errichten. Auch der christliche und national-konservative Widerstand der Männer um den 20. Juli 1944 erfuhr seine Würdigung, dafür wurde aber der kommunistische Widerstand ausgeblendet.

Die Auseinandersetzung ist nicht zu Ende

In jüngster Zeit haben neue Themen in die historische Forschung Einzug gehalten, die ein differenzierteres Bild auf unsere Vergangenheit geben. So wurde beispielsweise die Rolle der Wehrmacht und der Polizei genauer untersucht. Dabei kamen viele bislang unbekannte Verbrechen ans Tageslicht. Andererseits rückten auch einzelne Menschen in den Blick, die ihre dienstlichen und privaten Handlungsspielräume nutzten, um rassisch und politisch Verfolgten zu helfen.

C: Finde heraus, in welchen Punkten die Sicht der Bundesrepublik auf die NS-Vergangenheit der DDR-Sicht ähnlich ist und in welchen Punkten sie sich besonders abhebt. [I]

Q2 Willy Brandt besucht während eines Staatsbesuchs in Israel die Gedenkstätte Yad Vashem für die Opfer der Shoa, 7. Juni 1973.

1945 2012

Q3 NS-Vergangenheit in einem DDR-Geschichtsbuch

Zusammenfassender Merktext aus dem Lehrbuch „Geschichte" für die Klasse 10 aus dem Jahre 1977:

Der Sieg der Sowjetunion und ihrer Verbündeten über die faschistischen Aggressoren befreite das deutsche Volk vom Faschismus und eröffnete ihm die
5 historische Chance, eine grundlegende Wende in seiner Geschichte einzuleiten.

Die Befreiung durch die Sowjetunion schuf günstige Bedingungen, um in
10 Deutschland unter Führung der Arbeiterklasse eine antiimperialistisch-demokratische Umwälzung zu vollziehen und dem Sozialismus den Weg zu bahnen.

15 – Im Zuge der Befreiungsmission der Sowjetunion wurde in der sowjetischen Besatzungszone der faschistische Staatsapparat radikal vernichtet. Die sozialistische Besatzungsmacht
20 förderte die Entwicklung der antifaschistisch demokratischen Kräfte des deutschen Volkes und gewährleistete die Bildung revolutionär-demokratischer Staatsorgane. Das war ein we-
25 sentlicher Unterschied zur Situation im Jahre 1918 und erleichterte den Kampf der deutschen Arbeiterklasse um eine antiimperialistisch-demokratische Entwicklung.

30 – Im Unterschied zur Zeit nach dem Ersten Weltkrieg verfügte die deutsche Arbeiterklasse nach dem Zweiten Weltkrieg über eine kampfgestählte Kommunistische Partei. In Fortsetzung
35 des Kampfes gegen den Faschismus begann unmittelbar nach der Befreiung Deutschlands vom faschistischen Joch unter Führung der KPD der Kampf um die antifaschistisch demokratische Um-
40 wälzung in Deutschland. Mit dem Aufruf vom 11. Juni 1945 (damit warb die KPD für die Zusammenarbeit aller bestehenden Parteien) gab die KPD dem deutschen Volk ein klares Programm,
45 mit dem sie auf die endgültige Beseitigung der Wurzeln des Faschismus und auf die demokratische Neugestaltung Deutschlands orientierte.

Wolfgang Bleyer (Hrsg.), Geschichte. Lehrbuch für Klasse 10, Berlin (Ost) 1977, S. 57.

Q4 „Das haben wir nicht gelernt"

Aus einem Artikel der Schriftstellerin Christa Wolf (1929–2011) für die DDR-Zeitschrift „Wochenpost", geschrieben am 21. Oktober 1989:

Das Dogma von den „Siegern der Geschichte" (…) hat dazu beigetragen,
5 das Verstehen zwischen den Generationen in unserem Land zu erschweren. Eine kleine Gruppe von Antifaschisten, die das Land regierte, hat ihr Siegesbewußtsein zu irgendeinem nicht genau zu bestimmenden Zeitpunkt aus prag-
10 matischen Gründen auf die ganze Bevölkerung übertragen. Die „Sieger der Geschichte" hörten auf, sich mit ihrer wirklichen Vergangenheit, der der Mitläufer, der Verführten, der Gläubigen in der Zeit des Nationalsozialismus aus-
15 einanderzusetzen. Ihren Kindern erzählten sie meistens wenig oder nichts von ihrer eigenen Kindheit und Jugend. Ihr untergründig schlechtes Gewissen machte sie ungeeignet, sich den stali-
20 nistischen Strukturen und Denkweisen zu widersetzen, die lange Zeit als Prüfstein für „Parteilichkeit" und „Linientreue" galten und bis heute nicht radikal und öffentlich aufgegeben wurden. Die Kinder dieser Eltern, nun schon ganz
25 und gar „Kinder der DDR", selbstunsicher, entmündigt, häufig in ihrer Würde verletzt, wenig geübt, sich in Konflikten zu behaupten, gegen unerträgliche Zu-
30 mutungen Widerstand zu leisten, konnten wiederum ihren Kindern nicht genug Rückhalt geben, ihnen nicht das Kreuz stärken, ihnen, außer dem Drang nach guten Zensuren, keine Werte ver-
35 mitteln, an denen sie sich hätten orientieren können.

Christa Wolf, Im Dialog. Aktuelle Texte, Frankfurt am Main 1990, S. 95 f.

Q5 Protest gegen die Wehrmachtsausstellung in Bonn, 1998

In der Wanderausstellung des Hamburger Instituts für Sozialforschung wurden Exponate ausgestellt, die die Verstrickung der Wehrmacht in nationalsozialistische Verbrechen zeigen. Inzwischen gilt dies als nachgewiesen, nur der Umfang ist strittig.

D: Nimm Stellung zur Vergangenheitsaufarbeitung der dargestellten Jugendlichen. [III]

Q6 Wir sind kein Volk von Mördern

Aus der Rede des Bundestagsabgeordneten Ernst Benda (1925–2009; CDU) in der Debatte des Deutschen Bundestages über die Verjährung nationalsozialistischer Verbrechen am 10. März 1965:

Meine Damen und Herren! Ich komme zum Schluss mit einem anspruchsvollen Wort, das mir ein Kollege gesagt hat, (…) der (…) einer völlig anderen
5 Meinung ist als ich. Er hat mir gegenüber gemeint, man müsse um der Ehre der Nation willen mit diesen Prozessen Schluss machen. Meine Damen und Herren, Ehre der Nation, hier ist für mich
10 einer der letzten Gründe, warum ich meine, dass wir hier die Verjährungsfrist verlängern bzw. aufheben müssten. (Beifall bei der SPD und der CDU/CSU.) Ich stimme völlig denen zu, die sagen
15 (…), dass es natürlich ein Irrtum wäre, wenn wir meinten, wir könnten das, was in unserem Lande und unserem Volke geschehen ist, dadurch erledigen, dass wir stellvertretend, sozusagen
20 symbolisch, einige ins Zuchthaus schicken und dann meinen, nun sind wir fein heraus. (…) Aber ich bestehe darauf und es gehört für mich zum Begriff der Ehre der Nation, zu sagen, dass die-
25 ses deutsche Volk doch kein Volk von Mördern ist und dass es diesem Volke doch erlaubt sein muss, ja dass es um seiner willen dessen bedarf, dass es mit diesen Mördern nicht identifiziert wird,
30 sondern von diesen Mördern befreit wird, dass es, besser gesagt, deutlicher gesagt, sich selber von diesen Mördern befreien kann. (…)
Und es gibt (…) dieses Wort an dem
35 Mahnmal in Jerusalem für die sechs Millionen ermordeten Juden (…): Das Vergessenwollen verlängert das Exil, und das Geheimnis der Erlösung heißt Erinnerung.

Zur Verjährung nationalsozialistischer Verbrechen, Teil 1, Bonn 1980, S. 165 f.

Q7 Holocaust-Mahnmal in Berlin

✎ E: Nimm Stellung dazu, welche Aussage des Mahnmals sich dir sofort erschließt. Informiere dich anschließend über Konzept und Anlage und überprüfe beides anhand des Bildes. [III]

Q8 Die Vergangenheit annehmen

Aus der Ansprache des damaligen Bundespräsidenten Richard von Weizsäcker am 8. Mai 1985 auf der Gedenkfeier zum 40. Jahrestag des Kriegsendes:

Schuld oder Unschuld eines ganzen Volkes gibt es nicht. Schuld ist, wie Unschuld, nicht kollektiv, sondern persönlich. (…) Der ganz überwiegende Teil
5 unserer heutigen Bevölkerung war zur damaligen Zeit entweder im Kindesalter oder noch gar nicht geboren. Sie können nicht eine eigene Schuld bekennen für Taten, die sie gar nicht begangen
10 haben. (…) Aber die Vorfahren haben ihnen eine schwere Erbschaft hinterlassen. Wir alle, ob schuldig oder nicht, ob alt oder jung, müssen die Vergangenheit annehmen. Wir alle sind von ihren
15 Folgen betroffen und für sie in Haftung genommen. Jüngere und Ältere müssen und können sich gegenseitig helfen zu verstehen, warum es lebenswichtig ist, die Erinnerung wachzuhalten. Es geht
20 nicht darum, Vergangenheit zu bewältigen. Das kann man gar nicht. Sie lässt sich ja nicht nachträglich ändern oder ungeschehen machen. Wer aber vor der Vergangenheit die Augen verschließt,
25 wird blind für die Gegenwart. Wer sich der Unmenschlichkeit nicht erinnern will, der wird wieder anfällig für neue Ansteckungsgefahren (…) Die Jungen sind nicht verantwortlich für das, was
30 damals geschah. Aber sie sind verantwortlich für das, was in der Geschichte daraus wird.

Zit. nach: http://www.bundespraesident.de/SharedDocs/Reden/DE/Richard-von-Weizsaecker/Reden/1985/05/19850508_Rede.html (19. April 2016)

---

1. Gib mit deinen Worten wieder, welches Geschichtsbild in dem DDR-Lehrbuch vermittelt wird. Beurteile diesen Merktext (Q3). [III]

2. Arbeite heraus, welches Urteil Christa Wolf über den Antifaschismus in der DDR fällt. Formuliere eine Antwort darauf (Q4). [III]

3. Vergleiche die Auffassungen Ernst Bendas und Richard von Weizsäckers zu der Frage, wie man mit der NS-Vergangenheit umgehen soll (Q6, Q8). [III]

4. Informiere dich, welche Gedenkstätten oder Mahnmale, die sich mit der NS-Vergangenheit auseinandersetzen, es in deiner Stadt oder Region gibt. Wähle eines aus und stelle es in geeigneter Form vor. [III]

1945   2012

1. Ein Silbenrätsel lösen: wichtige Begriffe der deutschen Geschichte seit 1945 kennen

Trage die richtigen Antworten in dein Heft ein. [I]

bo – brandt – cha – da – de – den – en – ent – fe – fi – form – form – frau – ge – grund – il – kom – kon – ly – mar – mer – mer – mi – mu – na – nal – plan – plan – pots – re – re – renz – rung – rungs – schaft – setz – shall – si – sta – tra – trüm – wäh – wil – wirt – zi – zie

1. Auf diesem Treffen berieten die Siegermächte 1945 über die Zukunft Deutschlands
2. Sie beseitigten die Schuttberge nach den Kriegszerstörungen
3. Finanzhilfe der USA zum Aufbau der westeuropäischen Wirtschaft
4. Versuch der Alliierten, die Beteiligung der Deutschen an der NS-Diktatur aufzuarbeiten
5. Umverteilung der landwirtschaftlichen Anbaufläche durch Enteignung
6. Einführung einer neuen Währung in den Westzonen
7. Bezeichnung der 1949 verabschiedeten „vorläufigen" Verfassung der Bundesrepublik
8. Wirtschaftsmodell der DDR
9. Dieser Kanzler wollte in der Bundesrepublik „mehr Demokratie wagen"
10. Überwachungs- und Bespitzelungsinstanz in der DDR (Kurzform)

2. Staatsformen untersuchen: Unterschiede und Gegensätze der beiden deutschen Staaten kennzeichnen

Übertrage die Tabelle in dein Heft und trage Unterschiede beider deutscher Staatsformen zusammen. Unterscheide dabei politische, wirtschaftliche und gesellschaftliche Aspekte. [I]

	Bundesrepublik	DDR
Herrschaftssystem	– –	– –
Wirtschaftsmodell	– –	– –
gesellschaftliche Gegebenheiten	– –	– –

3. Eine Karikatur auswerten: „Es lebe der Jubel"

Beschreibe die Karikatur Q1, deute ihren Inhalt und ordne ihre Aussage in den geschichtlichen Zusammenhang dieses Kapitels ein. Beachte dabei auch den Titel der Karikatur. [III]

Q1 „Es lebe der Jubel"
Karikatur des Ingenieurs Alois Kuhn, der seine Zeichnungen in einem ungenutzten Schaufenster in Erfurt ausstellte. Aufgrund dessen wurde er 1979 verhaftet. Er gelangte 1980 durch einen Häftlingsfreikauf in die Bundesrepublik. Karikatur, 1978

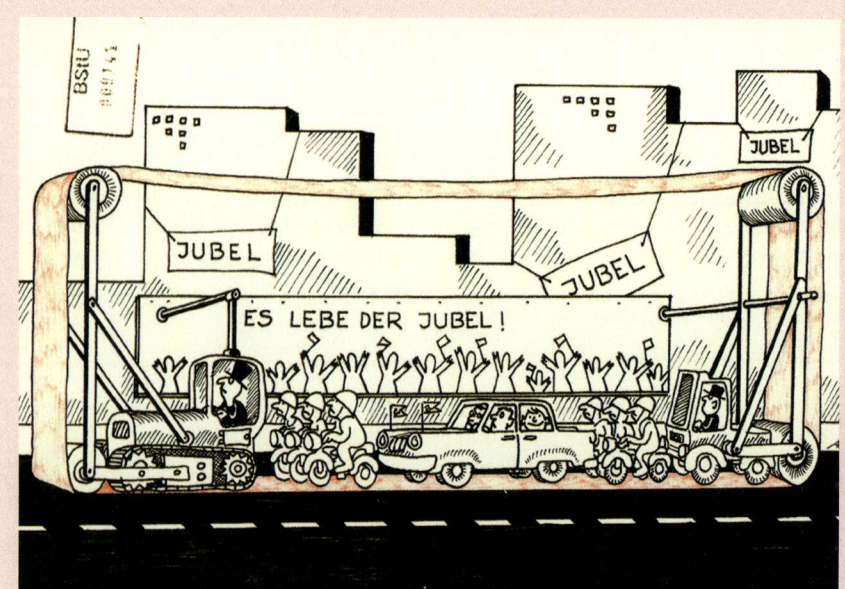

4. Argumente analysieren

Erläutere, worin der Kommentator der „Nationalen Front" die Überlegenheit der DDR sieht. Arbeite heraus, wie er dieses begründet. [II]

Q2 DDR und BRD

Ein Kommentator schreibt 1970 in der „Nationalen Front" der DDR:

Seit Beginn des vorigen Jahrhunderts hat es stets Deutsche gegeben, die auf der Seite des Fortschritts, der Arbeiterklasse (…), und andere, die auf der
5 Seite der Reaktion (…), des Kapitalismus standen. Heute existieren die sozialistische Deutsche Demokratische Republik und die monopolkapitalistische Bundesrepublik, zwei voneinander un-
10 abhängige Staaten. Ihre Bürger leben und arbeiten unter völlig gegensätzlichen Bedingungen. Die Bürger der DDR mehren mit ihrer Arbeit den eigenen Wohlstand und den der sozialistischen
15 Gesellschaft. In der Bundesrepublik dagegen profitiert eine kleine Schicht von Millionären von der Arbeit des werktätigen Volkes. Es sind die gleichen Monopolkreise, die an der Rüstung verdienen
20 und mit ihrem expansiven Machtstreben den Frieden bedrohen. Es gibt also einen fundamentalen gesellschaftlichen Unterschied zwischen dem Volk der DDR und dem Volk der Bundesre-
25 publik.

Nationalrat der Nationalen Front (Hrsg.), Worum geht es zwischen DDR und BRD? Berlin 1970, S. 70. Zit. nach: Heinz Dieter Schmid, Fragen an die Geschichte 4, Frankfurt 1984, S. 205.

5. Ein Foto einordnen und erklären: Die 68er-Bewegung

Erläutere das Foto vor dem Kontext des Kapitels. [II]

Q3 Protest von Hamburger Studenten gegen die mangelnde Aufarbeitung der Nazi-Vergangenheit in der BRD
Foto, 9. November 1967

6. Ereignisse einordnen und erläutern: Die deutsch-deutschen Beziehungen

Lies dir noch einmal die Fragen auf der Auftaktdoppelseite durch. Versuche sie aufgrund der Kenntnisse, die du inzwischen erworben hast, zu beantworten. [II]

3 Politische Wandlungsprozesse in Europa

Seit dem Ende des Zweiten Weltkrieges hatten sich die Staaten Europas politisch und wirtschaftlich immer enger zusammengeschlossen. In der Folge von Glasnost und Perestroika und der Grenzöffnung der DDR kam es zu dem Ereignis, mit dem niemand mehr gerechnet hatte: Die beiden deutschen Staaten wurden wiedervereinigt.

- Welche Möglichkeiten und welche Einschränkungen bietet die europäische Einigung?
- Welche Ursachen führten zur Wiedervereinigung in Deutschland?
- Wie weit ist der Prozess des Zusammenwachsens gediehen?
- Wie ist die Rolle des wiedervereinigten Deutschlands in der europäischen Union?

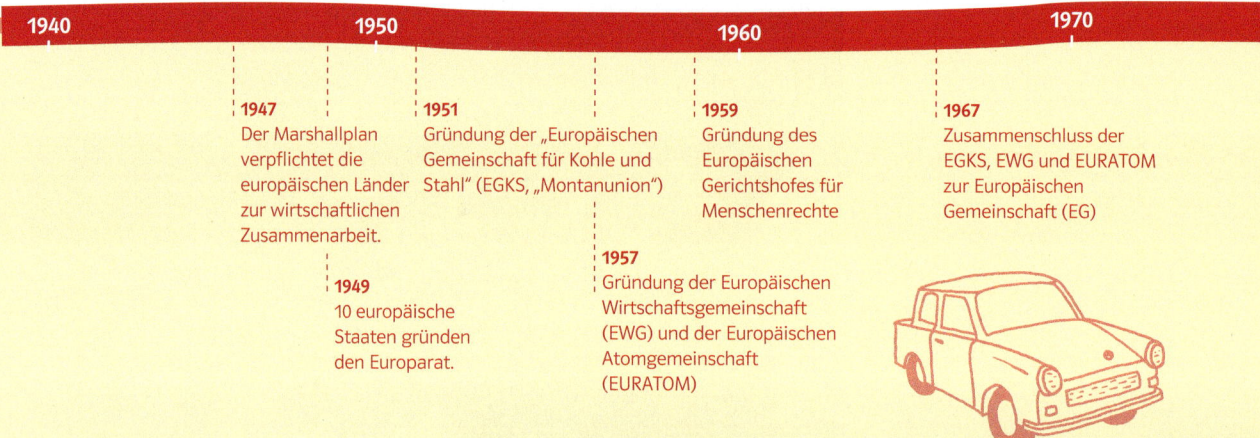

1940　　　　**1950**　　　　**1960**　　　　**1970**

1947
Der Marshallplan verpflichtet die europäischen Länder zur wirtschaftlichen Zusammenarbeit.

1949
10 europäische Staaten gründen den Europarat.

1951
Gründung der „Europäischen Gemeinschaft für Kohle und Stahl" (EGKS, „Montanunion")

1957
Gründung der Europäischen Wirtschaftsgemeinschaft (EWG) und der Europäischen Atomgemeinschaft (EURATOM)

1959
Gründung des Europäischen Gerichtshofes für Menschenrechte

1967
Zusammenschluss der EGKS, EWG und EURATOM zur Europäischen Gemeinschaft (EG)

DDR-Grenzsoldat mit einer Blume im Gewehr-lauf am 10. November 1989 am Berliner Grenz-übergang Ostpreußendamm

BRD-Außenminister Hans-Dietrich Genscher gibt bekannt, dass DDR-Bürger, die Zuflucht in der Botschaft der Bundesrepublik in Prag gesucht hatten, in die BRD ausreisen dürfen.
Foto, 30. September 1989

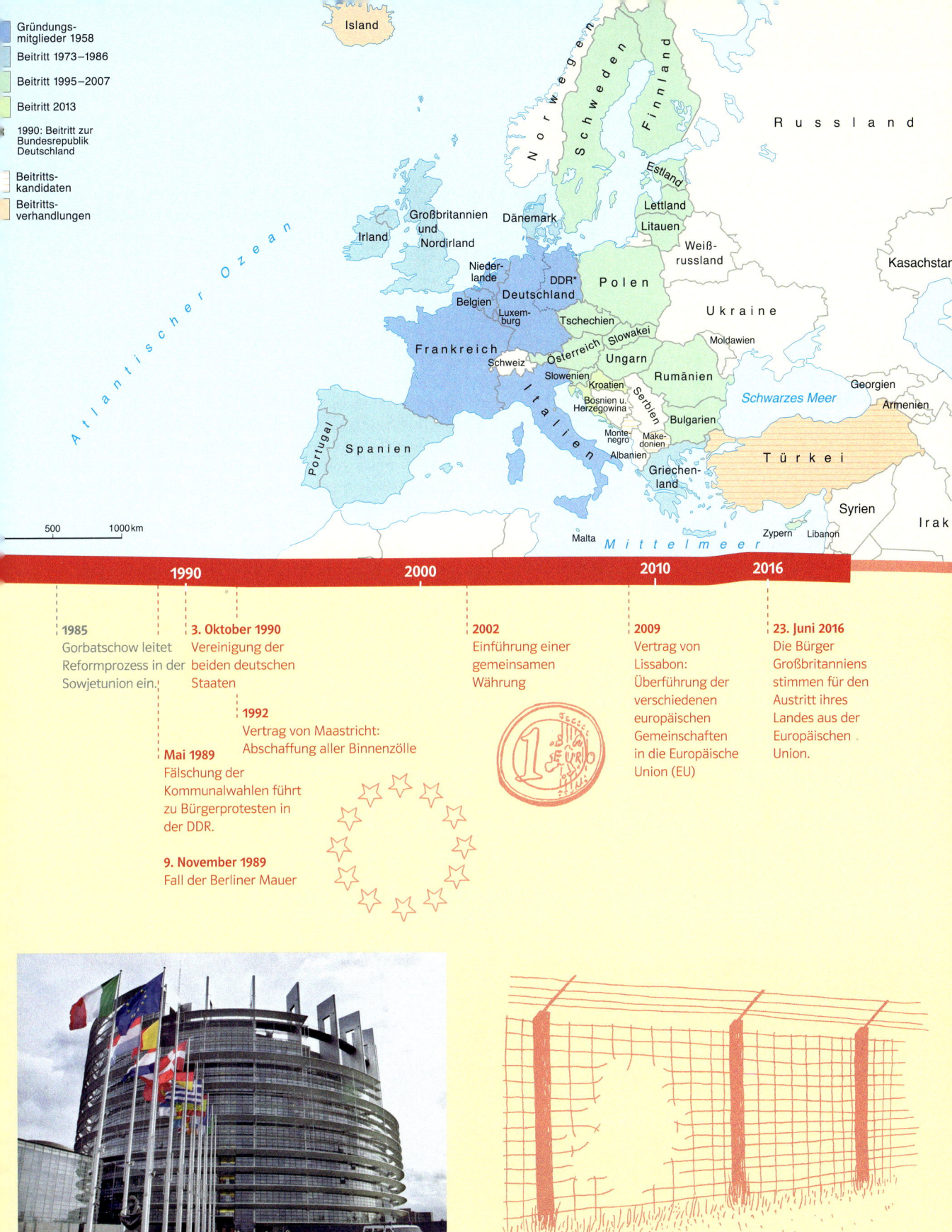

Island

Gründungs-
mitglieder 1958

Beitritt 1973–1986

Beitritt 1995–2007

Beitritt 2013

1990: Beitritt zur
Bundesrepublik
Deutschland

Beitritts-
kandidaten

Beitritts-
verhandlungen

Norwegen
Schweden
Finnland
Russland
Estland
Lettland
Litauen
Weiß-russland
Großbritannien und Nordirland
Dänemark
Irland
Atlantischer Ozean
Nieder-lande
DDR*
Deutschland
Polen
Belgien
Luxem-burg
Tschechien
Slowakei
Ukraine
Frankreich
Österreich
Ungarn
Moldawien
Schweiz
Slowenien
Rumänien
Georgien
Portugal
Spanien
Kroatien
Serbien
Schwarzes Meer
Armenien
Bosnien u. Herzegowina
Italien
Monte-negro
Make-donien
Bulgarien
Türkei
Albanien
Kasachstan
Griechen-land
Syrien
Irak
Malta
Mittelmeer
Zypern
Libanon

500   1000 km

1990   2000   2010   2016

1985
Gorbatschow leitet
Reformprozess in der
Sowjetunion ein.

3. Oktober 1990
Vereinigung der
beiden deutschen
Staaten

1992
Vertrag von Maastricht:
Abschaffung aller Binnenzölle

Mai 1989
Fälschung der
Kommunalwahlen führt
zu Bürgerprotesten in
der DDR.

9. November 1989
Fall der Berliner Mauer

2002
Einführung einer
gemeinsamen
Währung

2009
Vertrag von
Lissabon:
Überführung der
verschiedenen
europäischen
Gemeinschaften
in die Europäische
Union (EU)

23. Juni 2016
Die Bürger
Großbritanniens
stimmen für den
Austritt ihres
Landes aus der
Europäischen
Union.

Das europäische Parlament in Straßburg
Foto, 2002

1989　　　　　　　　　　　2016

Die Überwindung der deutschen Teilung

Im Herbst 1989 schaute die Welt auf die DDR – zuerst mit Bangen und Sorgen, dann mit Freude und Jubel. In Leipzig, Dresden, Berlin, Jena und vielen anderen Städten ereigneten sich Dinge, die noch vor Kurzem niemand für möglich gehalten hätte. Wie kam es dazu?

A: Erläutere den Begriff „friedliche Revolution" im Vergleich zu den Revolutionen, die du bisher kennengelernt hast. [II]

Das Ende der DDR zeichnet sich ab

Versorgungskrisen und politische Unfreiheit schürten in den 1980er Jahren die Unzufriedenheit in der Bevölkerung. Unter dem schützenden Dach der Kirchen schlossen sich Umwelt-, Friedens- und Menschenrechtsgruppen zusammen. Doch selbst als Michail Gorbatschow in der Sowjetunion eine Reformpolitik einleitete, hielt die starrsinnige SED-Führung weiterhin Reformen in Staat und Wirtschaft für überflüssig. Der wirtschaftliche Niedergang ließ sich schließlich nicht mehr verschleiern. Mit einem enormen Haushaltsdefizit und einer Auslandsverschuldung von 50 Milliarden Dollar stand die DDR vor dem Staatsbankrott.

Die große Flucht

Im Mai 1989 beobachteten Bürgerrechtsgruppen die Stimmauszählung bei den Kommunalwahlen und machten die Wahlfälschungen öffentlich. Das Maß schien voll. Im Sommer stellten über 120 000 DDR-Bürger einen Ausreiseantrag in die Bundesrepublik. Gleichzeitig flohen Tausende über Ungarn nach Österreich. Die ungarische Regierung hatte, ohne Absprache mit anderen Ostblockstaaten, die Sperranlagen an der Westgrenze abgebaut. Seit September konnten die Flüchtlinge die Grenze ganz legal überschreiten. Viele andere versuchten ihre Ausreise zu erzwingen, indem sie Einlass in die bundesdeutschen Botschaften in Warschau und Prag erwirkten. Wohl um die Jubelfeiern zum 40. Jahrestag der DDR nicht zu stören, durften am 30. September mehrere Tausend Menschen ausreisen, die in der Prager Botschaft ausgeharrt hatten. In Sonderzügen erreichten sie Anfang Oktober die Bundesrepublik.

„Wir sind das Volk"

Unterdessen nahmen die Proteste in der DDR zu. Seit September schlossen sich den traditionellen Friedensgebeten jeden Montagabend in der Leipziger Nikolaikirche Demonstrationszüge an. Trotz begründeter Ängste, die SED-Führung könnte die Montagsdemonstrationen mit Waffengewalt beenden, kamen immer mehr Menschen. Unter der Losung „Wir sind das Volk" breiteten sich Forderungen nach Demokratie und Mitbestimmung als friedliche Revolution über das Land aus. Die Hilflosigkeit der Machthaber beschrieb ein Mitglied der SED-Führung so: „Auf alles waren wir gefasst, nur nicht auf Kerzen und Gebete."

Q1 Demonstration in Leipzig am 13. November 1989

B: Erläutere die Aufschriften auf den Transparenten und nimm Stellung dazu. [III]

Q2 Eine Westberlinerin begrüßt eine Frau aus dem Ostteil der Stadt, 10. November 1989.

✎ C: Schreibe Sprechblasen für die Menschen auf dem Bild. [III]

Die letzten Tage des Politbüros

Die pompösen Feierlichkeiten zum 40. Jahrestag der DDR wurden von Demonstrationen und Verhaftungen begleitet. Als Rettungsversuch in letzter Minute stürzte das Politbüro am 18. Oktober Erich Honecker und wählte Egon Krenz zu seinem Nachfolger, der aber von der Bevölkerung als Vertreter der alten Machtelite abgelehnt wurde. Trotz erleichterter Ausreisegesetze nahmen die Proteste und Großdemonstrationen weiter zu.

Die Mauer ist auf!

So geriet die DDR immer mehr unter Druck. Am Abend des 9. November gab der Berliner SED-Funktionär Günter Schabowski auf einer Pressekonferenz freie Reisemöglichkeiten in den Westen bekannt. Sofort strömten Tausende zu den Übergängen der Sektorengrenze in Berlin, die von den hilflosen und uninformierten Grenztruppen nach kurzem Zögern geöffnet wurden. Die Mauer war gefallen. Das war die Abdankungserklärung des Systems.

„Wir sind ein Volk"

Inzwischen hatten Reformkräfte und Parteivertreter einen „Runden Tisch" zur Beratung und Kontrolle der Regierung gebildet. Seine Hauptforderung war eine neue demokratische Verfassung für die DDR. Bundeskanzler Kohl trug gleichzeitig dem Bundestag ein Zehn-Punkte-Programm für Deutschland vor, an dessen Ende die Möglichkeit einer Wiedervereinigung stand. Zu dieser Zeit begannen sich die Wünsche und Sehnsüchte der Bevölkerung zu wandeln. Unter der Losung „Wir sind ein Volk" wurde die Einheit der beiden deutschen Staaten gefordert.

Freie Wahlen in der DDR

Bei den ersten und einzigen freien Parlamentswahlen in der DDR am 18. März 1990 bewarben sich neben der SED, die sich jetzt PDS nannte, mehr als 30 neue politische Gruppierungen und Parteien. Die neugegründete SPD wurde von der West-SPD unterstützt, während sich die CDU anfangs schwertat, die Ost-CDU als Partner anzuerkennen, hatte diese doch als Blockpartei die SED-Politik lange mitgetragen. Ausschlaggebend für den Wahlsieg der von der CDU beherrschten konservativen „Allianz für Deutschland" war ihr Versprechen einer baldigen Wirtschafts- und Währungsunion. Die DDR war somit abgewählt.

1989   2016

Q3 Karikatur von Horst Haitzinger, 7. November 1989

✎ D: Erkläre, welche Befürchtungen zum Ausdruck kommen. Beurteile die Karikatur aus heutiger Sicht. [III]

Q4 Warum wollen die DDR-Bürger weg?

Aus einem Stasi-Bericht über Motive der Flüchtlinge vom 9. September 1989:
Die Vorzüge des Sozialismus, wie zum Beispiel soziale Sicherheit und Geborgenheit, werden zwar anerkannt, im Vergleich mit aufgetretenen Prob-
5 lemen und Mängeln jedoch als nicht mehr entscheidende Faktoren angesehen. (…) Das geht einher mit der Auffassung, dass die Entwicklung keine spürbaren Verbesserungen für die Bür-
10 ger bringt, sondern es auf den verschiedensten Gebieten in der DDR schon einmal besser gewesen sei. (…)
Als wesentliche Gründe/Anlässe für Bestrebungen zur ständigen Ausreise
15 bzw. das ungesetzliche Verlassen der DDR – die auch in Übereinstimmung mit einer Vielzahl von Eingaben an zentrale und örtliche Organe/Einrichtungen stehen – werden angeführt:
20 – Unzufriedenheit über die Versorgungslage
– Verärgerung über unzureichende Dienstleistungen
– Unverständnis für Mängel in der
25 medizinischen Betreuung und Versorgung
– Eingeschränkte Reisemöglichkeiten innerhalb der DDR und nach dem Ausland
30 – Unbefriedigende Arbeitsbedingungen und Diskontinuität im Produktionsablauf
– Unzulänglichkeiten/Inkonsequenz bei der Anwendung/Durchsetzung
35 des Leistungsprinzips sowie Unzufriedenheit über die Entwicklung der Löhne und Gehälter
– Verärgerung über bürokratisches Verhalten (…) sowie über Herzlosig-
40 keit im Umgang mit den Bürgern
– Unverständnis über die Medienpolitik der DDR (…)
Den größten Umfang im Motivationsgefüge nimmt die Kritik an der Ver-
45 sorgung der Bevölkerung ein. Auf Unverständnis stoßen vor allem anhaltende Mängel bei der kontinuierlichen Versorgung mit hochwertigen Konsumgütern (…) sowie Ersatzteilen, mit
50 Baustoffen und Baumaterialien sowie mit bestimmten Waren des täglichen Bedarfs (zum Beispiel hochwertige Lebensmittel, Frischobst, Gemüse, häufig wechselnde Artikel der „1000 kleinen
55 Dinge". (…)
Diese Argumentation erfährt ihre Zuspitzung durch den Verweis darauf, dass die Besitzer von Devisen (…) im Wesentlichen alles erwerben könnten.
60 Es wird Kritik am sogenannten doppelten Währungssystem, an Intershops, Valutahotels und an „Privilegien" für Devisenbesitzer geübt.

Arnim Mitter/Stefan Wolle (Hrsg.), Ich liebe euch doch alle. Befehle und Lageberichte des MfS, Berlin 1990, S. 141 ff.

Q5 Nichts begriffen?

Aus einer Stellungnahme des SED-Politbüros zur Ausreiseproblematik vom 11. Oktober 1989:
Der Sozialismus braucht jeden. Er hat Platz und Perspektive für alle. Er ist die Zukunft der heranwachsenden Generationen. Gerade deshalb lässt es
5 uns nicht gleichgültig, wenn sich Menschen, die hier arbeiteten und lebten, von unserer Deutschen Demokratischen Republik losgesagt haben. Viele von ihnen haben die Geborgenheit der
10 sozialistischen Heimat und eine sichere Zukunft für sich und ihre Kinder preisgegeben. Sie sind in unserem Land aufgewachsen, haben hier ihre berufliche Qualifikation erworben und sich ein gu-
15 tes Auskommen geschaffen. Sie hatten ihre Freunde, Arbeitskollegen und Nachbarn. Sie hatten eine Heimat, die sie brauchte und die sie selbst brauchen. Die Ursachen für ihren Schritt mö-
20 gen vielfältig sein. Wir müssen und werden sie auch bei uns suchen, jeder an seinem Platz, wir alle gemeinsam.
Viele von denen, die unserer Republik in den letzten Monaten den Rücken ge-
25 kehrt haben, wurden Opfer einer großangelegten Provokation. Wiederum bestätigt sich, dass sich der Imperialismus der BRD mit einem sozialistischen Staat auf deutschem Boden niemals abfin-
30 den wird, Verträge bricht und das Völkerrecht missachtet. Mit dem 40. Jahrestag der Gründung der Deutschen Demokratischen Republik glaubten imperialistische Kräfte den geeigne-
35 ten Zeitpunkt gefunden zu haben, um mit einer hasserfüllten Kampagne ihrer Massenmedien Zweifel am Sozialismus und seiner Perspektive zu verbreiten.

Deutschland Archiv 12/1989, S. 1435 ff. Zit. nach: Informationen zur politischen Bildung Nr. 250, Der Weg zur Einheit. Deutschland seit Mitte der achtziger Jahre, Bonn 1996, S. 20.

Q6 In der Leipziger Innenstadt am 7. Oktober 1989, zwei Tage vor der nächsten Montagsdemonstration

✎ E: Du hast dir vorgenommen, an der nächsten Montagsdemonstration teilzunehmen. Zwei Tage zuvor erlebst du die Szene, die auf dem Foto zu sehen ist. Am Abend vertraust du deine Gedanken deinem Tagebuch an. Schreibe einen solchen Tagebucheintrag. [III]

Q7 Die Welt blickt auf uns Deutsche
Aus einem Beitrag des damaligen Bundesaußenministers Hans-Dietrich Genscher bei einer Podiumsdiskussion in Halle am 17. Dezember 1989:

Heute bin ich zu Ihnen gekommen, um im Gespräch mit Ihnen von Ihren Vorstellungen zu hören, aber auch von Ihren Erwartungen an uns in der Bundesrepublik. Ich bin gekommen, um Ihnen zu danken für die Würde, die Besonnenheit und die Verantwortung, mit der Sie friedlich für Freiheit und Demokratie, für freie Wahlen, für Recht und Gerechtigkeit eintreten.

Das ehrt unsere ganze Nation. Jahrzehnte der Trennung haben aus einer deutschen Nation nicht zwei ge-30 macht. Es gab nicht, und es gibt nicht eine kapitalistische und eine sozialistische deutsche Nation – es gibt nur eine deutsche Nation.

Dass wir heute dieses Gespräch führen 35 können, das haben Sie bewirkt.

Ihre Friedensgesinnung, Ihre Brüderlichkeit und Ihre Toleranz, die Ablehnung der Gewalt gegenüber dem Nächsten macht die moralische Stärke 40 Ihres Bemühens aus. Diese Friedensgesinnung, der Freiheitswille, diese Brüderlichkeit und diese Toleranz werden auch in Zukunft gebraucht werden.

Ich möchte Sie ermutigen, so Ihren 45 Weg weiterzugehen, denn ein neuer Anfang verlangt Freiheit, Gerechtigkeit und Demokratie. Nichts wird wieder so sein, wie es war – nicht bei uns, nicht bei Ihnen. Aus dem, was hier ge-50 schieht, kann eine neue politische Kultur entstehen, die auch den Menschen in der Bundesrepublik Deutschland vieles geben kann. (…)

Sie nehmen nun Ihr Schicksal in die eigenen Hände. Sie wollen in freien Wahlen entscheiden über Ihre politische, gesellschaftliche und wirtschaftliche Ordnung. Sie werden auch entscheiden über das Verhältnis der beiden deutschen Staaten zueinander und auch darüber, wie Sie die Zukunft unserer deutschen Nation sehen. (…)

Was immer Sie in der DDR entscheiden werden über Ihre innere Ordnung, über das Verhältnis der beiden deutschen 50 Staaten zueinander und über unsere deutsche Zukunft: Wir werden es respektieren.

Die Welt blickt auf uns Deutsche.

Die friedliche Revolution für Freiheit 55 und Menschenrechte, die sich hier vollzieht, hat dem Ansehen der ganzen Nation gedient.

Es gibt nur eine deutsche Nation. Beitrag beim Podiumsgespräch in der Marktkirche zu Halle am 17. Dezember 1989. Zit. nach: Sternstunde der Deutschen, Hans-Dietrich Genscher im Gespräch mit Ulrich Wickert, Stuttgart/Leipzig 2000, S. 154 ff.

---

1. Stelle aus den Quellen Q4 und Q5 die Hauptprobleme der DDR zusammen; schreibe dazu einen politischen Kommentar, der außer der Faktenebene auch die Sprache berücksichtigt. [III]

2. Charakterisiere die Haltung Genschers gegenüber den DDR-Bürgern und zur deutschen Nation (Q7). [II]

3. Befrage ältere Menschen aus deiner Umgebung, wie sie die Ereignisse in der DDR 1989 wahrgenommen haben. Stelle die Aussagen in einer Übersicht zusammen. [III]

1989   2016

Zeitzeugen befragen

Zeitzeugenberichte sind ein wesentlicher Bestandteil historischer Forschung, denn sie enthalten Informationen, die in anderen Quellen oft nicht überliefert sind. Dabei handelt es sich einerseits häufig um Darstellungen der Alltagsgeschichte, andererseits um die Wiedergabe subjektiver Sichtweisen auf historische Ereignisse, die sie selbst miterlebt, erlitten oder mitgestaltet haben. Somit sind Zeitzeugenberichte vor allem alltags- und mentalitätsgeschichtliche historische Quellen. Wie andere Quellen auch müssen sie nach wissenschaftlichen Gesichtspunkten kritisch ausgewertet werden. Insbesondere ist zu beachten, dass sich Erinnerungen von Menschen im Laufe der Zeit verändern und in die Beurteilungen der damaligen Ereignisse heutige Sichtweisen einfließen können.

Q1 **Lea, Lisa und Theresa im Gespräch mit Herrn Dücker in der Gedenkstätte „Point Alpha".** Im Ausstellungsraum „Freiheiten" im Haus auf der Grenze können in einer ganz besonderen Atmosphäre Zeitzeugengespräche durchgeführt werden, Foto von 2012.

Vorbereiten

Lea, Lisa und Theresa haben die Aufgabe übernommen, eine Fachexkursion ihrer Klasse zur Gedenkstätte „Point Alpha" vorzubereiten. Dort soll das vertieft und aus anderer Perspektive betrachtet werden, was sie im Unterricht zum Thema „Die Entwicklung der beiden deutschen Staaten im Kontext der bipolaren Welt" gelernt haben. Der Lernort „Point Alpha" bietet dazu vielfältige Möglichkeiten. Unter unterschiedlichen Schwerpunkten kann die Klasse hier ihr Wissen zum Kalten Krieg und besonders zum Alltagsleben unter den Bedingungen der DDR-Diktatur erweitern. Dazu möchten die Schülerinnen auch einen Zeitzeugen befragen. Sie formulieren das Thema „Wie haben der Kalte Krieg und die Teilung Deutschlands das Schicksal von Menschen beeinflusst?"

Zunächst nehmen sie Kontakt zur Gedenkstätte auf und teilen den Mitarbeitern ihre terminlichen und inhaltlichen Wünsche mit. Sie erfahren, dass ihnen der Journalist Berthold Dücker als Gesprächspartner zur Verfügung stehen wird. Die drei recherchieren daraufhin nochmals gründlich zu Stichpunkten wie Kalter Krieg, Grenzregime und Sperrgebiet und informieren sich im Internet auch schon über „ihren" Zeitzeugen. Sie erfahren, dass Berthold Dücker im Sperrgebiet direkt an der Grenze zwischen Thüringen und Hessen aufwuchs und dass ihm mit 16 Jahren die Flucht in den Westen gelang. Das Sperrgebiet war ein fünf Kilometer breites Gebiet vor der Grenze, das niemand ohne einen Passierschein betreten durfte. Bewohner dieses Gebietes hatten einen Vermerk in ihrem Personalausweis und mussten sich jederzeit ausweisen können. Als Nächstes schreiben Lea, Lisa und Theresa Fragen auf, die sie Herrn Dücker auf jeden Fall stellen wollen: Wie

hat er den Alltag an der Grenze empfunden? Wie wurde er durch das Leben an und mit der Grenze geprägt? Was waren die Beweggründe für seine Flucht? Warum ging er das Risiko ein, obwohl er die Gefahren kannte und auch wusste, dass eine Rückkehr in die Heimat wohl nie wieder möglich sein würde? Warum kehrte er nach 1990 zurück und engagierte sich für die Errichtung der Gedenkstätte „Point Alpha"?

Befragen

Berthold Dücker wurde 1947 in dem an der Grenze gelegenen Ort Geismar geboren. Die Grenze prägte von Anfang an sein Leben. Seine Eltern hatten eine kleine Landwirtschaft und so kam er bei Feldarbeiten in die direkte Nähe zur Grenze. Er erinnert sich noch genau, wie die Grenzanlagen immer weiter ausgebaut wurden – vom bewachten 10-m-Streifen über einen Stacheldrahtzaun

Methodische Arbeitsschritte

1 Vorbereiten

- Überlege, zu welchem Thema, unter welcher Perspektive und zu welchem Zweck du einen Zeitzeugen sinnvoll interviewen kannst.
- Mache Zeitzeugen ausfindig. Adressen dafür sind: Altersheime, Altenbegegnungsstätten, das Pfarramt, das Bürgermeisteramt, Vereine und Verbände.
- Vereinbare einen Gesprächstermin.
- Informiere dich in Büchern und anderen Medien über das Thema.
- Schreibe dir Stichworte zu den Themen auf, über die du etwas erfahren willst.
- Notiere wichtige Einstiegsfragen.

2 Befragen

- Befrage Zeitzeugen in gut gewählter, möglichst vertrauter Umgebung.
- Höre dem Zeitzeugen geduldig zu und falle ihm nicht ins Wort.
- Notiere dir die persönlichen Daten deines Zeitzeugen (Name, Alter, Geburtsort, Beruf u. a.).
- Vorsicht beim Einsatz von Recordern. Besser ist, du hörst aufmerksam zu und machst dir ein paar Notizen.

3 Auswerten

- Ordne deine Notizen.
- Überprüfe anhand von Sachbüchern, Quellen oder weiteren Zeitzeugen, welche Aussagen du für glaubhaft, welche eher für unwahrscheinlich hältst.
- Ordne die Aussagen in einen größeren Zusammenhang ein und lege dar, welche Erkenntnisse du durch die Zeitzeugenbefragung zu einem Thema gewonnen hast.

---

bis zum Minenfeld. Auch die Geräusche der Grenze, die Schüsse und Explosionen, haben sich ihm eingeprägt. Mit der Zeit gewöhnte er sich daran. Erst als er älter wurde, empfand er die zunehmende Unfreiheit immer bedrückender. Nächtliches Ausgehverbot, häufige Ausweiskontrollen oder Parkverbote in Grenznähe waren dafür bezeichnend. Herr Dücker erinnert sich auch noch sehr genau an die Warnungen seines Vaters, in der Schule vorsichtig mit politischen Meinungsäußerungen zu sein. Die Sätze: „Pass bloß auf, was du sagst. Die bringen uns von Haus und Hof!", haben sich ihm tief eingeprägt. Sie zeugen von der Angst seiner Eltern, aus ihrer Heimat vertrieben zu werden. In zwei großen Aktionen 1952 und 1961 ließen die DDR-Machthaber viele als „unzuverlässig" geltende Bewohner aus dem Grenzgebiet zwangsweise aussiedeln und in andere Gegenden der DDR bringen. Der Entschluss, in den Westen zu flüchten, reifte bei Herrn Dücker, als er sich Gedanken um seine berufliche Zukunft machte. Er wollte gern Journalist werden. Sein Vater öffnete ihm die Augen, dass er sich dafür politisch auf die

Seite der SED stellen müsse. Es würde von ihm verlangt, aus der Kirche auszutreten und Parteimitglied zu werden. Für ihn stand nun fest, dass es in der DDR keine Zukunft für ihn geben würde, und er bereitete seine Flucht vor. Leicht war das nicht, denn wer verlässt schon gern seine Familie, seine Freunde, seine Heimat? Bei seiner Flucht hatte er Glück: Er wurde nicht entdeckt und kam heil durch das Minenfeld. Im Westen angekommen, war er als 16-Jähriger auf sich allein gestellt. Er begann die Ausbildung als Schriftsetzer, um sich das Geld für sein Studium verdienen zu können. Aus gesundheitlichen Gründen musste er die Lehre jedoch abbrechen. Zum Glück bekam er bei einer Zeitung eine Anstellung und schließlich konnte er sich seinen Berufswunsch erfüllen.
Nach 1990 stand für ihn fest: „Ich gehe zurück in meine Heimat." Er wollte dabei helfen, dass das Unrecht in der DDR nicht in Vergessenheit gerät. Deswegen setzte er sich sehr dafür ein, den ehemaligen Beobachtungsstützpunkt der US-Streitkräfte „Point Alpha" an der Grenze zwischen der Bundesrepublik und der DDR zu einer Gedenkstätte auszubauen.

Auswerten

Nach ihrem Gespräch mit Herrn Dücker ordnen Lea, Lisa und Theresa ihre Notizen und fassen das Wichtigste zusammen. Sie wollen überprüfen, ob alle ihre Fragen beantwortet sind. Reichen die Antworten aus, um das gewählte Thema bearbeiten zu können? Oder müssen sie Herrn Dücker vielleicht noch einmal bitten, ihnen etwas zu berichten? Auf alle Fälle wollen sie sich in Sachbüchern oder in anderen Quellen darüber informieren, wie die von Herrn Dücker angesprochenen Umsiedlungen vor sich gegangen waren, welche Folgen sie für die Betroffenen hatten und was aus ihren Häusern geworden ist. Es interessiert sie auch, wie typisch Herrn Dückers Schicksal in jener Zeit war. Bei ihren Nachforschungen stellen sie fest, dass viele Menschen so dachten wie Berthold Dücker. Aber derartige Fluchten über die Grenze wurden immer seltener. Der weitere Ausbau mit Selbstschussanlagen nach 1970 machte dies fast unmöglich. Auch finden sie heraus, dass zwischen 1965 und 1978 viele grenznahe Dörfer entvölkert und abgerissen wurden.

---

1. Notiere auf einer Liste Themen zum Alltagsleben an der deutsch-deutschen Grenze, über die du mit Zeitzeugen sprechen möchtest. [I]

2. Gestaltet in der Klasse Wandzeitungen über die Erkenntnisse und Eindrücke, die ihr bei Zeitzeugengesprächen gewonnen habt. [III]

3. Schreibe einen besonders beeindruckenden Satz des Zeitzeugen auf und begründe deinen Mitschülern deine Wahl. [III]

1989   2016

Wir sind wieder eins

Nach der vierzigjährigen Teilung Deutschlands glaubte kaum noch jemand an ihre Überwindung. Doch dann ging es mit einem Mal ganz schnell. Vielen erschien das alles wie ein Wunder. Doch das „Wunder" war eine schwierige Aufgabe – und ist es bis heute geblieben.

✎ A: Zeichne eine Zeitleiste zur Vereinigung der beiden deutschen Staaten vom Sommer 1989 bis zum Oktober 1990. [I]

Die deutsche Einheit wird vorbereitet

Nach der Volkskammerwahl in der DDR begannen die Politiker der beiden deutschen Staaten die Wiedervereinigung vorzubereiten. Noch war nicht klar, auf welchem Weg sie erfolgen sollte. Zunächst einigten sich die Verhandlungspartner, am 1. Juli 1990 eine Währungs-, Wirtschafts- und Sozialunion miteinander einzugehen. Zu diesem Zeitpunkt wurde die DM in der DDR eingeführt. Löhne und Renten wurden im Verhältnis 1:1 eingetauscht, höhere Sparguthaben im Verhältnis 2:1. Die soziale Marktwirtschaft sollte die Planwirtschaft ersetzen. Dazu wurde die sogenannte Treuhandanstalt gegründet, der die volkseigenen Betriebe unterstellt wurden. Aufgabe der Treuhandanstalt war, die Betriebe zu privatisieren oder stillzulegen, wenn sich kein Käufer fand.

Von den „Zwei-plus-Vier-Gesprächen" zur „Berliner Republik"

Die vier Siegermächte des Zweiten Weltkrieges hatten niemals einen Friedensvertrag mit Deutschland abgeschlossen. Deswegen war es notwendig, mit ihnen die außenpolitischen Konsequenzen der Einheit auszuhandeln. Das betraf vor allem die Garantie der Grenzen und die Stärke und Bündniszugehörigkeit einer deutschen Armee. Nach mehreren sogenannten Zwei-plus-Vier-Gesprächen unterzeichneten die ehemaligen Alliierten und die beiden deutschen Staaten im September in Moskau den „Vertrag über die abschließende Regelung in Bezug auf Deutschland". Damit war der Weg zur staatlichen Einheit offen.

Inzwischen war von der DDR und der Bundesrepublik ein Einigungsvertrag unterzeichnet worden, der maßgebliche politische und rechtliche Fragen regelte.

Nach einem entsprechenden Beschluss der Volkskammer traten am 3. Oktober 1990 die fünf Bundesländer der DDR der Bundesrepublik Deutschland bei. Im Juni 1991 beschloss der Bundestag, den Sitz von Parlament und Regierung nach Berlin zu verlegen.

Q1 Unterzeichnung des Zwei-plus-Vier-Vertrages am 12. September 1990 in Moskau

Die Unterzeichnenden sind von links nach rechts: der amerikanische Außenminister James Baker, der britische Außenminister Douglas Hurd, der sowjetische Außenminister Eduard Schewardnadse, der französische Außenminister Roland Dumas, der Außenminister der DDR Lothar de Maizière und der Bundesaußenminister Hans-Dietrich Genscher.

✎ B: Verfasse zu diesem Foto einen Artikel für eine ostdeutsche Zeitung. [III]

Q2 „Du hast also die Streckenzusammenlegung gewählt, schön und gut – aber das ist doch schwieriger, als ich zuerst dachte!"
Karikatur von Jupp Wolter

✎ C: Erläutere mithilfe des Textes die Botschaft der Karikatur. [II]

Die Mühen des Zusammenwachsens

Am Anfang waren die Menschen der neuen Bundesländer in Aufbruchstimmung und hofften auf die schnelle Angleichung des Lebensstandards mit dem Westen. Die Umstellung der Planwirtschaft auf eine Marktwirtschaft führte jedoch zum Zusammenbruch vieler veralteter Betriebe, die nicht mehr konkurrenzfähig waren. Viele verloren ihren Arbeitsplatz, vor allem Frauen. Gut ausgebildete, vor allem jüngere Leute wanderten in den Westen ab. Ganze Landstriche im Osten verödeten.

Als problematisch erwies sich auch der im Einigungsvertrag festgeschriebene Grundsatz „Rückgabe vor Entschädigung". Ehemalige Besitzer von Immobilien und Betrieben, die aus der DDR geflohen oder enteignet worden waren, forderten nun ihr früheres Eigentum zurück. Das stieß auf Unverständnis der jahrelangen Nutzer und führte zu langwierigen Rechtsstreitigkeiten. Oft kam es auch zu Missverständnissen zwischen den Menschen aus Ost und West. Die Übernahme der bundesdeutschen Verwaltungs- und Rechtsstrukturen brachte es mit sich, dass zahlreiche Führungspositionen mit Experten aus dem Westen besetzt wurden. Nicht wenige Ostdeutsche empfanden dies als Fremdbestimmung. Andererseits warfen Westdeutsche den Menschen im Osten Undankbarkeit und überzogenes Anspruchsdenken vor.

Enttäuscht waren viele DDR-Bürgerrechtler auch darüber, dass die ehemals Mächtigen aus juristischen Gründen nur milde oder gar nicht bestraft wurden, wenn sie wegen Verstößen gegen die Menschenrechte angeklagt wurden.

Wächst trotzdem zusammen, was zusammengehört?

Trotz aller Schwierigkeiten kann die Einheit gelingen, auch wenn es sicher länger dauert, als manche erwartet hatten. Mit mehr als einer Billion Euro an Steuergeldern und Privatinvestitionen erhielten die neuen Bundesländer eine moderne Infrastruktur im Verkehr und der Telekommunikation. Neue Unternehmen wurden geschaffen und zukunftsfähige Betriebe modernisiert. Auch ostdeutsche Unternehmer bauten sich neue Existenzen auf und stellten Arbeitskräfte ein. Das war fast immer schwer, weil ihnen das dafür notwendige Kapital nicht in ausreichendem Maße zur Verfügung stand. Und auch für die von Arbeitslosigkeit betroffenen Menschen wurde durch enorme soziale Leistungen gesorgt, was allerdings die Staatsschulden erheblich ansteigen ließ. Mut macht auch, dass Angela Merkel, die als erste Frau Bundeskanzlerin wurde, aus der untergegangenen DDR stammt.

✎ D: Erkläre, warum es im Einigungsprozess Schwierigkeiten gab und gibt. Beziehe dabei auch den Zeitstrahl aus Aufgabe A mit ein. [II]

Immobilien
Häuser, Betriebsanlagen und Grundstücke

1989 2016

D1 Der Zwei-plus-Vier-Vertrag von 1990

✎ E: Erläutere die Bestimmungen des Vertrages. [II]

Der **2+4** Vertrag

Die wichtigsten Vertragsinhalte

Das vereinte Deutschland umfasst die Bundesrepublik, die DDR und ganz Berlin

Die bestehenden Grenzen sind endgültig. Keine Gebietsansprüche Deutschlands gegen andere Staaten. Bestätigung der Oder-Neiße-Grenze durch deutsch-polnischen Vertrag

Deutschland bekräftigt sein Bekenntnis zum Frieden und seinen Verzicht auf ABC-Waffen

Beschränkung der deutschen Streitkräfte auf 370 000 Mann

Abzug der sowjetischen Truppen aus der DDR und Ost-Berlin bis Ende 1994

Danach dürfen NATO-angehörige deutsche Truppen, aber keine ausländischen Streitkräfte, keine Atomwaffen und keine Atomwaffenträger auf ostdeutschem Gebiet stationiert werden

Beendigung der Viermächte-Rechte und -Verantwortlichkeiten in Bezug auf Berlin und Deutschland als Ganzes

Volle Souveränität des vereinten Deutschland

„Vertrag über die abschließende Regelung in Bezug auf Deutschland" vom 12.9.1990

ZAHLENBILDER

© Bergmoser + Höller Verlag AG

58 310

Q3 Wie löst man das deutsche Problem?

François Mitterrand in einem Rundfunkinterview am 25. März 1990 zum Vereinigungsprozess:

Wir sind mit der Geschichte vertraut. Seit 1000 Jahren schon sind wir die Nachbarn der Deutschen. Diese waren immer schon ein großes Volk, das manchmal
5 vereinigt, meist aber geteilt war. (…) Um das deutsche Problem in den Griff zu bekommen, muss man über das Problem des deutsch-französischen Paares hinausblicken – dabei muss man aller-
10 dings darauf achten, dass es zusammenhält – und sich mit dem Problem Gesamteuropas auseinandersetzen.

Informationen zur politischen Bildung Nr. 250, Der Weg zur Einheit. Deutschland seit Mitte der achtziger Jahre, Bonn 1996, S. 38.

Q4 Wird Deutschland zu mächtig?

Die britische Premierministerin Margaret Thatcher in ihren Memoiren:

Ein wiedervereinigtes Deutschland ist schlichtweg viel zu groß und zu mächtig, als dass es nur einer von vielen Mitstreitern auf dem europäischen Spiel-
5 feld wäre. (…) Nur das militärische und politische Engagement der USA in Europa und die engen Beziehungen zwischen den beiden anderen starken, souveränen Staaten Europas, nämlich
10 Großbritannien und Frankreich, können ein Gleichgewicht zur Stärke der Deutschen bilden. In einem europäischen Superstaat wäre dergleichen niemals möglich.

Margaret Thatcher, Downing Street No. 10. Die Erinnerungen, Düsseldorf 1993, S. 1095 f.

Q5 Keine Befürchtungen

US-Präsident George Bush in einem Interview der „New York Times" vom 25. Oktober 1989:

Ich teile die Sorge mancher europäischer Länder über ein wiedervereinigtes Deutschland nicht, weil ich glaube, dass Deutschlands Bindung an und Ver-
5 ständnis für die Wichtigkeit des (atlantischen) Bündnisses unerschütterlich ist. Und ich sehe nicht, was einige befürchten, dass Deutschland, um die Wiedervereinigung zu erlangen, einen
10 neutralistischen Weg einschlägt (…).

New York Times vom 25. Oktober 1989.

Q6 Die Geschichte wird entscheiden

Der sowjetische Präsident Michail Gorbatschow in einem Rundfunkinterview am 30. Januar 1990:

Auf keinen Fall darf man die Interessen der Deutschen schmälern, denn ich bin für einen realistischen Prozess. Wenn wir sagen, die Geschichte wird die
5 Dinge entscheiden, und ich habe das viele Male getan, dann wird das auch so sein, und ich glaube, dass sie bereits ihre Korrekturen einbringt.

Deutschland Archiv 3/1990, S. 468.

Q7 Was meiner Generation wichtig war

Der Schriftsteller Patrick Süskind, geboren 1949, schreibt 1990:

Freilich hatte man uns in der Schule beigebracht, dass die Teilung Deutschlands nicht von Dauer sei, dass die Präambel des Grundgesetzes jeden bundesdeut-
5 schen Politiker verpflichtete, auf ihre Überwindung hinzuarbeiten, dass die Bundesrepublik und ihre Hauptstadt Bonn nur ein Provisorium darstellten. Aber das haben wir schon damals nicht
10 geglaubt und glaubten es mit den Jahren immer weniger. (…) Ansonsten schauten wir nach Westen oder nach Süden. Österreich, die Schweiz, Venetien, die Toskana, das Elsass, die Pro-
15 vence, ja selbst Kreta, Andalusien oder die Äußeren Hebriden lagen uns – um nur von Europa zu sprechen – unendlich viel näher als so (…) Ländereien wie Sachsen, Thüringen, Anhalt, Meck-
20 len- oder Brandenburg, die wir höchstens notgedrungen rasch durchquerten, um auf der Transitstrecke rasch nach Berlin-West zu gelangen. Was hatten wir mit Leipzig, Dresden oder Halle
25 im Sinn? Nichts. Aber alles mit Florenz, Paris oder London.

Patrick Süskind, Deutschland – eine Midlife-Crisis. In: Ulrich Wickert (Hrsg.), Angst vor Deutschland, Hamburg 1990, S. 111 ff.

Q8 Die Welt blickt auf uns Deutsche

Altbundeskanzler Willy Brandt am 10. November 1990 vor dem Schöneberger Rathaus in Berlin:

Sicher ist, dass nichts im anderen Teil Deutschlands wieder so werden wird, wie es war. (…) Meine Überzeugung war es immer, dass die betonierte Teilung und dass die Teilung durch Stacheldraht und Todesstreifen gegen den Strom der Geschichte standen. (…) Ich erinnere uns auch daran, dass das alles nicht erst am 13. August 1961 begonnen hat. Das deutsche Elend begann mit dem terroristischen Nazi-Regime und dem von ihm entfesselten Krieg. (…) Aus dem Krieg und auch aus der Veruneinigung der Siegermächte erwuchs die Spaltung Europas, Deutschlands und Berlins. Jetzt wächst zusammen, was zusammengehört.

Willy Brandt, „… was zusammengehört", Reden zu Deutschland, Bonn 1990, S. 37 ff.

Q10 Vieles ist heute so normal

Der Pfarrer, Bürgerrechtler und CDU-Politiker Rainer Eppelmann sagt 1992 in einem Interview:

Viele Ostdeutsche haben vergessen, was sie 1980, 1985 oder 1988 gequält hat. Sie haben vergessen, was im Herbst 1989 auf ihren Plakaten gestanden hat, weil 25 das heute alles schon so normal ist. (…) 16 Millionen haben doch nach der Devise gelebt: Schnauze halten, Hintern an die Wand und nur nicht auffallen. (…) Viele kommen doch deshalb in dem neuen Deutschland nicht recht klar, weil sie diese Verhaltenweisen noch tief in sich drin haben. (…) Ich glaube, niemand hat so recht begriffen, dass es schon zwei Menschenalter her ist, als wir im Osten das letzte Mal so etwa wie Marktwirtschaft oder Demokratie erlebt haben. 5 (…) Wer meint, die Stasi sei das Thema, um DDR-Geschichte aufzuarbeiten, lässt zu vieles unter den Tisch fallen. Unter dem System haben viele noch ganz an-

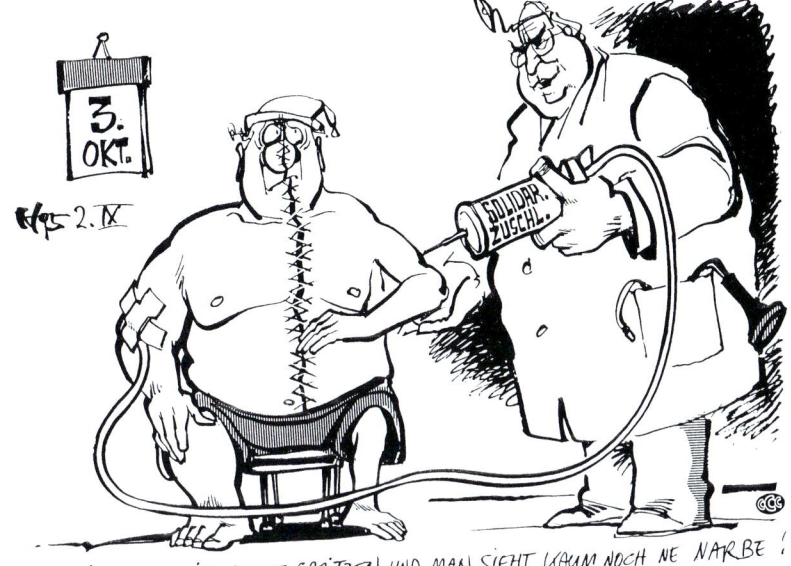

„… NOCH'N PAAR EIGENBLUT-SPRITZEN UND MAN SIEHT KAUM NOCH NE NARBE! "

Q9 „ … noch 'n paar Eigenblut-Spritzen und man sieht kaum noch 'ne Narbe!"

Karikatur von Horst Haitzinger, 1995

ders gelitten. Zum Beispiel unter Margot 10 Honeckers Bildungswesen: Allen, die in der DDR geboren wurden, ist die Zunge gespalten und mindestens ein Rückenwirbel rausgenommen worden.

PZ extra Wir in Europa, Nr. 15, 1992, S. 6 f.

Q11 Unser Volk ist frei

Bundespräsident Horst Köhler in seiner Rede zum Tag der Deutschen Einheit 20 am 3. Oktober 2008 in Hamburg:

Die DDR ist Vergangenheit. Dabei vergessen wir nicht, dass die einzelnen Geschichten der Menschen in der DDR nicht nur vom System und seinem Un- 25 recht geprägt waren. Die meisten haben hart gearbeitet, viel geleistet, sie haben sich umeinander gekümmert, miteinander gelebt, gelitten und gefeiert. Es gab in der DDR Glück, Erfolge und Erfüllung.

🖊 F: Erkläre, wie der Karikaturist Kanzler Kohls Einigungspolitik einschätzt. Die Informationen unter dem Online-Code auf S. 122 helfen dir dabei. [II]

Nicht wegen, sondern oft trotz der SED-Diktatur. (…) Praktisch war es unmöglich, im Vereinigungsprozess immer genau zu wissen, was die richtige Entscheidung ist. Und deshalb wollen wir 15 nicht länger so tun, als sei alles immer nur richtig gewesen. Ich stoße heute in Ostdeutschland auf viel Freude am Erreichten, auf Stolz an der eigenen Leistung und auf Selbstbewusstsein. Sicher: Manches dauert länger als gedacht, es gab und gibt Härten und Enttäuschungen. (…) Unser Volk ist frei und politisch geeint. Wir leben in sicheren Grenzen, umgeben von Freunden und Partnern. 25 Wir genießen so großen Wohlstand wie wenige, und wir halten die Demokratie und das Recht hoch. Wir finden zu uns selbst.

www.bundespraesident.de/Reden-und-Interviews (10. Juni 2009)

---

1. Vergleiche die Aussagen der Quellen Q4–Q6 miteinander und erkläre sie mit der Interessenlage der einzelnen Mächte. [III]

2. Versetze dich in die Lage eines DDR-Schriftstellers, der ungefähr so alt ist wie Patrick Süskind. Antworte Süskind auf seine Ausführungen (Q7). [III]

3. Stelle in einer Tabelle zusammen, wie Brandt, Eppelmann und Köhler den Einigungsprozess beurteilen. Schreibe in eine eigene Spalte dein Urteil (Q8, Q10, Q11). [III]

1989   2016

Mentalitäten zur Zeit der friedlichen Revolution und der Wiedervereinigung

Die Ereignisse von 1989/90 markieren einen Wendepunkt in der deutschen und europäischen Geschichte. Wie konnte es geschehen, dass innerhalb kürzester Zeit nicht nur die SED-Herrschaft zusammenbrach, sondern ein ganzer Staat verschwand und in einem anderen aufging? Welchen Anteil hatten die Menschen im Osten an dieser Entwicklung und welche Folgen hatte die Wiedervereinigung für sie?

Gesellschaftskritik unter dem Dach der Kirche

Die SED hatte als Gegenpol zur Konfirmation und Kommunion Mitte der 1950er Jahre die Jugendweihe eingeführt. Daraufhin gingen die Mitgliederzahlen der Kirche stark zurück. Sie blieb aber bis zuletzt die einzige legale Organisation, die nicht in die staatliche Organisationsstruktur eingebunden war. Weder war für kirchliche Veranstaltungen eine polizeiliche Voranmeldung nötig, noch konnten die staatlichen Stellen auf die Inhalte von Gottesdiensten Einfluss nehmen. Während die Kirchenleitung sich stets bemühte, die Konfrontation mit der SED nicht auf die Spitze zu treiben, unterstützte eine Minderheit von Pastoren und kirchlichen Mitarbeitern die Oppositionsgruppen vor Ort. Sie öffneten Kirchen und Pfarrhäuser für Protestveranstaltungen zu Friedens- und Umweltthemen oder stellten Büroräume zur Verfügung. Im Frühjahr 1989 fand nach einem Friedensgebet in der Leipziger Thomaskirche die erste Montagsdemonstration statt. Von Woche zu Woche versammelten sich immer mehr Menschen nach den montäglichen Friedensgebeten in der Leipziger Innenstadt, um für mehr Demokratie zu protestieren. Am 9. Oktober 1989 nahmen 70 000 Menschen an der Montagsdemonstration teil. An diesem Abend wagte es die Staatsmacht nicht mehr, Befehle für die gewaltsame Auflösung des Demonstrationszuges zu geben. Einen Monat später fiel die Mauer und die Autorität der SED-Führung brach endgültig zusammen.

Besserwessi und Jammerossi

Die Menschen in der DDR wollten keine neuen sozialen Experimente, sondern genau jenes solide kleine Glück, das sie im Westfernsehen oder bei Besuchen gesehen hatten. Die Mehrheit der Menschen forderte einen schnellen

Mehr zu den Kritikpunkten der Oppositionsgruppen findest du auf der Seite 124.

Über die Maueröffnung kannst du auf der Seite 125 nachlesen.

Q1 Anfang Oktober 1989 wurde die Gethsemanekirche in Berlin/Prenzlauer Berg zum Zentrum des Widerstands und zu einem Brennpunkt der Revolution.
Foto, 1989

A: Schreibe die Gedanken eines Pfarrers auf, der von einer Oppositionsgruppe gefragt wird, ob er ihnen für einen Friedens-Workshop einen Raum zur Verfügung stellen kann. [II]

Anschluss an die Bundesrepublik und die Einführung der Marktwirtschaft. Der Ausruf „Jetzt wächst zusammen, was zusammengehört" des Altkanzlers Willy Brandt brachte die Hoffnungen vieler Menschen in Ost und West auf den Punkt. Am 1. Juli 1990 wurde auf dem Gebiet der DDR die D-Mark als Zahlungsmittel eingeführt. Schnell zeigte sich aber, dass die maroden Industrieanlagen und Fabriken im freien Wettbewerb nicht bestehen konnten. Als die ersten Schwierigkeiten aufkamen, trat an die Stelle der großen Begeisterung und des Zusammengehörigkeitsgefühls schnell Ernüchterung und Distanz zwischen den Ost- und Westdeutschen. Das Bild von der Mauer in den Köpfen machte die Runde.

Ostalgie statt Aufarbeitung

Die Wiedervereinigung hatte in Ost- und Westdeutschland sehr unterschiedliche wirtschaftliche Folgen. Während in Westdeutschland ein Wiedervereinigungsboom aufkam, empfanden viele Ostdeutsche das neue System als ungerecht und kalt. Viele Menschen erlebten die Jahre nach der Wende nicht als Befreiung, sondern als Demütigung. Vor allem ältere Menschen sahen ihre Lebensleistung infrage gestellt. Sie verloren ihren Arbeitsplatz und durchlebten viele Phasen der Arbeitslosigkeit. Gut ausgebildete junge Menschen fanden Arbeit in den alten Bundesländern, aber Städte und Regionen, die in der DDR gelegen hatten, schrumpften und vergreisten.

Ein verklärender Blick auf die Zustände in der DDR als Hort sozialer Sicherheit, Gerechtigkeit und Solidarität stellte sich bei vielen Menschen im Osten ein. Das zeigte sich in den 1990er Jahren im Aufleben von DDR-Marken, Ostalgie-Partys und den Wahlergebnissen der PDS, der Nachfolgepartei der SED. Allerdings pflegten auch in den alten Bundesländern viele Menschen den nostalgischen Rückblick auf die vermeintlich heile Welt vor der Wende, als die Dinge zwischen Ost und West klar und deutlich aufgeteilt waren, es angeblich keine Ausländerfeindlichkeit gab und die Globalisierung in weiter Ferne lag. Dennoch verbesserte sich der Lebensstandard in den östlichen Bundesländern im Laufe der 1990er Jahre unübersehbar, die schlimmsten Umweltprobleme konnten beseitigt werden und das Zusammengehörigkeitsgefühl der Deutschen stieg, wie die solidarische Hilfe beim Oder-Hochwasser im Jahr 1997 zeigte. Als der Bundestag am 19. April 1999 offiziell von Bonn in den Berliner Reichstag zurückkehrte, war auch auf politisch-symbolischer Ebene die Einheit vollzogen.

B: Erkläre, warum nach einigen Jahren viele Menschen von der Wiedervereinigung enttäuscht waren. [II]

C: Erkundige dich bei deinen Eltern und Großeltern oder recherchiere im Internet und stelle eine Liste mit Ostalgie-Produkten zusammen. [I]

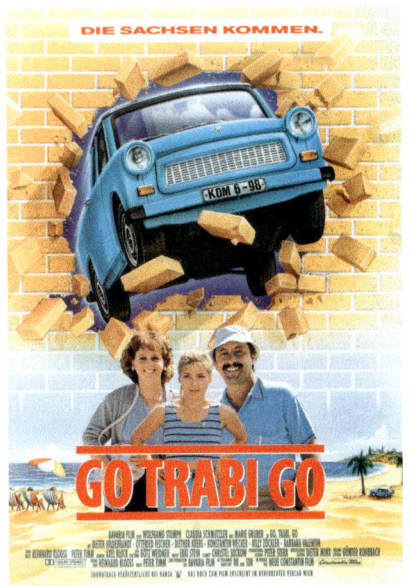

Q2 Die filmische Auseinandersetzung mit der Wende fand vor allem im Genre der Komödie statt. Der Film „Go Trabi Go" kam am 17. Januar 1991 als einer der ersten Filme über die Wendezeit in die deutschen Kinos. Filmplakat, 1991

Q3 „Good Bye Lenin" (2003) war ein weiterer höchst erfolgreicher Film über diese Zeit. Filmplakat, 2003

D: Erkläre, warum die Verarbeitung der Wendeerlebnisse zunächst in Komödienform erfolgte. [II]

Q4 Bluesmessen: geduldete Form des Protests

Der damalige Pfarrer Rainer Eppelmann berichtet über die von ihm in der Ostberliner Samariterkirche veranstalteten Bluesmessen:

Am 1. Juni 1979 veranstalteten wir unsere erste Bluesmesse. In der Kirche standen und saßen so viele Menschen, wie ich sie sonst nur Weihnachten erlebte – 230 Leute (…). Sie rauchten, und aus vielen Jackentaschen ragten Rotweinflaschen heraus. Ich erschrak. Um Himmels willen, auf was hatte ich mich eingelassen? Aber dann begriff ich, dass diese jungen Leute nicht rauchten und tranken, weil sie mich ärgern wollten. Sie waren noch nie in einer Kirche gewesen und wussten einfach nicht, wie man sich darin zu benehmen hatte. Ich musste ihnen erklären, dass man im Gotteshaus nicht rauchte und der Rotwein für das Abendmahl reserviert war. (…)

Im Gemeindekirchenrat herrschte nicht nur Freude über die neuen Gottesdienste. Wir gingen bis an die Grenzen dessen, was wir unseren Gemeindemitgliedern zumuten konnten und durften, und manchmal darüber hinaus. Die meisten Kirchgänger waren älter als fünfzig Jahre, liebe Menschen, die mit dazu beitrugen, dass es Gemeindehaus und Kirche noch gab. Sie bezahlten pünktlich ihre Kirchensteuer. Und nun mussten sie auf einmal erleben, dass in ihre heilige Kirche massenhaft Jugendliche kamen, vor denen sie auf der Straße Angst hatten. Und die im Gotteshaus rauchten und tranken, bis wir uns mit unserer Bitte, das nicht zu tun, endlich durchgesetzt hatten.

Rainer Eppelmann, Fremd im eigenen Haus. Mein Leben im anderen Deutschland, Köln 1993, S. 147 ff.

Q5 Die entscheidende Demonstration

Zeitzeugen beschreiben ihre Erlebnisse, Gedanken und Gefühle auf der Leipziger Montagsdemonstration am 9. Oktober 1989, die nach dem Friedensgebet in der Nikolaikirche stattfand:

Frau: An dem 9. Oktober haben wir uns zu Hause von den Kindern verabschiedet und haben uns gesagt: Also wir wissen jetzt nicht, wie's weitergeht, wir gehen aber. Es war eine ganz furchtbare Situation, ja, diese Kinder da und mein Mann. Es hätte wirklich alles passieren können. Es war aber so unerträglich hier gewesen, dass kein anderer Weg übrigblieb. Und die Kraft, die man hatte, war auch so groß, das war das Tolle daran. Ja, es war so ein tolles Gefühl, das kann man gar nicht beschreiben. Die Angst war da, natürlich war die Angst da, wir sind ja Frauen, wir haben furchtbare Angst gehabt, und auch die Männer hatten furchtbare Angst. Alle. Aber es war der einzige Weg.

Professor Walter Friedrich: Dann bin ich zum Karl-Marx-Platz und habe versucht, dort die Vorgänge, die Ereignisse zu beobachten. Ich war gegen 17.15 Uhr dort und war sehr gespannt, was die Zigtausenden, die dort waren, machen. Was wird kommen? Das waren ja mutige Leute, sie wussten, dass es zu einer Explosion kommen kann, und viele haben den Schritt nicht gewagt und sind zu Hause geblieben. Aber diese 30- oder 40 000 – oder waren es noch mehr? –, die warteten nun gespannt auf den Höhepunkt, und der näherte sich natürlich mit dem Ende der Veranstaltung in der Nikolaikirche. Der harte Kern stand auf dem Platz vor der Nikolaikirche, und es wurden Losungen gerufen: „Wir sind das Volk" und „Neues Forum zulassen" oder „Gorbi, Gorbi hilf", das waren die typischen Losungen damals. Alles verlief sehr diszipliniert. Außerhalb des Platzes vor der Nikolaikirche war eine sehr ruhige Stimmung. Man war angsterfüllt und gespannt.

Ekkehard Kuhn, Der Tag der Entscheidung. Leipzig, 9. Oktober 1989, Berlin 1992, S. 127 f.

Q6 Tag der Entscheidung

70 000 Menschen hatten die Sicherheitsorgane nichts entgegenzusetzen. Die Demonstration blieb friedlich – ein Damm war gebrochen.
Foto, Oktober 1989

✏ E: Kommentiere das Ereignis jeweils aus der Sicht eines Teilnehmers und eines Volkspolizisten. [III]

Q7 Die Mauer fällt
Foto, 9. November 1989

✎ F: Versetze dich in die Lage eines Grenzsoldaten und schreibe deine Gedanken auf. [II]

Q9 Abwicklung eines Großbetriebes
Im Rahmen der Wende wurde die staatliche Treuhandanstalt als Dachgesellschaft für die Privatisierung oder Abwicklung der ehemals volkseigenen Betriebe der DDR gegründet. Das Wochenmagazin „Der Spiegel" berichtet über das Schwermaschinenkombinat Ernst Thälmann (SKET) in Magdeburg:
Von einst 30 000 Werktätigen in acht Kombinatsbetrieben sind noch knapp 6000 Leute in der neuen Sket AG beschäftigt. Allein in Magdeburg arbei-
5 teten zur Wendezeit 13 000 Thälmann-Werker. Jetzt sind im Stammwerk noch 3600 auf der Lohnliste. (…) Der Fall von Sket ist tief. Das Schwermaschinenbaukombinat Ernst Thälmann war ein-
10 mal der Stolz der Stadt. (…) 80 Prozent der Sket-Produktion gingen einst in die sozialistischen Bruderländer. 32 Walzwerke und zehntausende von Maschinen für Kabel und Drahtseile aus
15 Magdeburg stehen in der ehemaligen Sowjetunion. (…) Zu Hunderten sind die jüngeren Sket-Mitarbeiter schon in den Westen abgewandert. (…) Schwer beschäftigt sind jetzt nur noch die rund
20 1000 ehemaligen Sket-Mitarbeiter in der Gise (Gesellschaft für Innovation, Sanierung und Entsorgung). (…) Der kostspielige industrielle Kern wird der Treuhand noch lange zu schaffen machen.
25 Für das Kerngeschäft haben wir keinen einzigen Interessenten gefunden.
Der Spiegel 52/12.12.1992.

Q8 Sorgen der Bürger
Montagsdemonstration in Leipzig am 6. April 1991: ernste Gesichter und Protest-Transparent
Foto, 1991

✎ G: Erkläre, was mit dem Ausdruck „Mauer in den Köpfen" gemeint ist. [II]

---

1. Charakterisiere die neuen Gottesdienstbesucher und vergleiche ihre Motivation mit der der Gemeindemitglieder (VT, Q4). [III]

2. Stelle Argumente für und gegen eine Teilnahme an der Montagsdemonstration am 9. Oktober 1989 gegenüber (VT, Q5, Q6). [II]

3. Nimm Stellung, ob der Titel „Heldenstadt Leipzig" berechtigt ist (VT, Q5, Q6, Q8). [III]

4. Erläutere das Dilemma, dem sich die Werksführung der SKET-Werke ausgesetzt sah (Q9). [II]

5. Führe Interviews mit Personen, die die Maueröffnung am 9. November 1989 miterlebt haben, und erstelle daraus ein Stimmungsbild. Nimm das Methodentraining „Zeitzeugen befragen" von Seite 128/129 zu Hilfe. [III]

1989   2016

Wächst Europa zusammen?

Die Idee eines vereinten Europa ist schon sehr alt, doch sie ließ sich nicht umsetzen. Erst als der Kontinent am Ende des Zweiten Weltkrieges in Schutt und Asche lag, rückte ihre Verwirklichung in greifbare Nähe. Viele Probleme waren und sind auf dem langen Weg der europäischen Einigung zu bewältigen.

Am Anfang stand der Europarat

Im Mai 1949 gründeten in London zehn europäische Staaten den Europarat. Ziel dieser internationalen Organisation war, über die Einhaltung der Demokratie, der Menschenrechte und der Rechtsstaatlichkeit in Europa zu wachen. Als wichtiges Organ wurde 1959 der Europäische Gerichtshof für Menschenrechte gegründet. Jeder Bürger kann dort Klage einreichen, wenn er sich in seinen Rechten verletzt fühlt. Auch die Zusammenarbeit auf den Gebieten von Wirtschaft, Bildung, Kultur und Sport wird vom Europarat gefördert. Der Kalte Krieg verhinderte jedoch bis 1990 eine Einbeziehung aller europäischer Staaten. Die nicht demokratischen Ostblockländer durften und wollten keine Mitglieder werden. Heute sind mit Ausnahme Weißrusslands alle europäischen Staaten im Europarat vertreten. Er besteht neben der Europäischen Union und ist nicht mit ihr zu verwechseln.

Die „Montanunion"

Das Ruhrgebiet stand seit 1949 unter gemeinsamer Verwaltung Frankreichs, Großbritanniens, der USA sowie der Beneluxstaaten. 1950 machte der französische Außenminister Robert Schuman den Vorschlag, die gesamte deutsch-französische Kohle- und Stahlproduktion einer gemeinsamen Behörde zu unterstellen, der jeder interessierte europäische Staat beitreten könne. Damit wäre ein erster Schritt zu einer Wirtschaftsgemeinschaft getan und gleichzeitig würde die Rüstungsindustrie dauerhaft kontrolliert. Für die junge Bundesrepublik bedeutete das zugleich die Rückkehr in ein internationales Gremium als gleichberechtigtes Mitglied. Im April 1951 unterzeichneten Deutschland, Frankreich, Italien und die Beneluxstaaten den Vertrag über die „Europäische Gemeinschaft für Kohle und Stahl" (EGKS, auch „Montanunion" genannt).

A: Gestalte eine Zeitleiste zu den einzelnen Schritten des Zusammenwachsens Europas. [I]

Q1 Deutsch-französischer Grenzübergang bei Weißenburg/St. Germanshof
7. August 1950
300 Studenten aus acht Ländern verbrennen Grenzpfähle.

B: Schreibe einen kurzen Zeitungsbericht über das Treffen und nimm dabei Stellung zu den Forderungen der Studenten. [III]

Wirtschaftsraum (West)europa

In den folgenden Jahren bauten die Mitglieder der Montanunion ihre Zusammenarbeit auf weiteren Feldern der Wirtschaft aus. 1957 unterzeichneten sie in Rom Verträge über die Gründung der Europäischen Wirtschaftsgemeinschaft (EWG) und der Europäischen Atomgemeinschaft (EURATOM) zur gemeinsamen, friedlichen Nutzung der Kernenergie.

1967 schlossen sich schließlich die EGKS, die EWG und EURATOM zur Europäischen Gemeinschaft (EG) zusammen. Sie sollte die Grundlage für ein weiteres, vor allem auch politisches Zusammenwachsen der westeuropäischen Staaten sein. Noch war die EG jedoch praktisch nicht mehr als eine große Wirtschafts- und Handelsgemeinschaft, allerdings mit einer gemeinsamen Landwirtschaftspolitik. Mit der Zeit wurde der Wirtschaftsraum der EG zunehmend attraktiver, denn ein gemeinsames Auftreten der Europäer auf dem Weltmarkt konnte ihre Stellung stärken. So traten in den 1970er und 1980er Jahren nahezu alle westeuropäischen Länder der EG bei.

Europa – eine politische Einheit?

Die Gründer der Europäischen Gemeinschaft für Kohle und Stahl hatten mehr im Sinn als nur eine wirtschaftliche Einigung. Sie strebten vielmehr eine europäische politische Gemeinschaft an. Damit sollten Frieden und Stabilität auf dem Kontinent dauerhaft erhalten werden. Doch der politische Zusammenschluss erwies sich als schwierig. Die einzelnen Staaten hätten dabei Entscheidungsbefugnisse und Rechte an übergeordnete europäische Regierungsorgane abtreten müssen. Dazu waren die meisten nicht bereit. Das zeigte sich bereits 1954 bei dem Versuch, eine „Europäische Verteidigungsgemeinschaft" (EVG) und damit gemeinsame europäische Streitkräfte zu schaffen. Die französische Nationalversammlung stimmte dem Vorschlag nicht zu.

Von Anfang an wurde auch darüber diskutiert, nach welchem Modell Europa geeint werden könnte: Soll es ein Bundesstaat sein, also ein Gesamtstaat ähnlich wie die USA oder die BRD, mit einer zentralen Regierung und Ländern mit ihren Landesregierungen? Oder soll es ein Staatenbund sein, in dem selbstständige und unabhängige Staaten lose miteinander verbunden sind? In beiden Fällen muss genau geklärt sein, wie die Zuständigkeiten verteilt sind.

Q2 Schwieriges Gleichgewicht
Karikatur von Peter Leger, nach 1973

C: Erläutere die Probleme der europäischen Einigung, auf die der Zeichner aufmerksam machen möchte. [II]

1989   2016

Die Europäische Union

Einen neuen Schub für die Einigung brachte 1992 der Vertrag von Maastricht. Er sah die Abschaffung sämtlicher Binnenzölle vor. Zugleich wurde die Gemeinsame Außen- und Sicherheitspolitik (GASP) vereinbart. Die Gemeinschaft nennt sich seitdem „Europäische Union" (EU). In den Folgejahren wurden die Gemeinsamkeiten in der EU weiter ausgebaut, unter anderem durch die Schengener Abkommen, die die allmähliche Abschaffung der innereuropäischen Grenzkontrollen regeln sollen.

Besonders augenfällig war 2002 die Einführung des Euro als gemeinsame Währung in den meisten Mitgliedsländern. 2009 trat der Vertrag von Lissabon in Kraft, der die institutionelle Funktionsfähigkeit der EU verbesserte und demokratischen Strukturen mehr Gewicht verlieh.

Insbesondere das direkt gewählte Europäische Parlament wurde gestärkt, aber auch die nationalen Parlamente erhielten mehr Einflussmöglichkeiten auf die Vorlagen der EU-Kommission. Erstmals können die Bürger der EU die Kommission in einem „Bürgerbegehren" zwingen, sich mit einem Thema zu beschäftigen, wenn mindestens eine Million Unterschriften zusammenkommen.

Neben der Stärkung der Demokratie soll der Vertrag die Entscheidungsprozesse verbessern und auch das außenpolitische Gewicht der Staatengemeinschaft stärken. Doch auch der Vertrag von Lissabon kann nur ein Zwischenschritt in der Weiterentwicklung der EU sein. Wie deren Zukunft konkret aussieht und ob überhaupt einmal ein abschließendes Ergebnis erreicht werden wird, hängt von den Entscheidungen der Regierungen und der Bürgerinnen und Bürger in den Mitgliedstaaten ab. Jedoch sind viele Bürger nach wie vor der Ansicht, die zahlreichen Verträge und Regelungen seien kaum zu durchschauen, die EU zu bürokratisch.

Welche Grenzen soll die EU haben?

Seit dem Ende des Kalten Krieges hat die EU einen gewaltigen Zuwachs erfahren. Die meisten Länder des ehemaligen Ostblocks sind inzwischen Mitglieder geworden. Das hat dazu geführt, dass es EU-Mitglieder mit sehr unterschiedlicher Wirtschaftskraft und unterschiedlichem Lebensstandard gibt. Wie sich das zukünftig ausgleichen lässt, ist eine offene Frage. Zudem stößt das Interesse einer Mitgliedschaft ehemaliger Sowjetstaaten auf den Widerstand Russlands, das keine Erweiterung der EU zulassen möchte. Die EU befindet sich hier in einer Zwickmühle: Einerseits soll die Union für interessierte Mitglieder offen bleiben, andererseits soll ein tiefgreifender Konflikt mit Russland vermieden werden. Ein weiteres Spannungsfeld bilden die Verhandlungen mit der Türkei, die auch eine Mitgliedschaft anstrebt. Dagegen gibt es innerhalb der EU erhebliche Widerstände. Die Türkei ihrerseits zeigt Vorbehalte gegenüber der Anpassung an die Standards der EU.

Europäische Union

Bereits nach dem Inkrafttreten des Maastrichter Vertrages hatte sich im allgemeinen Sprachgebrauch „Europäische Union" für die Bezeichnung der „Europäischen Gemeinschaften" eingebürgert, die bis 2002 jedoch offiziell aus der Europäischen Gemeinschaft (EG), der Europäischen Gemeinschaft für Kohle und Stahl (EGKS) und der EURATOM bestanden. Mit dem Inkrafttreten des Vertrages von Lissabon wurden die verschiednenen europäischen Gemeinschaften offiziell in die „Europäische Union" überführt, nur die EURATOM besteht neben der EU eigenständig weiter.

Q3 **Grenzübergang zwischen Luxemburg und Deutschland**
Wo früher ein Schlagbaum die Grenze markierte, stehen in Europa heute oft nur noch Schilder, die auf unterschiedliche geltende Regeln aufmerksam machen.
Foto, 2001

✎ D: Diskutiert, ob die Wiedereinführung nationaler Grenzkontrollen die weitere Entwicklung der EU behindern oder fördern würde. [III]

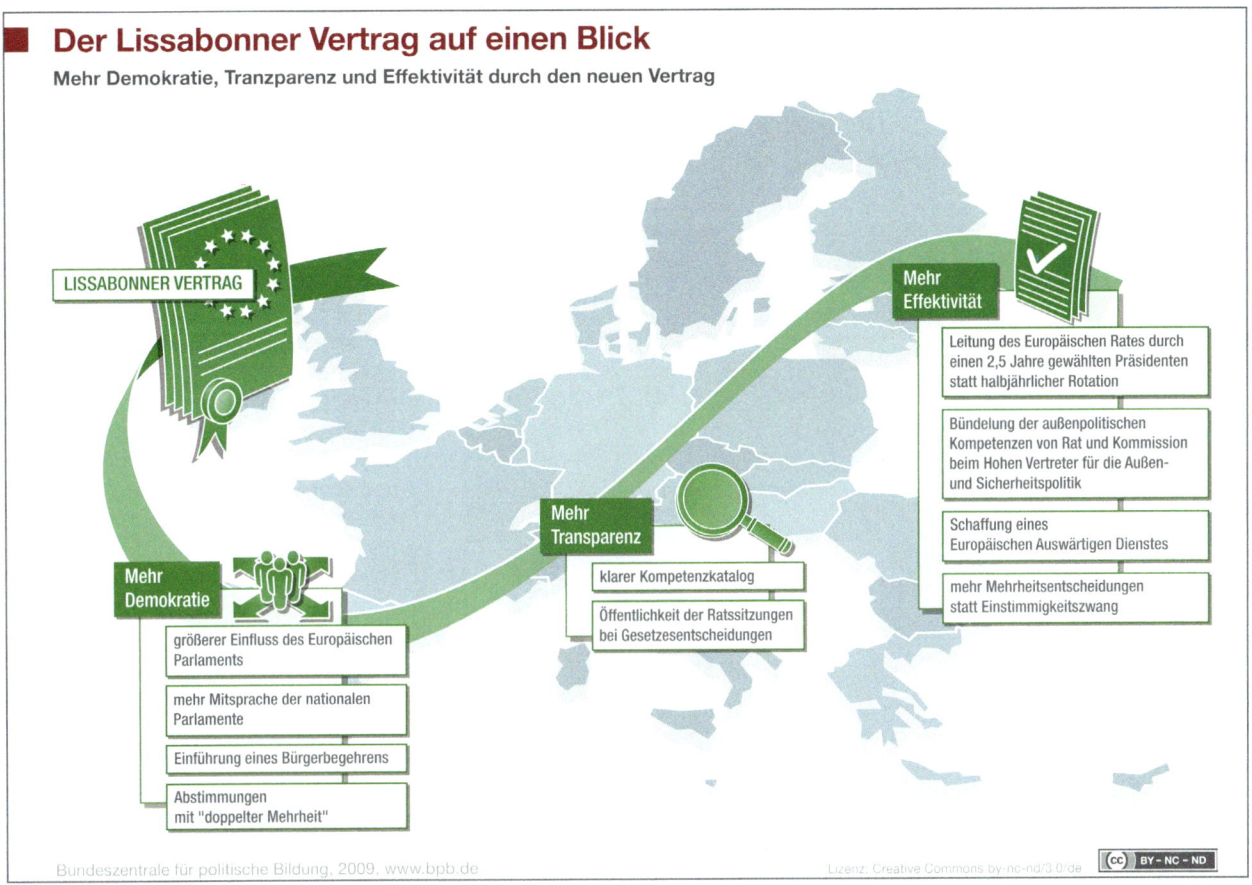

Der Lissabonner Vertrag auf einen Blick

Mehr Demokratie, Tranzparenz und Effektivität durch den neuen Vertrag

LISSABONNER VERTRAG

Mehr Effektivität
- Leitung des Europäischen Rates durch einen 2,5 Jahre gewählten Präsidenten statt halbjährlicher Rotation
- Bündelung der außenpolitischen Kompetenzen von Rat und Kommission beim Hohen Vertreter für die Außen- und Sicherheitspolitik
- Schaffung eines Europäischen Auswärtigen Dienstes
- mehr Mehrheitsentscheidungen statt Einstimmigkeitszwang

Mehr Transparenz
- klarer Kompetenzkatalog
- Öffentlichkeit der Ratssitzungen bei Gesetzesentscheidungen

Mehr Demokratie
- größerer Einfluss des Europäischen Parlaments
- mehr Mitsprache der nationalen Parlamente
- Einführung eines Bürgerbegehrens
- Abstimmungen mit "doppelter Mehrheit"

Bundeszentrale für politische Bildung, 2009, www.bpb.de   Lizenz: Creative Commons by-nc-nd/3.0/de   CC BY – NC – ND

Mit der Erweiterungsdiskussion ist die Frage verknüpft, ob der Integrationsprozess weiter vertieft werden soll oder ob die Mitgliedstaaten wieder mehr für sich entscheiden werden – zum Beispiel bei der gemeinsamen europäischen Währung, bei der Frage der Sicherung der Außengrenzen oder bei der Zuwanderung.

D1 Der Vertrag von Lissabon (2009)

Der Euro – Chance oder Gefahr für die Zukunft der EU?

Bereits 1950 hatte der französische Wirtschaftswissenschaftler Jacques Rueff die Meinung vertreten: „Europa entsteht durch eine gemeinsame Währung oder gar nicht". Ein erster Versuch von 1970, innerhalb von zehn Jahren eine Wirtschafts- und Währungsunion herzustellen, scheiterte. Nach langen Diskussionen und Verhandlungen konnte schließlich vom 1. Januar 2002 an in elf Mitgliedstaaten der EU mit dem Euro als gemeinsame europäische Währung bezahlt werden. Nicht dabei waren Großbritannien, Dänemark und Schweden, die zunächst ihre nationalen Währungen behalten wollten. Im Jahr 2016 ist der Euro in 19 EU-Mitgliedstaaten das offizielle Zahlungsmittel. Doch mit der Finanz- und Wirtschaftskrise 2007 geriet auch die Währungsunion in eine tiefe Krise. Nun führte die hohe Staatsverschuldung in einigen Ländern der Eurozone (Griechenland, Portugal, Spanien, Italien, Irland, Belgien und Zypern) die EU in die wohl tiefste Krise seit ihrem Bestehen. Wie diese Verschuldungskrise dauerhaft überwunden werden kann, darüber herrscht innerhalb der EU keine Einigkeit. Derzeit werden Finanzhilfen von wirtschaftlich leistungsstärkeren Mitgliedsländern gewährt, die an Sparprogramme und Sanierungspläne der Empfänger geknüpft sind. Die Europäische Zentralbank leistet mit niedrigen Zinsen und dem Aufkauf von Staatsanleihen der Krisenländer ihren Beitrag. Ob diese Maßnahmen erfolgreich sind, bleibt abzuwarten.

1989   2016

Q4 **Die ersten Schritte, die zählen …**
Karikatur von Moissan, veröffentlicht im französischen Magazin „Oxygène", 13. Dezember 1949

E: Erkläre mithilfe des VT sowie Q5 und Q6 die Aussage der Karikatur. [II]

dass Deutschland, wenn es sich wieder erholt habe, Frankreich angreifen werde. Er könne sich denken, dass umgekehrt auch in Deutschland der
10 Wunsch nach Sicherheit bestehe. Aufrüstung mache sich zuerst fühlbar in einer erhöhten Produktion von Kohl, Eisen und Stahl. Wenn man eine Einrichtung schaffe (…), die jedes der beiden Län-
15 der in den Stand setze, die ersten Anzeichen einer Aufrüstung wahrzunehmen, so würde die Schaffung dieser Möglichkeit in Frankreich eine ganz außerordentliche Beruhigung zur Folge
20 haben.
Schumans Plan entsprach voll und ganz meinen seit langem vertretenen Vorstellungen einer Verflechtung der europäischen Schlüsselindustrien. Ich teilte
25 unverzüglich Robert Schuman mit, dass ich seinem Vorschlag aus ganzem Herzen zustimme.

Konrad Adenauer, Erinnerungen 1945–53, Stuttgart 1965, S. 327 f.

Q5 **Der Schuman-Plan**
Aus der Regierungserklärung des französischen Außenministers Robert Schuman vom 9. Mai 1950:
Der Friede der Welt kann nicht geschützt werden, wenn nicht schöpferische Maßnahmen in einem Maße getroffen wer-
5 den, die den Gefahren entsprechen, welche ihn bedrohen. (…) Solange Europa nicht vereint war, haben wir Krieg gehabt. Europa wird nicht mit einem Schlag (…) gebildet werden; es wird durch konkrete Verwirklichungen ge-
10 bildet, die zunächst eine Solidarität der Tatsachen schaffen. Die Vereinigung der europäischen Nationen erfordert, dass der jahrhundertealte Gegensatz zwischen Frankreich und Deutschland
15 ein Ende nimmt. (…) Die französische Regierung schlägt vor, die Gesamtheit der französisch-deutschen Produktion von Kohl und Stahl unter eine gemein-
20 same oberste Autorität innerhalb einer Organisation zu stellen, die der Mitwirkung anderer Staaten Europas offen steht. (…) Die Solidarität der Produktion, die auf diese Weise geknüpft wer-
25 den wird, wird dartun, dass jeder Krieg zwischen Frankreich und Deutschland nicht nur undenkbar, sondern materiell unmöglich wird.

Keesings Archiv der Gegenwart vom 9. Mai 1950, S. 2372.

Q6 **Gemeinsame Interessen**
Der damalige Bundeskanzler Adenauer erinnert sich an einen Brief aus Paris, den er am 9. Mai 1950 bekam:
In dem persönlich an mich gerichteten Brief schrieb mir Schuman, der Zweck seines Vorschlages sei nicht wirtschaftlicher, sondern eminent politischer Na-
5 tur. In Frankreich bestehe die Furcht,

Q7 **Berechtigte Ängste?**
Der damalige SPD-Vorsitzende Kurt Schumacher schreibt 1951:
(Die Ziele des Schuman-Plans …) sind die Schwächung der industriellen Produktion des ganzen Ruhrreviers, die Konsolidierung der ausländischen Befugnisse im Ruhrgebiet und die freiwil-
5 lige Zustimmung zur Einführung von Teilen des Besatzungsregimes für mindestens 50 Jahre in das deutsche Recht. Die Hohe Behörde der europäischen
10 Schwerindustrie werde auf dem Kontinent über eine wirtschaftliche Allmacht verfügen, der sich Deutschland unterziehen muss, ohne an der Festsetzung ihrer Beschlüsse teilnehmen zu können. Die
15 deutschen Stimmen würden durch die Stimmen der westlichen Staaten in die Minderheit versetzt werden.

Keesings Archiv der Gegenwart vom 1. April 1951, S. 2880.

Q8 **Blick von außen auf Europa**

Der US-Außenminister Dulles schreibt am 15. Dezember 1953:

Es gibt Leute, die befürchten, dass nach der Bildung der Europäischen Verteidigungsgemeinschaft die Vereinigten Staaten die militärische Hilfe an Europa einstellen werden. Diese Furcht ist grundlos. Wenn aber die Europäische Verteidigungsgemeinschaft nicht verwirklicht werden sollte, wenn Frankreich und Deutschland getrennt blieben und wieder potentielle Feinde würden, dann müsste man sehr bezweifeln, ob das kontinentale Europa eine Region der Sicherheit werden könnte. Das würde zwangsweise zu einer höchst schwierigen Überprüfung der amerikanischen Politik führen. Wenn Westeuropa eine politische, wirtschaftliche und militärische Einheit mit Einschluss von Frankreich und Deutschland bilden will, muss das bald geschehen. Starke Kräfte sind an der Arbeit, die sechs Nationen der Gemeinschaft zusammenzuschweißen, und Großbritannien und die Vereinigten Staaten stehen bereit, ihre feste Unterstützung zu leihen; wenn aber dieser Zusammenschluss nicht bald erfolgt, könnten andere Kräfte die Oberhand gewinnen. (…) Die Integration in Freiheit wäre dann vielleicht nie mehr möglich, wohl aber könnte der Fall eintreten, dass Westeuropa in gleicher Weise wie Osteuropa zusammengeschlossen werden würde. (…) Trotz eventuellen Unzulänglichkeiten im Vertrag hat die Entscheidung über die Europäische Verteidigungsgemeinschaft schicksalhafte Bedeutung. Die Vereinigten Staaten und, wie ich glaube, auch die ganze Welt sehen in diesem Vertrag das Symbol des europäischen Willens, unser gemeinsames Ziel zu erreichen, welches in der Wahrung unserer Freiheit, unseres gemeinsamen Erbes und der Zivilisation unserer Völker besteht. Bis zum nächsten Frühling (…) müssen Beschlüsse von historischer Bedeutung gefasst werden, welche neue Möglichkeiten eröffnen können.

Keesings Archiv der Gegenwart vom 17. Dezember 1953, S. 4296.

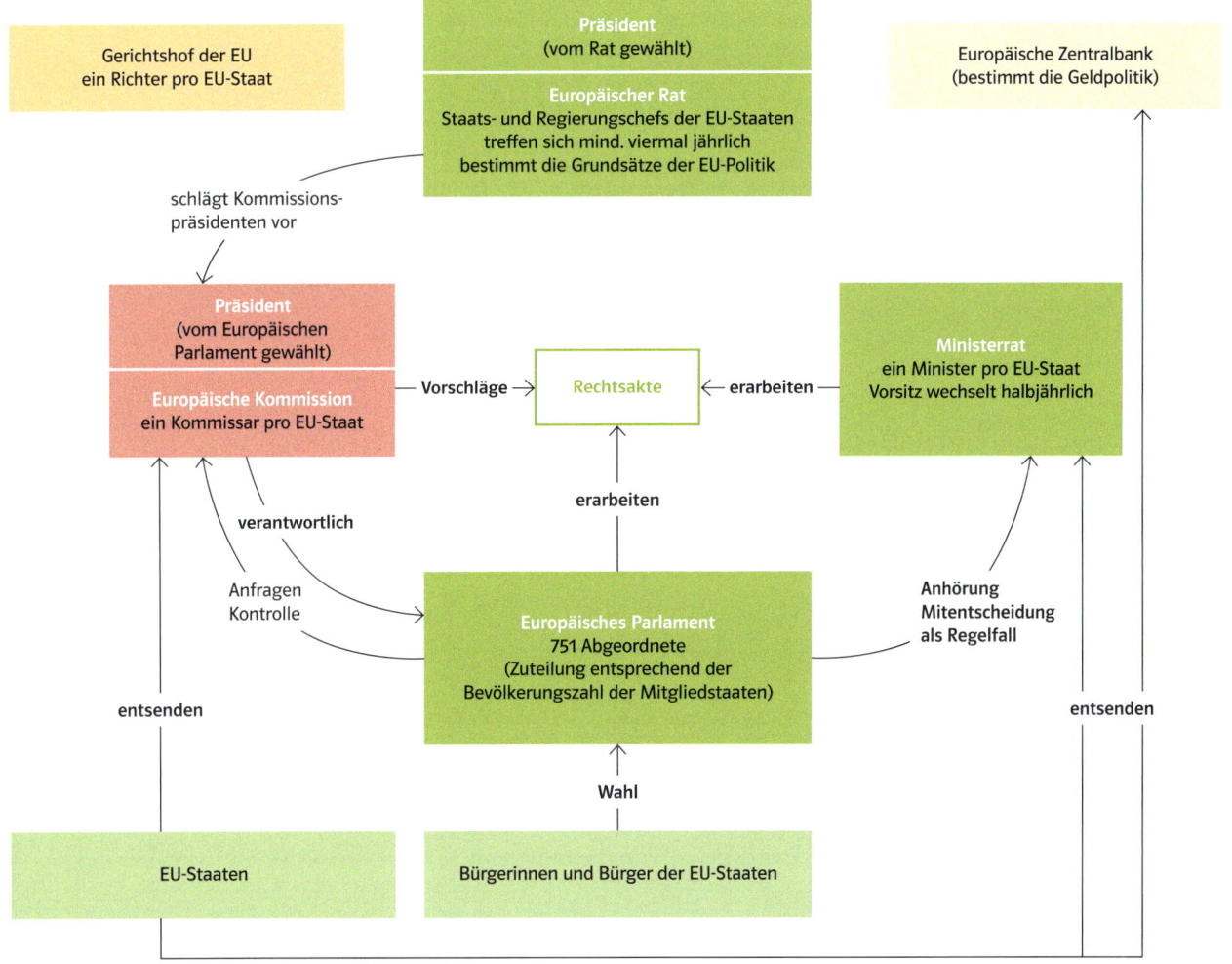

D2 Die Organe der Europäischen Union

✎ F: Überprüfe, inwiefern die EU demokratisch organisiert ist. [III]

1989   2016

Q9 Was hat Europa erreicht?

Der französische Europapolitiker Maurice Faure bilanziert 1977:

Wir hatten alle zusammen das Gefühl, zum Aufbau einer friedlichen und fortschrittlichen Zukunft beizutragen. Seitdem kann man aber Sternstunden und
5 Schattenseiten festmachen.

Diesen zwanzig Jahren müssen gutgeschrieben werden: der Freihandel und die Zunahme der Handelsbeziehungen, die steigende gegenseitige Abhängig-
10 keit der Wirtschaft der Mitgliedstaaten sowie der hohe Grad ihrer Expansion. (…)

Die Gemeinschaft ist aber von einer Verwirklichung noch weit entfernt:
15 eine gemeinsame Konjunktur-, Industrie-, Regional- oder Sozialpolitik stecken noch in den Kinderschuhen, von einer gemeinsamen Energie- oder Währungspolitik kann noch nicht einmal die
20 Rede sein (…). Die Skepsis der Arbeitnehmer wächst also, sie hatten ja mit einer Öffnung hin zum sozialen Fortschritt gerechnet. (…)

Die Schwäche der Institutionen ist
25 offenkundig. Ihr Sinn wurde langsam verfälscht: die Ohnmacht der Kommission, der Mangel an demokratischer Kontrolle, die Lähmung des Ministerrates durch unregelmäßig stattfin-
30 dende Sitzungen und durch das Prinzip der Einstimmigkeit. (…)

Am schlimmsten aber wirkt sich die Tatsache aus, dass sie sich nicht zu einer politischen Gemeinschaft entwickelt,
35 was ursprünglich ihr vorrangiges Ziel gewesen ist: Bisher hat sie noch nicht einmal den ersten Schritt in diese Richtung gemacht und man kann sich heute nur schwer vorstellen, wann und wie
40 sie es tun könnte. (…)

Dieser wirtschaftliche Riese ist ein politischer Zwerg. Das kann nicht mehr lange gutgehen, ohne das Unternehmen insgesamt zu gefährden. Nach
45 reiflichem Nachdenken kommt man zu dem Ergebnis, dass es die Politik ist, die zur Einigung führt: Die Wirtschaft teilt, aus Interessenkonflikten wachsen nationale Konfrontationen.

Maurice Faure, Eine gewagte Herausforderung. In: Le Monde vom 25. März 1977.

Q10 Welche Bedeutung wird Europa zukünftig in der Weltpolitik haben?

Der ehemalige Bundeskanzler Helmut Schmidt warnt 2011 in einer Rede:

Jede einzelne der europäischen Nationen wird 2050 nur noch einen Bruchteil von 1 Prozent der Weltbevölkerung ausmachen. Das heißt: Wenn wir die Hoff-
5 nung haben wollen, dass wir Europäer eine Bedeutung für die Welt haben, dann können wir das nur gemeinsam. (…) Daraus ergibt sich das langfristige strategische Interesse der europä-
10 ischen Nationalstaaten an ihrem integrierenden Zusammenschluss. Dieses strategische Interesse an der europäischen Integration wird zunehmend an Bedeutung gewinnen. Es ist bisher den
15 Nationen weitestgehend noch nicht bewusst. Es wird ihnen durch ihre Regierungen auch nicht bewusst gemacht. Falls jedoch die Europäische Union im Laufe der kommenden Jahrzehnte nicht
20 zu einer – wenn auch begrenzten – gemeinsamen Handlungsfähigkeit gelangen sollte, so ist eine selbstverursachte Marginalisierung (ins Abseits geraten) der einzelnen europäischen Staaten
25 und der europäischen Zivilisation nicht auszuschließen. Ebenso wenig kann in solchem Falle das Wiederaufleben von Konkurrenz- und Prestigekämpfen zwischen den Staaten Europas ausge-
30 schlossen werden.

Rede von Helmut Schmidt auf dem SPD-Bundesparteitag am 4. Dezember 2011 in Berlin (Auszug), http://www.spd.de/aktuelles/detail/news/deutschland-in-und-mit-europa/11/11/2015/ (20. Oktober 2016).

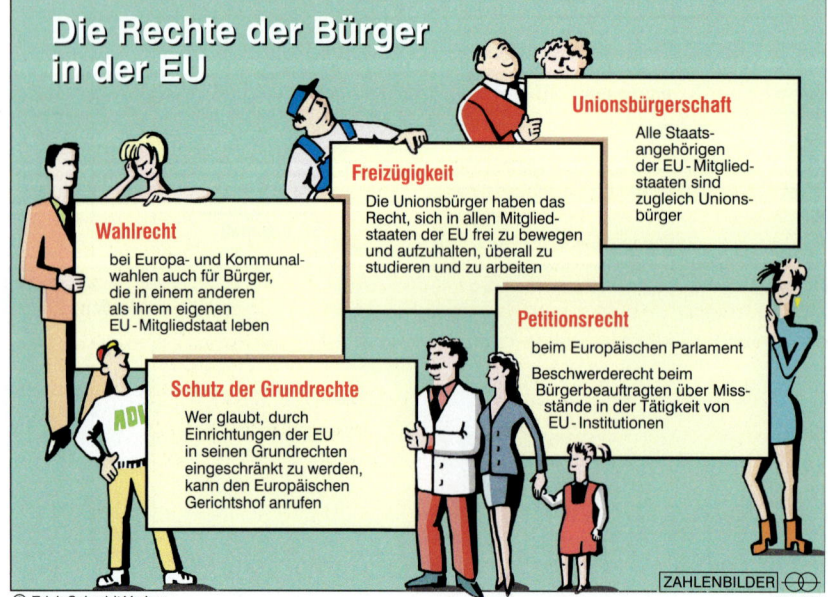

Die Rechte der Bürger in der EU

Unionsbürgerschaft
Alle Staatsangehörigen der EU-Mitgliedstaaten sind zugleich Unionsbürger

Freizügigkeit
Die Unionsbürger haben das Recht, sich in allen Mitgliedstaaten der EU frei zu bewegen und aufzuhalten, überall zu studieren und zu arbeiten

Wahlrecht
bei Europa- und Kommunalwahlen auch für Bürger, die in einem anderen als ihrem eigenen EU-Mitgliedstaat leben

Petitionsrecht
beim Europäischen Parlament
Beschwerderecht beim Bürgerbeauftragten über Missstände in der Tätigkeit von EU-Institutionen

Schutz der Grundrechte
Wer glaubt, durch Einrichtungen der EU in seinen Grundrechten eingeschränkt zu werden, kann den Europäischen Gerichtshof anrufen

© Erich Schmidt Verlag

ZAHLENBILDER

714 026

D3 Bürgerrechte in der EU

✎ G: Überprüfe und lege an Beispielen dar, wie du und deine Familie die Rechte als Bürger der EU wahrnehmen. [III]

Q11 Die EU-Eliten verspielen das Vertrauen der Bürger

Der Journalist Christoph B. Schlitz kommt im Mai 2016 in der Zeitung Die WELT zu einem kritischen Urteil:

Umfragen sind immer nur Momentaufnahmen. Dennoch lässt sich mit Blick auf die EU ein klarer Trend erkennen: Die Zustimmung sinkt. Mehr als jeder dritte Deutsche ist für den EU-Austritt. Das sind alarmierende Zahlen. (…) Die EU befindet sich in der größten Legitimationskrise ihrer Geschichte. Aber wer in Brüssel arbeitet, kann leicht auf die Idee kommen, alles sei wie immer: Die Gesetzesmaschinerie surrt unaufhörlich, die Ausschüsse sind emsig wie eh und je, und die Kommuniqués sind so technokratisch formuliert wie immer. Dabei sind die EU-Eliten maßgeblich für den Vertrauensverlust in das europäische Projekt verantwortlich: Sie haben es versäumt, den Euro krisensicher zu machen, und sie haben stattdessen die Euro-Zone sukzessive in Richtung Transferunion umgebaut. Sie versuchten, die Misere in Afrika jahrelang mit unsinniger Entwicklungspolitik zu kaschieren, und sie waren dann völlig unvorbereitet, als die Flüchtlingsströme aus Afrika Europa erreichten. Sie haben es zudem nicht geschafft, eine effiziente Terrorabwehr aufzubauen, die Informationen in vollem Umfang austauscht und gemeinsame Polizeieinsätze frühzeitig koordiniert. Europa liefert derzeit nicht. (…) Es gibt derzeit viele Anzeichen, dass die jetzige EU nicht mehr funktionsfähig ist. Eine EU II, die kleiner, integrierter und entschlossener ist, könnte ein Ausweg sein. Sie müsste eine Gemeinschaft von Europäern sein, und kein Klub von Egoisten.

Die WELT vom 9.5.2016,
http://www.welt.de/155196883 (13. Mai 2016)

D4 Wahlbeteiligung an Europawahlen 1979–2014

H: Arbeite aus D4 heraus, wie sich die Wahlbeteiligung entwickelt hat. Beachte dabei den Unterschied zwischen europäischer und deutscher Ebene. [II]

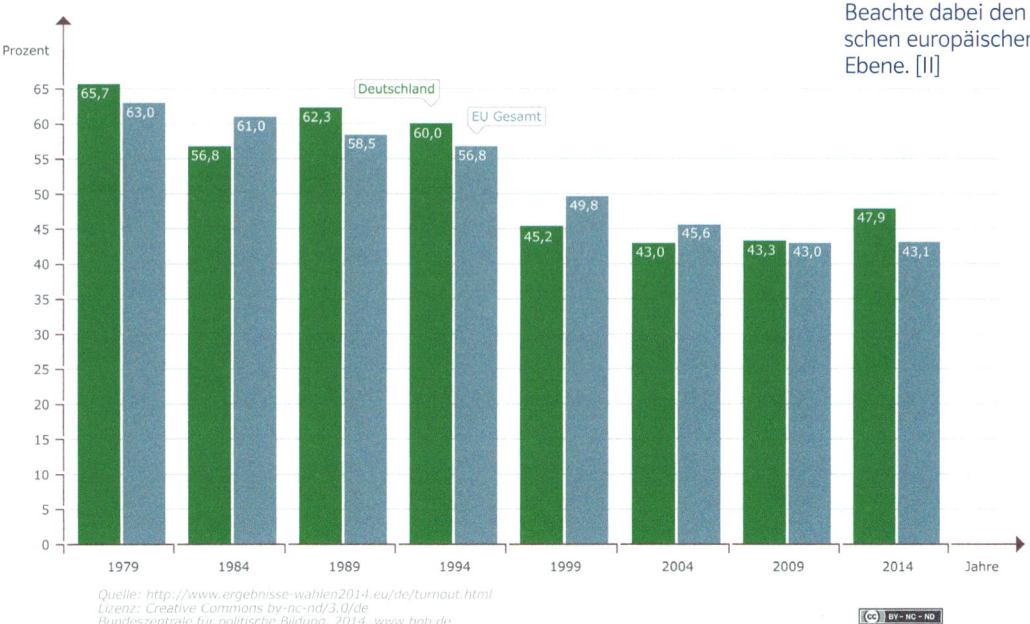

■ Europawahlergebnisse in Deutschland

Entwicklung von 1979 bis 2014 in Deutschland und Europa

Quelle: http://www.ergebnisse-wahlen2014.eu/de/turnout.html
Lizenz: Creative Commons by-nc-nd/3.0/de
Bundeszentrale für politische Bildung, 2014, www.bpb.de

1. Arbeite heraus, welcher politische Charakter für eine politische Einigung Europas bereits im Schuman-Plan enthalten war (Q5, Q6). [II]

2. Schreibe dem SPD-Vorsitzenden Schumacher aus der Sicht eines Befürworters des Schuman-Plans eine Entgegnung auf seine Befürchtungen (Q7). [II]

3. Erläutere die amerikanische Sicht auf die europäischen Einigungsbestrebungen. Ordne die Aussagen in den historischen Zusammenhang ein. Erörtere, welche politischen Hintergründe zu der amerikanischen Sicht geführt haben (Q8). [III]

4. Liste auf, welche positiven Ergebnisse und welche Defizite im europäischen Einigungsprozess von Faure wahrgenommen werden (Q9). [I]

5. Überprüfe, welche Defizite aus den Anfangsjahren der europäischen Einigung überwunden wurden und welche Aufgaben in der Zukunft noch zu lösen sind (VT, Q9, D2, D3). [II]

6. Stelle Argumente für und gegen eine weitere Erweiterung der EU durch neue Beitritte einander gegenüber (VT, Q10, Q11). [II]

1989 2016

1. Demo-Slogans analysieren: Forderungen der DDR-Bürger aus dem Herbst 1989 in den historischen Kontext einordnen

Erläutere die Parolen und Slogans, die 1989 auf den Demonstrationen der DDR-Bürger gerufen und gezeigt wurden. Versuche, die Slogans chronologisch zu ordnen, und begründe deine Zusammenstellung. Formuliere fünf weitere mögliche Forderungen der DDR-Bürger. [III]

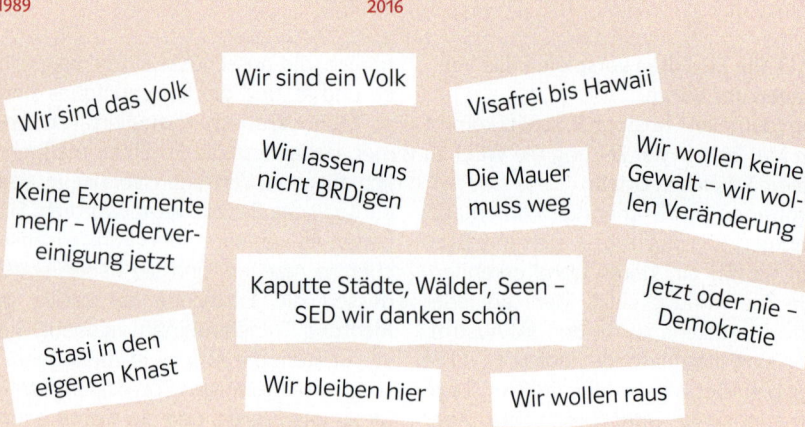

Wir sind das Volk

Wir sind ein Volk

Visafrei bis Hawaii

Wir lassen uns nicht BRDigen

Keine Experimente mehr – Wiedervereinigung jetzt

Die Mauer muss weg

Wir wollen keine Gewalt – wir wollen Veränderung

Kaputte Städte, Wälder, Seen – SED wir danken schön

Jetzt oder nie – Demokratie

Stasi in den eigenen Knast

Wir bleiben hier

Wir wollen raus

2. Eine Textquelle auswerten: zum Stand der deutschen Einheit

Wie beurteilt der Philosoph und Theologe Richard Schröder das bisherige Zusammenwachsen von Westdeutschen und Ostdeutschen? Arbeite seine Position aus der Textquelle heraus. Formuliere anschließend eine eigene Stellungnahme. [III]

Q1 „Eine unglaubliche Umstellungsleistung"

Der Philosoph und Theologe Richard Schröder engagierte sich 1989 als DDR-Bürgerrechtler für den Sturz der SED-Diktatur. In der Frankfurter Allgemeinen Zeitung zieht er Bilanz über das Zusammenwachsen von Ost und West: Von allen ehemals sozialistischen Ländern hat Ostdeutschland den höchsten Lebensstandard und die beste Infrastruktur. Aber dieser Vergleich wird
5 in Ost und West vermieden. Im Westen fragt man: Warum sind die noch nicht wie wir? – als wenn es gar keine Westmacken gäbe, auf die wir lieber verzichteten. Und im Osten: Warum leben wir
10 noch nicht wie sie, sondern mit 70 Prozent Westlohn und doppelt so vielen Arbeitslosen? Der Blick nach Westen verdeckt im Osten auch den Vergleich mit den DDR-Verhältnissen. Manche – eine
15 Minderheit – verklären sie. (…)

Und warum sind die Ostdeutschen nicht dankbarer? Die einseitige Forderung von Dankbarkeit ruiniert jede Beziehung, da sie das Eingeständnis fortdauernder Ab-
20 hängigkeit einschließt (…). Und warum eigentlich dankt niemand den Ostdeutschen, deren Zivilcourage im Herbst 1989 die deutsche Einheit möglich machte und die eine unglaubliche Umstellungs-
25 leistung erbracht haben? Zweifellos haben sie den größeren Teil der Kriegsfolgelasten zu tragen gehabt. (…)
Die deutsche Einheit ist weiter vorangeschritten als die italienische, hat ein
30 Italiener bemerkt. Bloß die Deutschen glauben das nicht, weil sie an übertriebenen Maßstäben leiden und die schlechten Nachrichten besonders lieben. Im Ausland hält man die deutsche
35 Einigung für gelungen.

Richard Schröder, Was ist mit dem Osten los? In: Frankfurter Allgemeine Zeitung vom 25. August 2005.

3. Eine Karikatur auswerten: Zusammenwachsen von Ost und West

Fasse die Aussage der Karikatur mit deinen eigenen Worten zusammen und nimm Stellung zu dieser Aussage. [III]

Q2 „Hier hat einst eine schreckliche Mauer die Menschen getrennt"

Karikatur von Barbara Henniger, Berliner Tagesspiegel, November 1996

4. Zwei Standpunkte diskutieren: Wie soll die Europäische Union regiert werden?

Vergleiche die beiden Standpunkte miteinander und lege dar, in welchen Fragen sie sich unterscheiden. Diskutiert in der Klasse, was für bzw. gegen den jeweiligen Standpunkt spricht. [III]

Q3 Zentralisierte Macht in Brüssel?

Aus einer Rede der damaligen englischen Premierministerin Margaret Thatcher 1988:

Die Bereitschaft zur aktiven Zusammenarbeit zwischen unabhängigen souveränen Staaten ist der beste Weg für den Aufbau einer erfolgreichen europäischen
5 Gemeinschaft. Der Versuch, die nationale Souveränität abzuschaffen und die Macht im Zentrum eines europäischen Konglomerats (Mischung) zu konzentrieren, wäre außerordentlich schädlich und
10 würde die Ziele in Gefahr bringen, die wir zu erreichen suchen. (…) Engere Zusammenarbeit erfordert keine in Brüssel zentralisierte Macht. (…) In Großbritannien haben wir die Grenzen staatlicher
15 Einmischung nicht erfolgreich zurückgedrängt, nur um hinterher festzustellen, dass diese auf europäischer Ebene wieder aufgerichtet wurden, unter einem Superstaat mit neuer Vormachtstellung
20 in Brüssel.

Archiv der Gegenwart, 24. Dezember 1988, S. 32902 ff.

Q4 Eine Europäische Föderation

Aus einer Rede des damaligen deutschen Außenministers Joschka Fischer, 2000:

Die Erweiterung (der EU) wird eine grundlegende Reform der europäischen Institutionen unverzichtbar machen. Wie stellt man sich eigentlich
5 einen Europäischen Rat mit dreißig Staats- und Regierungschefs vor? Dreißig Präsidentschaften? Wie lange werden Ratssitzungen dann eigentlich dauern? Tage oder gar Wochen? Wie soll
10 man in dem heutigen Institutionengefüge der EU zu Dreißig Interessen ausgleichen, Beschlüsse fassen und dann noch handeln? Wie will man verhindern, dass die EU damit endgültig in-
15 transparent, die Kompromisse immer unfasslicher und merkwürdiger werden, und die Akzeptanz der EU bei den Unionsbürgern schließlich weit unter den Gefrierpunkt sinken wird?
20 Fragen über Fragen, auf die es allerdings eine ganz einfache Antwort gibt: den Übergang vom Staatenverbund der Union hin zur vollen Parlamentarisierung in einer Europäischen Föderation, die Ro-
25 bert Schuman bereits vor 50 Jahren gefordert hat. Und d.h. nichts Geringeres als ein europäisches Parlament und eine ebensolche Regierung, die tatsächlich die gesetzgebende und die exekutive Ge-
30 walt innerhalb der Föderation ausüben. Diese Föderation wird sich auf einen Verfassungsvertrag zu gründen haben.

Joschka Fischer, Vom Staatenverbund zur Föderation – Gedanken über die Finalität der europäischen Integration. „Humboldt-Rede" 12. Mai 2000. In: Themenportal Europäische Geschichte, www.europa.clio-online.de/site/lang___de/ItemID___17/mid___11373/40208215/default.aspx (12. Februar 2012)

5. Eine Textquelle auswerten: Kommentar zum „Brexit"

Am 26. Juni 2016 stimmten die Bürger Großbritanniens und Nordirlands mehrheitlich für den Austritt des Königreiches aus der Europäischen Union. Erörtert die Einschätzung des Philosophen Jürgen Habermas zur Zukunft der EU. [III]

Q5 Ein funktionierendes Kerneuropa

In einem Interview mit der Wochenzeitung „Die Zeit" skizziert der Philosoph Jürgen Habermas die mögliche Zukunft der EU.

Die Einberufung eines Konvents, der zu großen Vertragsänderungen und Referenden führen müsste, käme erst infrage, wenn die EU ihre dringendsten
5 Probleme wahrnehmbar und auf überzeugende Weise angepackt hat. Die nach wie vor ungelöste Euro-Krise, das langfristige Flüchtlingsproblem und die aktuellen Sicherheitsfragen wer-
10 den jetzt als drängende Probleme genannt. Aber schon deren Beschreibung ist in der (…) Runde der 27 Mitglieder des Europäischen Rates nicht konsensfähig. Kompromisse sind nur unter kom-
15 promissbereiten Partnern möglich, und dafür dürfen die Interessenlagen nicht zu weit auseinandergehen. Dieses Mindestmaß an Interessenkonvergenz ist bestenfalls von den Mitgliedern der Eu-
20 ropäischen Währungsgemeinschaft zu erwarten. Das Krisenschicksal der gemeinsamen Währung (…) kettet diese Länder schon seit Jahren, wenn auch auf asymmetrische Weise, eng aneinander.
25 Deshalb bietet sich die Euro-Zone als die natürliche Definition für den gegebenen Umfang eines künftigen Kerneuropas an. (…) Demokratie in Europa lässt sich auf keine andere Weise erreichen als durch
30 eine Vertiefung der europäischen Kooperation.

Die Spieler treten ab. Kerneuropa als Rettung: Ein Gespräch mit Jürgen Habermas. In: Die Zeit vom 7. Juli 2016, S. 37f. Interviewer: Thomas Assheuer

Eine Zeitleiste erstellen

Band 1, S. 12/13

Methodische Arbeitsschritte

1 Die Planung

- Bestimmt Thema und Zweck der Zeitleiste.
- Berechnet Maßstab und Platzbedarf.
- Tragt die Zeitskala ein und nehmt die Markierung von Abschnitten vor.
- Besprecht untereinander, zu welchen Ereignissen, Personen oder Begriffen ihr Eintragungen vornehmen wollt (am besten dann, wenn ein Thema im Unterricht abgeschlossen ist).

2 Die Zeitleistenbausteine

- Schreibt eure Texte vor und besprecht sie miteinander.
- Sammelt passende Bilder und andere zusätzliche Materialien, wählt sie gemeinsam aus und formuliert Unterschriften dazu.

3 Die Ausgestaltung

- Klärt genau, wo welcher „Baustein" in der Zeitleiste hinkommen soll; tragt, klebt oder malt dann ein, was ihr geplant habt.
- Überlegt gemeinsam, welche Verzierungen ihr noch vornehmen könnt (Farbe, Symbole).

Sachquellen untersuchen

Band 1, S. 16/17

Methodische Arbeitsschritte

1 Beschreiben

- Stelle fest, um welchen Gegenstand es sich handelt.
- Sieh ihn an, nimm ihn in die Hand, probiere ihn aus.

2 Untersuchen

Beantworte die folgenden Fragen:
- Aus welchen Materialien ist der Gegenstand?
- Aus welcher Zeit stammt er vermutlich?
- Wozu diente er?
- Wie wurde er gehandhabt und von wem?

Dafür musst du dir unter Umständen zusätzliche Informationen aus Lexika, Sachbüchern, dem Internet oder von Experten besorgen. Als Experten können oft ältere Menschen dienen.

3 Deuten

- Überlege, was du aus dem Gegenstand über das Leben von Menschen früher entnehmen kannst. Welche Bedeutung hatte er für sie? Notiere Fragen, die an den Gegenstand anknüpfen und zu deren Beantwortung du weitere Informationen brauchst.
- Stelle abschließend fest, ob der Gegenstand für unser heutiges Leben noch eine Rolle spielt. Ist er durch andere ersetzt worden? Was lässt sich daraus über die Lebensweise der Menschen und ihren Wandel ablesen?

Einen Lehrbuchtext auswerten   Band 1, S. 32/33

Methodische Arbeitsschritte

1 Überblick

· Lies den ganzen Text einmal zügig durch. Um welches Thema und um welche Fragestellungen geht es?
· Notiere eine Überschrift und Stichworte auf deinem Arbeitsblatt.

2 Untersuchung

· Finde Begriffe, mit denen du den Text gliedern kannst.
· Notiere die wichtigsten Gedanken eines jeden Abschnitts. Zum Beispiel: Welche Ereignisse und Entwicklungen werden genannt; wer sind die Handelnden; mit welchen Begriffen werden die historischen Situationen und Abläufe benannt; wie werden sie bewertet?
· Untersuche, wie der Verfasser seine Informationen und Argumentationen sprachlich darbietet. Zum Beispiel: Zeitliche Bezüge werden ausgedrückt durch „vorher", „nachher", „plötzlich" oder „danach"; Begründungen durch „weil", „da", „deshalb", „deswegen"; gegensätzliche Wertungen oder Widersprüche durch „einerseits — andererseits", „obwohl", „trotzdem", „manche meinen"; Unsicherheit oder Vorbehalte durch „vielleicht", „vermutlich", „wahrscheinlich".

3 Zusammenfassung

Fasse die wichtigsten Informationen des Textes knapp zusammen und bringe sie in eine eigene Form. Dafür kannst du zum Beispiel
· den Inhalt des Textes in wenigen eigenen Sätzen formulieren,
· eine Stichwortliste erstellen (etwa mit einander widersprechenden Argumenten oder Wertungen),
· eine Tabelle gestalten,
· die Aussage des Textes in einer Strukturskizze wiedergeben.

Ein Schaubild erklären   Band 1, S. 62/63

Methodische Arbeitsschritte

1 Thema

· Stelle fest, welches Thema das Schaubild behandelt. Die Unterschrift gibt dir dazu Informationen.
· Ordne das Thema in Zeit und Raum ein. Manchmal geben Schaubilder Zustände wieder, die nur für kurze Zeit und nur für bestimmte Länder oder Gebiete galten. Andere zeigen gesellschaftliche Zustände, die für viele Länder und über lange Zeit typisch waren oder sind.

2 Untersuchung

· Stelle fest, welche Bestandteile das Schaubild hat. Das können zum Beispiel Kästchen, Kreise, Linien, Pfeile, Figuren oder Zeichen sein.
· Untersuche die Bedeutung der einzelnen Bestandteile des Schaubildes. Finde heraus, wofür verwendete Farben, Formen und Zeichen stehen.
· Überlege, welchen Zusammenhang es zwischen dem Thema und der Form des Schaubildes gibt.

3 Deutung

· Arbeite heraus, wie die einzelnen Bestandteile miteinander verknüpft sind und was das bedeutet: Stehen sie z. B. nebeneinander oder untereinander, sind sie mit Pfeilen verbunden und was heißt das?
· Erkläre, welches Verhältnis zwischen Personen oder Menschengruppen durch das Schaubild deutlich wird.
· Fasse zusammen, was du über das dargestellte Thema erfahren hast.

Textquellen auswerten   Band 1, S. 72/73

Methodische Arbeitsschritte

1 Inhalt erfassen

- Lies dir den Text zuerst einmal genau durch, damit du weißt, worum es geht. Achte dabei besonders auf die genannten Personen sowie Orts- und Zeitangaben.
- Kläre alle Wörter und Aussagen, die du nicht verstehst, entweder mit einem Wörterbuch oder frage deine Lehrerin/deinen Lehrer.
- Unterteile den Text in Sinnabschnitte, die jeweils einen Gedanken ausdrücken, und schreibe für jeden davon eine Überschrift.
- Fasse jetzt den Text mit deinen Worten so zusammen, dass alle Sinnabschnitte berücksichtigt sind.

2 Untersuchen

- Nun weißt du, was in dem Text steht. Aber es könnte ja sein, dass der Verfasser des Textes ziemlich unwissend war oder eine einseitige Meinung vertrat. Deshalb musst du dich über den Verfasser informieren, z. B. mit einem Lexikon.
- Stelle fest, wer den Text verfasst hat, an welches Publikum er sich richtete und mit welcher Absicht er das tat.
- Kläre, mit welchem zeitlichen Abstand vom Geschehen der Verfasser schrieb und wie er an sein Wissen darüber gelangt ist.
- Kläre ferner, ob der Verfasser vielleicht eine einseitige Meinung vertritt. Hinweise dazu könntest du im Text oder in deinem Wissen über den Verfasser oder durch Vergleich mit einer anderen Quelle finden.

3 Deuten

- Ordne die Quelle in den geschichtlichen Zusammenhang ein. Du kannst z. B. den Verfassertext zu Hilfe nehmen.
- Fasse zusammen, was die Quelle über das historische Thema aussagt.
- Formuliere deine eigene Deutung des historischen Sachverhalts unter Einbezug der Quelle und anderer Informationen.

Geschichtskarten verstehen   Band 1, S. 92/93

Methodische Arbeitsschritte

1 Beschreiben

- Stelle fest, welches Thema die Karte behandelt.
- Bestimme den geografischen Ausschnitt der Karte.
- Benenne den Zeitpunkt oder Zeitraum, auf den sich die Karte bezieht. Stelle fest, ob die Karte einen Zustand oder eine Entwicklung zeigt.

2 Untersuchen

- Schreibe alle einzelnen Informationen auf, die du der Karte entnehmen kannst.
- Nimm gegebenenfalls dafür notwendige Berechnungen vor.

3 Deuten

- Fasse die wichtigsten Aussagen der Karte zusammen.
- Verknüpfe die Kartenaussagen mit Kenntnissen, die du schon hast.
- Überlege, auf welche Fragen die Karte keine Antwort gibt.
- Überlege, ob die Kartendarstellung unter Umständen Probleme aufwirft.

Einen Geschichte-Comic untersuchen

Methodische Arbeitsschritte

1 Beschreiben

- Fasse zusammen, was Thema des Comics ist, wo und wann die Handlung spielt und welche Personen vorkommen.
- Stelle in wenigen Sätzen die Aufgaben und Probleme fest, mit denen sich die Hauptpersonen auseinandersetzen müssen.
- Beschreibe, wie die Hauptpersonen dargestellt werden. Welche Eigenschaften würdest du ihnen aufgrund ihrer Darstellung spontan zuschreiben?

2 Untersuchen

- Finde heraus, was der historische Kern des Comics ist. Suche nach Beispielen für Dinge, die es wirklich so gegeben hat.
- Zeige, was es deiner Meinung nach so nicht gegeben hat und was in deinen Augen übertrieben dargestellt wird.
- Untersuche, wie die Personen im Detail dargestellt werden (Kleidung, Größe, Körperhaltung, Mimik und Sprache). Welche Details fallen besonders auf?

3 Deuten

- Beschreibe, wie die Darstellung der Personen und ihrer Handlungen insgesamt auf dich gewirkt hat.
- Vergleiche die Ergebnisse deiner Untersuchung mit Darstellungen in Sachbüchern.
- Überlege und erläutere, welches Verhalten die Autoren des Comics positiv bzw. negativ bewerten. Überlege und notiere dir mögliche Gründe für diese Bewertung.
- Formuliere das präsentierte Geschichtsbild und nenne Gründe für seine besonderen Akzente.

Geschichte im Längsschnitt untersuchen   **Band 1, S. 102/103**

Methodische Arbeitsschritte

1 Beschreiben

- Wähle einen Gegenstand oder ein Problemfeld, das du in verschiedenen Epochen untersuchen willst (z. B. Kleidung, Behausung, Schifffahrt, Kinderspiele).
- Notiere dir Fragen, die du gleichermaßen in jeder der gewählten Epochen an deinen Gegenstand stellst.
- Welche Quellen gibt es? Beschaffe dir Material und beantworte die Fragen, die du gestellt hast.

2 Untersuchen

- Halte die Ergebnisse deiner Nachforschungen übersichtlich fest, z. B. in einer Tabelle.
- Trage Gemeinsamkeiten und Unterschiede verschiedenfarbig ein.
- Gewichte! Hat sich in bestimmten Epochen viel verändert? In anderen kaum etwas?

3 Deuten

- Zähle die Gemeinsamkeiten auf. Warum gibt es diese Kontinuitäten?
- Betrachte alle Unterschiede. Überlege, welche Gründe es für die Veränderungen geben könnte.
- Gibt es deutliche Brüche und warum?
- Überprüfe deine Ergebnisse und überlege, welche besonderen Einblicke ein „Längsschnitt" bringt.

Ein Standbild untersuchen   Band 2, S. 26/27

Methodische Arbeitsschritte

1 Beschreiben

- Stelle fest, welche Personen dargestellt werden: Handelt es sich um lebende Personen, um Götter oder um Figuren, die stellvertretend für ein Volk oder eine Gruppe stehen? Werden sie bei bestimmten Handlungen dargestellt?
- Informiere dich, wann und von wem das Standbild geschaffen wurde.
- An welchem Ort wurde die Darstellung gezeigt?
- Welche Einzelheiten fallen dir besonders auf?

2 Untersuchen

- Finde heraus, wer der Auftraggeber/die Auftraggeberin war. Welche Gründe hatte er/sie für den Auftrag?
- Untersuche die Einzelheiten:
- Wie werden die Personen dargestellt?
- Welche Haltung nehmen sie ein? Wie sind Kleidung und Haare gestaltet worden?
- Wie groß ist die Darstellung im Verhältnis zum Vorbild?
- Wie werden Handlungen und Szenen dargestellt? Wer steht dabei im Mittelpunkt?
- Gibt es Einzelheiten im Bild, die symbolisch gemeint sind?

3 Deuten

- Fasse zusammen, wie das Standbild auf dich wirkt und wie es wohl auf die Menschen zur Entstehungszeit gewirkt haben muss.
- Erkläre, was die dargestellte Person oder der Auftraggeber den Betrachtern mitteilen wollten.

Historische Spielfilme auswerten   Band 2, S. 44/45

Methodische Arbeitsschritte

1 Beschreiben

Schau dir den Film an und notiere:
- Wann und von wem wurde der Film gedreht?
- Welches Thema hat er zum Inhalt?
- Wer sind die handelnden Personen?
- Wie sind sie dargestellt?
- Welche Ereignisse werden besonders herausgestellt, welche nur am Rande gezeigt?
- Welche Szenen sind für das Verständnis des geschichtlichen Hintergrundes besonders wichtig?
- Fasse deine Gesamteindrücke zusammen.

2 Untersuchen

Sieh dir eine ausgewählte Szene noch einmal an und finde heraus:
- Welche Personen bringen die historische Entwicklung voran?
- Wie werden die handelnden Personen dargestellt?
- Mit welchen Mitteln geschieht das? Beachte die Kameraeinstellung (groß, klein, nah, fern, Details), Kameraperspektive (von oben, von unten, Normalsicht usw.), Kamerabewegung, Beleuchtung, Ton (Musik, Geräusche, Kommentare usw.).
Finde heraus, welche Personen und Ereignisse den historischen Tatsachen entsprechen und welche erfunden sind.

3 Deuten

- Wie wird das historische Ereignis insgesamt gewertet und gedeutet?
- Welche Botschaft oder Lehre soll der Zuschauer vermittelt bekommen?
- Notiere, welche Wertungen und Deutungen deiner Meinung nach kritikwürdig sind.

Bildliche Quellen   Band 2, S. 84/85

Methodische Arbeitsschritte

1 Beschreiben

- Beschreibe deinen ersten Eindruck von dem Bild.
- Stelle fest, was darauf besonders ins Auge fällt.
- Nenne Einzelheiten, die du auf dem Bild siehst.

2 Untersuchen

- Benenne das Thema des Bildes.
- Finde heraus, welche einzelnen Personen, historischen Ereignisse, Gegenstände dargestellt sind. (Hierfür benötigst du oft Zusatzinformationen.)
- Analysiere die verwendeten Darstellungsmittel:
  - Bildaufbau (Bildteile; Vorder-, Mittel-, Hintergrund; besondere Anordnung)
  - Perspektive (Zentral- oder Bedeutungsperspektive; Auf- oder Untersicht)
  - Figurendarstellung (Körperhaltung; Blickrichtung; Mimik; Gestik)
  - Größenverhältnisse
  - Licht- und Farbwirkungen

3 Deuten

- Formuliere die Gesamtaussage des Bildes.
- Erkläre, welche für die Zeit typischen Sichtweisen, Vorstellungen oder Haltungen das Bild deutlich werden lässt.

Urkunden auswerten   Band 2, S. 88/89

Methodische Arbeitsschritte

1 Beschreiben

- Sieh dir zunächst die Abbildung der lateinischen Originalurkunde (Faksimile) an und halte fest, was du erkennst.
- Lies dir die deutsche Übersetzung durch und fasse den Inhalt des Textes zusammen.
- Vergleiche die Übersetzung mit dem Faksimile.
- Suche in der deutschen Übersetzung die einzelnen Bestandteile einer Urkunde und markiere sie.
- Gliedere die Urkunde in die drei Hauptteile. Versuche, im Faksimile zu erkennen, wie der Schreiber die Gliederung gestaltet hat.

2 Untersuchen

- Untersuche das Schriftbild auf Zeichen, Wörter oder Namen, die größer geschrieben sind als die übrige Schrift.
- Stelle dann die Informationen zusammen, die du der deutschen Übersetzung entnehmen kannst: über den Aussteller der Urkunde und den Schreiber, über den Adressaten und die ihm verliehenen Rechte und über die praktischen Umstände der Rechtshandlung.
- Überlege, mit welcher Absicht und unter welchen Umständen die Urkunde ausgestellt wurde und welche Wirkung sie hatte.

3 Deuten

Versuche nun, die Urkunde in den historischen Zusammenhang einzuordnen und ihre Bedeutung zu erschließen. Frage dich z. B.:
- Welche Informationen aus den vorhergehenden Kapiteln werden durch diese Urkunde gestützt?
- Erwähnt die Urkunde einen für dich neuen Aspekt?

Bauwerke untersuchen   Band 2, S. 110/111

Methodische Arbeitsschritte

1 Beschreiben

- Stelle fest, um was für ein Gebäude es sich handelt und wann es errichtet wurde.
- Beschreibe die Lage des Bauwerkes in der Stadt und suche eine Erklärung dafür.
- Bestimme die Maße des Gebäudes, also Länge, Breite und Höhe.
- Beschreibe die einzelnen Teile des Bauwerkes und stelle fest, in welchem Baustil es erbaut wurde.

2 Untersuchen

- Bestimme anhand der einzelnen Bestandteile und Räume die Funktion (Aufgabe, Zweck) des Bauwerkes.
- Informiere dich, wer das Bauwerk errichten ließ und ob es einen bestimmten Anlass dafür gab.
- Erkundige dich, wer die Bauarbeiten bezahlt hat.
- Untersuche die Baugeschichte: Wurden z. B. Teile nachträglich an- oder umgebaut?

3 Deuten

- Stelle Vermutungen an, wie das Bauwerk auf die Menschen wirkte und welche Absichten der Erbauer damit verfolgte.
- Finde heraus, ob sich das Bauwerk im Laufe der Zeit veränderte: Wurde es zerstört, wieder aufgebaut, restauriert oder umgebaut? Welche Gründe gab es dafür?
- Triff Aussagen über den heutigen Verwendungszweck. Hat er sich geändert, dann erkläre, warum.

Textquellen untersuchen: eine Rede   Band 2, S. 126/127

Methodische Arbeitsschritte

1 Beschreibung

Wie bei allen Textquellen musst du zuerst folgende Fragen beantworten:
- Worum geht es in dem Text? Was ist das Thema, was der Inhalt?
- Wann ist der Text entstanden? Wer ist der Redner? An wen wendet er sich? In welcher Situation und warum tut er das?
- Schlage unbekannte Begriffe nach.

2 Untersuchung

Nimm dir die einzelnen Aussagen oder Sinnabschnitte vor und stelle fest, wie der Redner seine Zuhörer zu überzeugen sucht:
- Gibt der Redner Tatsachen wieder oder bloße Meinungen?
- Welche Absichten verfolgt der Redner? Ordne jede Aussage einem/mehreren der folgenden Begriffe zu: „etwas rechtfertigen", „Unerwünschtes tadeln", „Erwünschtes loben", „Ängste, Hoffnungen, Wünsche wecken".

3 Deutung

Prüfe die Wirkung der Rede, indem du folgende Fragen beantwortest:
- Welche Gedanken/Gefühle könnten die Aussagen bei einem Anhänger des Redners auslösen (hier z. B. bei einem christlichen Ritter)?
- Bei welchen Aussagen würde ein Gegner (hier z. B. ein Muslim) protestieren?
- Welche Aussagen würdest du als zweifelhaft, übertrieben oder Schwarz-Weiß-Malerei bezeichnen?

Ein Projekt durchführen   Band 2, S. 148/149

Methodische Arbeitsschritte

1 Planen

- Entwickelt eine Fragestellung und diskutiert die Projektidee.
- Entwickelt Einzelfragen.
- Informiert euch über mögliche Methoden (Interview usw.).
- Legt den Zeitraum oder die Zeiträume fest, den oder die ihr untersuchen wollt.
- Stellt eine Mindmap mit Unterthemen her.
- Verteilt die Aufgaben im Projekt-Team.
- Sucht euch einen Projektbetreuer, der Erfahrung hat und das Projekt begleitet.
- Legt einen Terminplan fest.

2 Untersuchen

- Findet heraus, wo ihr Informationen herbekommen könnt.
- Verteilt die einzelnen Vorhaben und Anfragen auf Einzel-, Partner- und Gruppenrecherchen. Vereinbart Termine dafür.
- Führt die Recherchen durch.
- Stellt alle Ergebnisse zusammen und vergleicht sie. Welche der gefundenen Quellen (Texte, Bilder, Objekte, Aussagen) haltet ihr für glaubwürdig und brauchbar?
- Deutet die gefundenen und ausgewählten Quellen und erklärt sie.

3 Präsentieren

- Plant die Veröffentlichung eurer Ergebnisse (Schülerzeitung, Prospekt, Radiosendung usw.). Überlegt, welche Ausstattung ihr braucht.
- Verteilt die Aufgaben.
- Legt Ort und Termin der Ausstellung oder Präsentation fest und bestimmt die Einzuladenden. Sprecht diesen Schritt eng mit eurem Lehrer/eurer Lehrerin ab.
- Beurteilt, wie eure Zusammenarbeit gelaufen ist und überlegt, was ihr beim nächsten Mal besser machen könnt.

Historische Karten untersuchen   Band 3, S. 18/19

Methodische Arbeitsschritte

1 Beschreiben

- Welches Thema behandelt die Karte?
- Welcher Raum und welche Zeit sind dargestellt?
- Welche geografischen Kenntnisse enthält die Karte?

2 Untersuchen

- Was wird hervorgehoben bzw. weggelassen? Vergleiche mit einem heutigen Atlas.
- Welche religiösen, kulturellen oder politischen Vorstellungen lassen sich aus der Karte ablesen?

3 Deuten

- In welcher Absicht, zu welchem Zweck ist die Karte angefertigt?
- Welches Weltbild wird in der Karte deutlich?
- Welche Bedeutung hatte die räumliche Darstellung für den Kartenhersteller?

Flugschriften mit Karikaturen analysieren   Band 3, S. 46/47

Methodische Arbeitsschritte

1 Beschreiben

Gehe vor wie bei einer Bildauswertung:
- Beschreibe deinen ersten Eindruck von dem Bild.
- Stelle fest, was darauf besonders ins Auge fällt.
- Nenne Einzelheiten, die du erkennen kannst (Personen, Gegenstände, Gebäude usw.).

2 Untersuchen

- Finde heraus, welche Personen im Mittelpunkt stehen, welche eher am Rande.
- Beschreibe, womit die Personen beschäftigt sind.
- Untersuche die Form der Darstellung. Berücksichtige dabei Stilmittel wie Größe, Kleidung, Anordnung der Personen und Gegenstände.
- Überlege, welche Bildelemente Symbole darstellen oder symbolisch gemeint sind.
- Suche nach Texten oder Namen und entschlüssele sie.

3 Deuten

- Finde heraus, auf welches Ereignis sich das Spottbild beziehen könnte.
- Überlege, wie der Künstler die Ereignisse beurteilt und welche Personen er mit seiner Darstellung erreichen wollte.

Herrscherbilder auswerten   Band 3, S. 76/77

Methodische Arbeitsschritte

1 Beschreiben

- Beschreibe deinen ersten Eindruck von dem Bild.
- Stelle fest, was darauf besonders ins Auge fällt.
- Nenne Einzelheiten, die du auf dem Bild siehst.

2 Untersuchen

- Finde heraus, um welchen Herrscher es sich handelt.
- Untersuche, wie die Herrscherfigur dargestellt wurde (Anordnung auf dem Bild, Körperhaltung, Gesten und Mimik, Blickrichtung, Kleidung) und welche Perspektive der Maler gewählt hat (von unten oder oben).
- Kläre, mit welchen Herrschaftssymbolen der Herrscher dargestellt wird und welche Bedeutung diese haben. (Hierfür benötigst du oft Zusatzinformationen.)
- Finde heraus, welche künstlerischen Mittel der Maler verwendet hat (Farben, Lichtwirkung, Größe, Format, verwendetes Material).
- Informiere dich über den Künstler, die Entstehung des Bildes und seine Verwendung.

3 Deuten

- Formuliere zusammenfassend die Wirkung, die das Bild auf die Mitmenschen des Herrschers (seine Zeitgenossen) erzielen sollte.
- Erkläre, welcher Herrschaftsanspruch in dem Bild deutlich wird.

Ein Verfassungsschaubild auswerten   Band 3, S. 114/115

Methodische Arbeitsschritte

1 Beschreiben

- Stelle fest, um die Verfassung welchen Landes es sich handelt.
- Ordne die Verfassung in die Zeit ein.
- Informiere dich, wer die Verfassung ausgearbeitet und in Kraft gesetzt hat und unter welchen historischen Umständen das geschah (z. B. während einer Revolution).

2 Untersuchen

- Stelle fest, welche Bestandteile das Schaubild hat.
- Untersuche, welche Bedeutung die verschiedenen Elemente (Farben, Pfeile, Symbole) haben.
- Stelle fest, wer wahlberechtigt ist, wer nicht, welche Gremien gewählt werden und wie oft Wahlen stattfinden.
- Untersuche, welche staatlichen Teilgewalten es gibt und welche Bestandteile sie haben.
- Kläre, welche Beziehungen es zwischen den einzelnen Teilgewalten gibt.

3 Deuten

- Fasse zusammen, um welche Staatsform es sich handelt.
- Beurteile, ob mit der Verfassung alle Mitglieder der Gesellschaft die gleichen staatsbürgerlichen Rechte haben und wer eventuell ausgeschlossen ist.
- Formuliere, wie demokratisch aus deiner Sicht die Verfassung ist.

Eine Internetrecherche durchführen   Band 3, S. 142/143

Methodische Arbeitsschritte

1 Suchen

- Finde geeignete Stich- bzw. Schlagwörter, mit denen du suchen willst.
- Benutze für deine Suche eine bestimmte Seite, die du schon kennst, oder eine Suchmaschine.

2 Überprüfen

- Überprüfe die gefundenen Seiten, ob sie dir wichtige oder überflüssige Informationen liefern.
- Kläre die Glaubwürdigkeit der Seite, indem du
  - nach dem Namen des Verfassers oder der Institution und gegebenenfalls nach der Adresse des Urhebers suchst;
  - den Zeitpunkt der Veröffentlichung feststellst;
  - die Absicht des Verfassers hinterfragst;
  - prüfst, ob Bilder und Quellen mit korrekten Nachweisen versehen sind.

3 Auswerten

- Wähle die wichtigsten Informationen aus.
- Stelle die Informationen unter einer Gliederung zusammen.
- Präsentiere das Ergebnis deiner Recherche (als zusammenhängenden Text, als PowerPoint-Präsentation, als Vortrag, als Plakat usw.).
- Überprüfe deine Vorgehensweise und überlege dir Verbesserungsmöglichkeiten.

Karikaturen auswerten

Band 4, S. 16/17

Methodische Arbeitsschritte

1 Beschreiben

- Beschreibe die gezeichneten Personen, Tiere und Gegenstände sorgfältig. Achte dabei auch auf die Größendarstellungen und verbindende Elemente.
- Wenn eine Beschreibung oder Beschriftung vorhanden ist, stelle eine Beziehung zwischen der Abbildung und dem Text her.

2 Untersuchen

- Finde so viel wie möglich über den geschichtlichen Hintergrund heraus: über abgebildete Personen oder wichtige Gegenstände, das Entstehungsjahr, den Ort der Veröffentlichung (bei einer Zeitung oder Zeitschrift), den Leserkreis der Zeitung oder Zeitschrift.
- Nutze dazu Geschichtsbücher über die Zeit, in der die Karikatur entstanden ist, und auch andere Informationsquellen (z.B. Lexika, Internet).
- Untersuche die dargestellten Personen und Gegenstände.

3 Deuten

- Versuche zu klären, welche persönliche Meinung der Zeichner mit der Karikatur verbreiten wollte.
- Beziehe Stellung zu der Aussage der Karikatur.

Politische Lyrik als historische Quelle

Band 4, S. 20/21

Methodische Arbeitsschritte

1 Beschreiben

- Beschreibe die äußere Form des Liedes (Strophen, Refrain, Reime).
- Fasse die zentrale Aussage jeder Strophe zusammen.
- Charakterisiere die Sprache des Liedtextes.
- Beschreibe deine ersten Eindrücke von der Melodie des Liedes.
- Benenne die Merkmale der Melodie. Benutze dazu das Schema D1.
- Überlege, welche Stimmung mit dem Lied zum Ausdruck gebracht wird.

2 Untersuchen

- Stelle fest, wer den Liedtext geschrieben hat und von wem die Melodie stammt.
- Untersuche, welche politischen oder geschichtlichen Ereignisse im Lied erwähnt werden.
- Ordne das Lied in seinen historischen Zusammenhang ein.
- Überlege, wie Text und Melodie zusammenpassen. Suche nach musikalischen Mitteln, die möglicherweise die Aussage des Textes verstärken.

3 Deuten

- Überlege, welchen Standpunkt der Autor zu den besungenen Ereignissen hatte.
- Stelle Vermutungen an, wer das Lied gesungen haben mag und welche politische Einstellung man mit dem Singen des Liedes zeigen wollte.
- Versuche herauszufinden, welche Wirkung das Lied bei seiner Entstehung hatte.
- Erkundige dich, ob das Lied heute noch gesungen wird und ob es heute noch eine Bedeutung hat.

Denkmäler untersuchen   Band 4, S. 50/51

Methodische Arbeitsschritte

1 Beschreiben

- Beschreibe die äußere Erscheinungsform des Denkmals (figürliche Plastik, Relief, Bauform wie Säule, Kubus, Wand usw.).
- Benenne Zeichen und Symbole, die du an dem Denkmal findest (Kreuz, Adler, Fahne usw.).
- Gib die Inschriften wieder, die du an dem Denkmal findest.
- Beschreibe den Standort und die Umgebung des Denkmals (Platz, Friedhof, Hain, Park usw.).

2 Untersuchen

- Stelle fest, um welchen Typ von Denkmal es sich handelt (Mahnmal, Siegesdenkmal, Heldendenkmal, Standbild usw.).
- Finde anhand geeigneter Informationen und Materialien heraus, welche Absichten die Erbauer des Denkmals verfolgten.
- In welchem politischen und gesellschaftlichen Zusammenhang wurde es errichtet?
- Wie wurde es in seiner Geschichte wahrgenommen und genutzt (Gedenkveranstaltungen)?

3 Deuten

- Charakterisiere den baulichen Gesamtausdruck des Denkmals.
- Fasse die Gesamtaussage des Denkmals zusammen und erläutere, welche Rolle die einzelnen Elemente dabei spielen.
- Diskutiere die Bedeutung dieses Denkmals in der heutigen Zeit.

Eine Statistik interpretieren   Band 4, S. 68/69

Methodische Arbeitsschritte

1 Beschreiben

- Stelle fest, worum es in der Statistik geht. Die Überschrift gibt dir dazu bereits Informationen.
- Kläre, welcher Zeitraum dargestellt wird.
- Finde heraus, in welchen Größen/Einheiten das Zahlenmaterial angegeben wird.

2 Untersuchen

- Finde heraus, von wem die Statistik stammt. Kläre, wann, wo und in welcher Absicht sie veröffentlicht worden ist. (Meistens wirst du dazu Zusatzinformationen brauchen.)
- Beschreibe die Entwicklung, die du erkennen kannst. Stelle fest, ob es auffällige Entwicklungen gibt (z.B. deutliche Sprünge, Fortschritte/Rückschritte, Gleichbleibendes).
- Suche nach einer Erklärung, falls Daten unvollständig sind.
- Überlege, ob eine andere Darstellungsweise in Frage kommt, welche die Aussage anschaulicher macht (z.B. Prozentzahlen).
- Überlege, welche zusätzlichen Informationen dir nützlich sein könnten.

3 Deuten

- Fasse zusammen, welche einzelnen Informationen du erhalten hast. Erkläre, was sie über den dargestellten Zeitraum aussagen.
- Überlege, ob im Untersuchungszeitraum wichtige historische Ereignisse Einfluss auf die Daten genommen haben könnten.
- Beurteile, ob die Statistik dir dabei helfen konnte, die Zusammenhänge zu klären, die du zu untersuchen hattest.

Einen Museumsbesuch durchführen   Band 4, S. 76/77

Methodische Arbeitsschritte

1 Planen

- Informiere dich vorab über das Museum (Öffnungszeiten, Anreise, Eintrittspreise, Ausstellungsaufbau, Fotoerlaubnis).
- Überdenke die Arbeitsaufträge, die dir von deiner Lehrerin bzw. deinem Lehrer gestellt wurden oder
- formuliere Fragen, die du mithilfe des Museumsbesuchs klären möchtest, und lege Schwerpunkte für die Besichtigung fest.
- Entscheide, ob du an einer Führung teilnehmen oder die Ausstellung selbstständig betrachten und deuten möchtest.

2 Untersuchen

- Betrachte einzelne Objekte oder Objektgruppen genau. Finde heraus, welche Informationen oder Erkenntnisse über die Vergangenheit sie dir geben.
- Ziehe auch die Erläuterungen auf den Informationstafeln zu Rate.
- Wenn du Fragen hast, wende dich an das Museumspersonal oder deine Lehrerin bzw. deinen Lehrer.
- Begründe, welche Objekte du besonders spannend findest und was dich daran fasziniert.

3 Deuten

- Fasse alle deine Beobachtungen und Erkennisse in Stichworten zusammen.
- Stelle sie deinen Klassenkameraden vor. Wähle dafür eine geeignete Präsentationsform.
- Besprecht gemeinsam in der Klasse, welche neuen Eindrücke und Einsichten ihr im Museum in Ergänzung zum Unterricht erfahren habt.
- Museen werden auch als „außerschulische Lernorte" bezeichnet. Diskutiert den Begriff.

Eine politische Rede analysieren   Band 4, S. 134/135

Methodische Arbeitsschritte

1 Beschreiben

- Finde heraus, wer die Rede gehalten hat, wann und vor wem der Redner oder die Rednerin gesprochen hat.
- Finde heraus, zu welchem Thema der Redner/die Rednerin spricht.
- Lies dir den Text zuerst einmal genau durch.
- Bilde Sinnabschnitte und versieh diese mit einer Überschrift.
- Fasse den Text der Rede mit eigenen Worten zusammen.

2 Untersuchen

- Informiere dich über den Verfasser/die Verfasserin der Rede.
- Untersuche, was der Anlass der Rede war.
- Finde heraus, welche Bedeutung der Ort hatte, an dem die Rede gehalten wurde.
- Informiere dich darüber, wie wichtig das Thema zum Zeitpunkt der Rede war.
- Untersuche, wie der Redner seine Zuhörer zu überzeugen versuchte.
- Stelle fest, an welchen Stellen die Zuhörer ihre Meinung geäußert haben.
- Überlege, was die im Protokoll festgehaltenen Äußerungen der Zuhörer bedeuten könnten.

3 Deuten

- Ordne die Rede in einen größeren Zusammenhang der Geschichte ein (z.B. in einen Krieg oder einen Wahlkampf).
- Fasse zusammen, was die Rede über die Politik zu der entsprechenden Zeit aussagt.
- Formuliere deine Meinung zu den Aussagen des Redners oder der Rednerin.

Feldpostbriefe auswerten   Band 4, S. 144/145

Methodische Arbeitsschritte

1 Beschreiben

Wie bei anderen Textquellen musst du zuerst folgende Fragen beantworten:
- Wann und wo wurde der Brief geschrieben?
- Wer ist der Absender und an wen hat er geschrieben?
- Was teilt der Verfasser in dem Brief mit?

2 Untersuchen

- Finde heraus, in welcher Situation der Brief geschrieben wurde. (Hierfür benötigst du oft Zusatzinformationen, z.B. welchen Verlauf der Krieg zu der Zeit nahm, in der der Brief verfasst wurde.)
- Überlege, was den Verfasser/die Verfasserin veranlasst haben könnte, den Brief zu schreiben.
- Versuche, Näheres über den Verfasser herauszubekommen, z.B. seinen Dienstgrad.
- Unterscheide, bei welchen Aussagen es sich um Tatsachen, bei welchen um Meinungen handelt.
- Finde heraus, welche Gefühle und welches Bild vom Krieg in dem Brief zum Ausdruck kommen. Welche sprachlichen Mittel hat der Verfasser dafür gewählt?

3 Deuten

- Formuliere, welche Wirkung der Brief auf den Empfänger erzielen könnte.
- Erkläre, was der Brief über die Stimmung an der Front oder zu Hause aussagt.
- Überprüfe, ob die Aussagen des Briefes mit der Berichterstattung durch die Militärführung oder durch Regierungsstellen übereinstimmen.
- Versuche zu begründen, warum es möglicherweise Abweichungen, aber auch Übereinstimmungen gibt.
- Stelle Vermutungen darüber an, welchen Sinn der Schreiber in dem Krieg sah.

Politische Plakate analysieren   Band 5, S. 58/59

Methodische Arbeitsschritte

1 Beschreiben

- Beschreibe das Bild. Achte dabei auch auf kleinste Gegenstände und Texte, die Verteilung von Licht und Schatten, Farben und die Anordnung der Texte.
- Stelle fest, was auf dem Plakat besonders ins Auge fällt.
- Nenne Einzelheiten, die du auf dem Plakat siehst.

2 Untersuchen

- Stelle fest, wer das Plakat in Auftrag gegeben hat.
- Finde heraus, aus welchem Grund das Plakat in Auftrag gegeben wurde.
- An wen wandte sich das Plakat?
- Untersuche, welche Symbole und welche Anspielungen auf historische Ereignisse du erkennen kannst.
- Untersuche den Text des Plakats.

3 Deuten

- Ordne das Plakat in den historischen Zusammenhang ein.
- Überlege, welches Ziel der Auftraggeber mit dieser Form der Gestaltung und den Texten zu erreichen versucht.
- Versuche zu beurteilen, wie dieses Plakat auf die Wählerinnen und Wähler gewirkt haben könnte.

Fotos als Propagandamittel erkennen   Band 5, S. 80/81

Methodische Arbeitsschritte

1 Beschreiben

Bei der Beschreibung eines Fotos ist es wichtig, dass du dir das Foto zunächst genau anschaust.
· Beschreibe deine spontanen Eindrücke.
· Halte fest, welche Szene/welcher Vorgang dargestellt ist.
· Erkläre, wie das Foto aufgebaut ist, was sich in der Mitte, was sich im Vorder-, was sich im Hintergrund befindet.

2 Untersuchen

· Beschreibe genau, was erkennbar ist und wie es dargestellt wird.
· Schildere, wie die abgebildete Szene/der abgebildete Vorgang auf dich wirkt.

Um festzustellen, ob es sich um ein Propagandafoto handelt, wirst du in der Regel Zusatzinformationen brauchen, die du z.B. im Internet finden kannst:
· Kläre, wann das Foto entstanden ist. Versuche herauszufinden, ob das Foto eine Auftragsarbeit ist und wer gegebenenfalls der Auftraggeber ist.
· Finde heraus, für welches Publikum das Foto aufgenommen worden ist.
· Beurteile, ob das Foto gestellt oder ein Schnappschuss ist.

3 Deuten

· Überlege, was das Foto ausdrückt und ob es eine Botschaft vermittelt.
· Fasse zusammen, welche Erkenntnisse du aus dem Abgebildeten gewinnst. Überlege, ob diese Erkenntnisse vom Fotografen/Auftraggeber gewollt sind.
· Überlege, welche Fragen das Foto aufwirft, die anhand des Bildes selber nicht beantwortet werden können.

Dokumentarfilme auswerten   Band 5, S. 90/91

Methodische Arbeitsschritte

1 Beschreiben

Bevor du dir den Dokumentarfilm anschaust, solltest du dir Hintergrundinformationen zu folgenden Punkten beschaffen.
· Ist der Film zeitnah zum Ereignis entstanden? Dann ist der Film selbst eine Quelle. Oder ist er neueren Datums, also mit deutlichem zeitlichen Abstand zum Geschehen entstanden? Dann ist er als eine Darstellung zu verstehen.
· Wie ist der Film entstanden (Auftraggeber, Regisseur, Finanzierung usw.)?
· Vor welchem Hintergrund ist der Film entstanden (z.B. Jubiläum oder sonstiger Anlass)?
· Welche Reaktionen gab es auf den Film (Kritiken in Zeitungen; wurde er zensiert oder gar verboten)?

2 Untersuchen

Sieh dir den Dokumentarfilm an und notiere dir Besonderheiten, die dir auffallen. Du kannst dazu den Film stoppen und dir die Zeitangabe dazu notieren, damit du die Stelle später wiederfindest.
· Welchen spontanen Eindruck hinterlässt der Film bei dir?
· Wovon handelt der Film?
· Gibt es dokumentarische Aufnahmen? Kommen Zeitzeugen zu Wort? Werden Stellungnahmen von Experten eingeblendet? Gibt es nachgestellte Szenen? Welche Anteile haben die einzelnen Einspielungen?
· Werden unterschiedliche Beurteilungen des historischen Geschehens deutlich? Oder stellt der Film nur eine Meinung oder eine These dar?

3 Deuten

· Überlege, ob es in dem Film eine Schlüsselsszene gibt, die stellvertrend für die Gesamtaussage des Films stehen könnte.
· Fasse die Aussageabsicht des Regisseurs/Auftraggebers in wenigen Sätzen zusammen und belege dein Urteil mit aussagekräftigen Szenen.
· Beurteile die Qualität des Dokumentarfilms aus deiner Perspektive und mithilfe deines Hintergrundwissens.

Historische Spielfilme auswerten   Band 6, S. 30/31

Methodische Arbeitsschritte

1 Beschreiben

Schau dir den Film an und notiere:
· Wann und von wem wurde der Film gedreht?
· Welches Thema hat er zum Inhalt?
· Welche Ereignisse werden besonders herausgestellt, welche nur am Rande gezeigt?
· Wer sind die handelnden Personen? Wie sind sie dargestellt?
· Welche Szenen sind für das Verständnis des historischen Inhalts besonders wichtig?

Fasse deine Gesamteindrücke zusammen.

2 Untersuchen

Sieh dir die Schlüsselszenen noch einmal an und finde heraus:
· Welche Personen bringen die historische Entwicklung voran?
· Wie werden die handelnden Personen dargestellt?
· Mit welchen Mitteln geschieht das? Beachte die Kameraeinstellung (groß, klein, nah, fern, Details), Kameraperspektive (von oben, von unten, Normalsicht usw.), Kamerabewegung, Beleuchtung, Ton (Musik, Geräusche, Kommentare usw.).

Recherchiere, welche Handlungen den historischen Tatsachen entsprechen und welche erfunden sind.

3 Deuten

· Wie wird das historische Ereignis insgesamt gewertet und gedeutet?
· Welche Botschaft oder Lehre soll der Zuschauer vermittelt bekommen?
· Notiere, welche Wertungen und Deutungen deiner Meinung nach kritikwürdig sind.

Werbung als historische Quelle untersuchen   Band 6, S. 104/105

Methodische Arbeitsschritte

1 Beschreiben

· Beschreibe deinen ersten Eindruck von der Werbung.
· Nenne Dinge, die dir besonders ins Auge fallen.

2 Untersuchen

· Benenne die einzelnen Elemente der Darstellung und ihr Verhältnis zueinander.
· Untersuche die Farbgebung und ihre Funktion.
· Stelle fest, wie das Produkt bildhaft dargestellt wird (Foto oder Zeichnung; realistisch oder verfremdet; einzeln oder eingebettet in eine Szene).
· Untersuche den Charakter des Werbetextes (sachlich-informierend, erzählend, appellierend usw.).

3 Deuten

· Charakterisiere zusammenfassend die „Botschaft" der Werbung.
· Benenne und begründe: Was scheint dir an dieser Werbung besonders zeittypisch zu sein?

Zeitzeugen befragen   Band 6, S. 128/129

Methodische Arbeitsschritte

1 Vorbereiten

- Überlege, zu welchem Thema, unter welcher Perspektive und zu welchem Zweck du einen Zeitzeugen sinnvoll interviewen kannst.
- Mache Zeitzeugen ausfindig. Adressen dafür sind: Altersheime, Altenbegegnungsstätten, das Pfarramt, das Bürgermeisteramt, Vereine und Verbände.
- Vereinbare einen Gesprächstermin.
- Informiere dich in Büchern und anderen Medien über das Thema.
- Schreibe dir Stichworte zu den Themen auf, über die du etwas erfahren willst.
- Notiere wichtige Einstiegsfragen.

2 Befragen

- Befrage Zeitzeugen in gut gewählter, möglichst vertrauter Umgebung.
- Höre dem Zeitzeugen geduldig zu und falle ihm nicht ins Wort.
- Notiere dir die persönlichen Daten deines Zeitzeugen (Name, Alter, Geburtsort, Beruf u.a.).
- Vorsicht beim Einsatz von Recordern. Besser ist, du hörst aufmerksam zu und machst dir ein paar Notizen.

3 Auswerten

- Ordne deine Notizen.
- Überprüfe anhand von Sachbüchern, Quellen oder weiteren Zeitzeugen, welche Aussagen du für glaubhaft, welche eher für unwahrscheinlich hältst.
- Ordne die Aussagen in einen größeren Zusammenhang ein und lege dar, welche Erkenntnisse du durch die Zeitzeugenbefragung zu einem Thema gewonnen hast.

Hinweise für das Lösen der Aufgaben

In diesem Buch findest du in jedem Kapitel viele Aufgaben, mit denen du die abgedruckten Materialien bearbeiten kannst. Um die Aufgaben zu lösen, musst du ganz unterschiedliche Tätigkeiten ausführen. Damit du weißt, was von dir erwartet wird, wenn du aufgefordert wirst, etwas zu erläutern, beschreiben, skizzieren usw., ist hier eine kleine Übersicht für dich zusammengestellt.

Die Arbeitsaufgaben sind in drei Anforderungsbereiche aufgeteilt: Mithilfe der Aufgaben des Anforderungsbereichs I sammelst du Informationen und fasst Sachverhalte zusammen, ohne sie zu kommentieren.

Die Aufgaben des Anforderungsbereichs II fordern dich auf, Informationen nach bestimmten Kriterien zu erschließen, zu sortieren und in einen Zusammenhang zu stellen.

Aufgaben des Anforderungsbereichs III zielen auf die Bildung deines eigenen Urteils, die Prüfung von Aussagen und Sachverhalten und die Diskussion von Argumenten ab.

Anforderungsbereich I

Beschreibe: Du gibst wieder, was du auf einem Bild, in einem Text oder einem anderen Material zu einem Thema erkennen kannst.

Erkundige dich/Informiere dich: Du besorgst dir Informationen zu bestimmten Sachverhalten in von dir selbst gewählten unterschiedlichen Medien (Bücher, Zeitschriften, Zeitungen, Fernsehsendungen, Internetseiten usw.) oder durch Befragen anderer Menschen (Eltern, Lehrer, Fachleute, Zeitzeugen usw.).

Fasse zusammen: Du liest einen oder mehrere längere Texte und gibst den Inhalt in verkürzter Form wieder.

Finde heraus: Du suchst in verschiedenen Texten und Materialien nach Antworten auf Fragen bzw. nach Lösungen bestimmter Probleme und formulierst diese mit deinen Worten.

Gib ... wieder: Du formulierst mit eigenen Worten, was in einem oder mehreren Texten steht.

Liste auf/Stelle zusammen: Du entnimmst einem Text einzelne Informationen und Aussagen und notierst sie in geordneter Form.

Nenne: Du entnimmst einzelne Begriffe und Informationen aus vorgegebenen Texten und Materialien.

Anforderungsbereich II

Analysiere/Untersuche: Du stellst an ein Material oder einen Sachverhalt gezielt Fragen und gelangst dadurch zu begründeten Antworten.

Arbeite heraus: Du liest einen oder mehrere Texte unter einem bestimmten Gesichtspunkt und gibst die wichtigsten Gedanken dazu mit deinen Worten wieder.

Begründe/Weise nach: Du stützt eigene oder fremde Aussagen durch passende Argumente.

Besprecht/Tauscht euch aus: Ihr tauscht in Partner- oder Gruppenarbeit eure Eindrücke von einem Material oder einem historischen Sachverhalt aus.

Charakterisiere: Du führst die wichtigsten Merkmale auf, die eine Handlung, ein Ereignis oder einen Zustand am besten beschreiben.

Erkläre: Du äußerst dich ausführlich zu Abläufen, Ereignissen, Zuständen oder Handlungen und machst dabei Gründe und Zusammenhänge deutlich.

Erläutere: Du stellst Sachverhalte oder Handlungen ausführlich dar. Dabei entscheidest du selbst, was du für besonders wichtig hältst und du demzufolge sehr genau darlegst, was du nur kurz erwähnst oder was du weglassen willst.

Anforderungsbereich III

Beurteile: Du kommst zu einem begründeten Sachurteil, indem du eine Situation, eine Handlung oder ein Ereignis in ihrem historischen Zusammenhang betrachtest.

Bewerte/Nimm Stellung: Du nimmst zu einem historischen Ereignis, einer Handlung oder einer Aussage Stellung und beziehst dabei heutige Sichtweisen und Wertmaßstäbe mit ein.

Diskutiert/Setzt euch auseinander: Ihr tauscht in Partner- oder Gruppenarbeit oder in der ganzen Klasse Meinungen und Argumente zu einer Frage oder einem Problem aus und wägt ab, wie überzeugend diese sind. Ihr könnt am Ende zu einem gemeinsamen Ergebnis kommen, aber auch unterschiedliche Positionen einnehmen.

Erörtere: Du wägst Argumente zu einer Frage oder einem Problem ab und entwickelst auf dieser Grundlage eine eigene Stellungnahme.

Interpretiere: Du deutest und wertest einen historischen Sachverhalt auf der Basis einer genauen Analyse.

Prüfe/Überprüfe: Du vergleichst Informationen aus den Materialien mit vorhandenen Kenntnissen und stellst fest, ob beides übereinstimmt oder sich widerspricht.

Anforderungsbereich I

Anforderungsbereich II

Ordne ein/zu: Du sortierst Informationen (aus Materialien oder Aussagen über Sachverhalte) unter bestimmte Überschriften oder Oberbegriffe.

Stelle gegenüber: Du machst die Unterschiede zwischen verschiedenartigen Informationen, Aussagen oder Sachverhalten deutlich, ohne sie zu bewerten.

Widerlege: Du belegst mit passenden Informationen und Argumenten, dass eine Aussage nicht zutrifft.

Anforderungsbereich III

Stelle dar: Du beschreibst, erklärst und beurteilst einen historischen Sachverhalt in einem weiteren Zusammenhang. Dabei beziehst du eigene Kenntnisse, Quellen und Deutungen anderer mit ein.

Vergleiche: Du stellst unterschiedliche Sachverhalte oder Aussagen gegeneinander und stellst anhand bestimmter Kriterien Übereinstimmungen, Ähnlichkeiten oder Abweichungen fest.

Bei den folgenden Aufgabenstellungen musst du immer bedenken, dass das Denken und Handeln der Menschen und ihre Möglichkeiten ganz andere waren als heute.

Erkundige dich/Informiere dich: Du besorgst dir Informationen zu bestimmten Sachverhalten in von dir selbst gewählten unterschiedlichen Medien (Bücher, Zeitschriften, Zeitungen, Fernsehsendungen, Internetseiten usw.) oder durch Befragen anderer Menschen (Eltern, Lehrer, Fachleute, Zeitzeugen usw.). Anschließend stellst du das Ergebnis in geeigneter Form zusammen.

Schreibe einen Tagebucheintrag: Du vertraust dich nur dem Tagebuch an, kannst also deine ganz persönliche Sicht und deine Gefühle zum Ausdruck bringen, ohne auf andere Rücksicht zu nehmen.

Schreibe einen Brief: Du musst dir genau überlegen, wer der Adressat deines Briefes ist und wie du zu ihm stehst. Der Empfänger des Briefes erwartet, dass du dich klar und verständlich ausdrückst, dass er genau weiß, worüber du ihm schreibst, und er möchte deine Meinung, deine Gedanken und vielleicht auch deine Gefühle erkennen.

Schreibe einen Zeitungsartikel: Du schreibst für ein großes Publikum und kannst nicht ohne weiteres wissen, welche Kenntnisse die Leser haben. Also musst du kurz erläutern, worum es geht. Du möchtest auch deine Meinung zu dem Ereignis oder Sachverhalt darlegen. Um die Leser zu überzeugen, brauchst du gute Argumente. Denke auch daran, dass ein Zeitungsartikel immer eine bestimmte Form hat: Überschrift, vielleicht eine Unterüberschrift oder eine kurze Einführung.

Verfasse eine Rede: Mit einer Rede möchtest du viele Leute von deiner Meinung überzeugen. Du musst alles kurz auf den Punkt bringen und wirkungsvoll begründen. Wenn du deine Rede vorträgst, achte darauf, dass du gut ankommst (Fragestellungen, geschickte Pausen, veränderte Stimmlage usw.).

Gestalte ein Flugblatt/ein Plakat: Du musst deine Botschaften auf wenige aussagekräftige Schlagwörter zusammenfassen. Bilder oder Symbole müssen auf den ersten Blick entschlüsselt werden können. Plakate müssen auch groß genug sein, um von weitem erkannt zu werden.

Führt ein Interview: Fragen und Antworten müsst ihr vorbereiten. Bedenkt dabei sehr genau, was ihr herausbekommen möchtet und was die Menschen, die ihr darstellt, überhaupt wissen konnten.

Literaturtipps

Längsschnitt: Die Beziehungen zwischen den USA und der UdSSR im 20. Jahrhundert

Die Sowjetunion

Däs, Nelly: Das Mädchen vom Fährhaus. Recklinghausen 1988.

Herling, Gustaw: Welt ohne Erbarmen. München 2000.

Lugowskaja, Nina: Ich will leben. Tagebuch aus Moskau 1932–1937. München 2008.

Pristawkin, Anatoli: Wir Kuckuckskinder. Berlin 1991.

Pristawkin, Anatoli: Schlief ein goldenes Wölkchen. Frankfurt a. M. 1994.

Sedgwick, Marcus: Rot wie Blut – Weiß wie Schnee. München 2009.

Die USA

Englert, Sylvia: Cowboys, Gott und Coca-Cola. Die Geschichte der USA. München 2005.

Gercke, Doris: Für eine Hand voll Dollar. München 2001.

Jeier, Thomas: Emmas Weg in die Freiheit. Ravensburg 2009.

Zitelmann, Arnulf: Keiner dreht mich um. Die Lebensgeschichte des Martin Luther King. Weinheim und Basel 1985.

Deutschland nach 1945

Bentele, Günther: Augenblicke der Geschichte. Die Moderne. München 2008.

Bollwahn, Barbara: Der Klassenfeind + ich. Stuttgart 2007.

Dammann, Rüdiger, Plenzdorf, Ulrich (Hrsg.): Ein Land genannt die DDR. Frankfurt a. M. 2005.

Fritsche, Susanne: Die Mauer ist gefallen. Eine kleine Geschichte der DDR. München 2004.

Fuchs, Gerd: Die Amis kommen. Reinbek 1984.

Härtling, Peter: Krücke. Weinheim 1994.

Härtling, Peter: Reise gegen den Wind. Wie Primel das Ende des Krieges erlebt. Weinheim 2003.

Hildebrand, Katja: Zwischen uns die Mauer. Stuttgart 2006.

Kordon, Klaus: Ein Trümmersommer. Weinheim 1994.

Kordon, Klaus: Hundert Jahre und ein Sommer. Weinheim und Basel 1999.

Kordon, Klaus: Frank oder wie man Freunde findet. Weinheim und Basel 1999.

Kordon, Klaus: Der erste Frühling. Weinheim 2003.

Kordon, Klaus: Krokodil im Nacken. Weinheim 2004.

Kordon, Klaus: Julians Bruder. Weinheim 2006.

Lüddemann, Steffen: 50 Hertz gegen Stalin. Düsseldorf 2007.

Maar, Paul: Kartoffelkäferzeiten. Hamburg 2002.

Nöstlinger, Christine: Maikäfer, flieg! Mein Vater, das Kriegsende, Cohn und ich. Weinheim 2001.

Perrey, Hans-Jürgen: Zeitzeugen gesucht. Stuttgart 1988.

Poppe, Grit: Weggesperrt. Hamburg 2009.

Prinz, Alois: Lieber wütend als traurig. Die Lebensgeschichte der Ulrike Marie Meinhof. Weinheim 2003.

Schulze, Ingo: Neue Leben. München 2007.

Schwarz, Manfred: Die DDR – Zwischen Mauer, Trabi und Club-Cola. Hamburg 2009.

Rusch, Claudia: Meine freie deutsche Jugend. Frankfurt a. M. 2005.

Tetzlaff, Michael: Ostblöckchen. Eine Kindheit in der Zone. Berlin 2006.

Vinke, Hermann: Die DDR. Ravensburg 2008.

Vinke, Hermann: Die Bundesrepublik. Ravensburg 2009.

Voorhoeve, Anne C.: Lilly unter den Linden. Ravensburg 2004.

Ziegler, Reinhold: Jenny, die Mauer und die Liebe. Wien 2006.

Politische Wandlungsprozesse in Europa

Almond, David: Feuerschlucker. München 2005.

Fourçans, André: André Fourçans erklärt die Globalisierung. Frankfurt a. M. 2008.

Golan, Shammai: Schatz kommt. München 1999.

Jeier, Thomas: Die Sterne über Vietnam. Wien 2005.

Myers, Walter Dean: Himmel über Falludscha. Köln 2009.

Och, Sheila: Das Salz der Erde und das dumme Schaf. Würzburg 1994.

Weidenfeld, Werner: Europa leicht gemacht. Antworten für junge Europäer. München 2008.

Verzeichnis der Namen, Sachen und Begriffe

Verwendete Abkürzungen:
A = Abbildung; ägypt. = ägyptisch; amerik. = amerikanisch; brit. = britisch; chin. = chinesisch; DDR = Deutsche Demokratische Republik; dt. = deutsch; engl. = englisch; evang. = evangelisch; frz. = französisch; geb. = geboren; K = Karte; kub. = kubanisch; poln. = polnisch; preuß. = preußisch; russ. = russisch; sorb. = sorbisch; sowjet. = sowjetisch; sozialist. = sozialistisch; tschech. = tschechisch/tschechoslowakisch; Ü = Übersicht/Schaubild; vietnam. = vietnamesisch

Hinweise:
→ Verweis auf ein anderes Stichwort
Bei historischen Grundbegriffen, die im Buch in der Randspalte erläutert werden, ist die entsprechende Seitenzahl **halbfett** gesetzt. Bei Herrschern und kirchlichen Amtsträgern sind soweit möglich die Regierungs-/Amtsdaten, bei allen anderen Personen die Lebensdaten angegeben.

Bildquellennachweis

Umschlag unten Picture-Alliance (dpa-Zentralbild / Paul Glaser), Frankfurt; **oben** laif (Thomas Ebert), Köln; **Zeitstrahl.1** Getty Images (Time Life Pictures), München; **Zeitstrahl.2** Axel Springer Syndication GmbH (Beuth), Berlin; **Zeitstrahl.3** Picture-Alliance (dpa/UPI), Frankfurt; **Zeitstrahl.4** Ullstein Bild GmbH, Berlin; **Zeitstrahl.5** akg-images (Heinz Ducklau), Berlin; **Zeitstrahl.6** CCC, www.c5.net (Horst Haitzinger), Pfaffenhofen a.d. Ilm; **Zeitstrahl.7** Picture-Alliance (Hubert Boesl/dpa), Frankfurt; **Zeitstrahl.8** Picture-Alliance (Gail Orenstein / NurPhoto), Frankfurt; **8.re** BPK, Berlin. Karikatur von Henry Meyer-Brockmann, „Simplizissimus", Nr. 20, 1956: „Es wird hier dauernd von Frieden gesprochen – meine Herren, der Friede bin ich!"; **9.re** Titelblatt der Zeitschrift „Krokodil", September 1990; **9.li** Corbis (Ted Streshinsky), Berlin; **11.Q2** akg-images (Universal Images), Berlin; **12.Q4** Getty Images (Margaret Bourke-White/Time & Life Pictures), München; **12.Q3** Getty Images (Hulton Archive), München; **14.Q1** Gilsi, Hannes P. (René Gilsi), St. Gallen; **16.Q3** akg-images (Hilbich), Berlin; **17.Q6** akg-images (Tony Vaccaro), Berlin; **18.Q1** Karikatur aus der Hannoverschen Presse vom 10. Oktober 1947; **19.Q2** Karikatur aus der Zeitschrift „Krokodil", 1950; **20.Q5; 27.Q5** Corbis (Bettmann), Berlin; **20.Q6** Süddeutsche Zeitung Photo (Rue des Archives/Tal), München; **21.Q7** © Bridgemanimages.com, Berlin; **22.Q1** NASA, Washington , D.C.; **22.Q2; 36.Q1** Ullstein Bild GmbH (AP), Berlin; **24.Q1; 38.Q3** Corbis, Berlin; **25.Q2** Solo Syndication (Daily Mail), London; **26.Q3** akg-images (AP), Berlin; **30.D1** ddp images GmbH, defd, Hamburg [Filmplakat zu: Thirteen Days, Regie: Roger Donaldson u.a. mit Kevin Costner]; **32.Q1** H. E. Köhler, Wilhelm-Busch-Gesellschaft e. V., Hannover; **33.Q2** Haitzinger, Horst, München; **35.Q5** Picture-Alliance (dpa / Heinz Wieseler), Frankfurt; **37.Q2** Ullstein Bild GmbH (TopFoto), Berlin; **39.Q4** akg-images (Erich Lessing), Berlin; **40.Q8** Corbis (Alain Keler/Sygma), Berlin; **43.Q2** Vicky (Victor Weisz), London Evening Standard 24.10.1962, Solo Syndication, London; **44.li** Getty Images (Time Life Pictures), München; **44.re** Berliner Mauer-Archiv, Berlin; **45** akg-images (Straube), Berlin; **50.Q7** Getty Images (Margaret Bourke-White), München; **51.Q10** akg-images (Erich Höhne), Berlin; **52.Q1; 66.Q3; 64.Q1; 10.Q1; 69.Q2; 77.Q13; 116.Q1; 60.Q1** akg-images, Berlin; **55.Q2** Solo Syndication, Associated Newspaper Ltd.; **56.Q3** Ullstein Bild GmbH (ADN), Berlin; **58.Q8** Haus der Geschichte, Bonn; **59.Q11** Werbeplakat von Heinz Völkel, Leipzig, 1945; **61.Q2** Deutsches Historisches Museum, Berlin; **63.Q6** Landesarchiv NRW Staats- und Personenstand (LAV NRW OWL, D 81 Nr.1586), Detmold; **67.Q5** Stadtgeschichtliches Museum, Leipzig; **67.Q6** By Kanjawe (Own work) [CC BY-SA 2.1 jp (http://creativecommons.org/licenses/by-sa/2.1/jp/deed.en)], via Wikimedia Commons from Wikimedia Commons; **68.Q1** Szewczuk-Zimmer, Ilona (Mirko Szewczuk), Hamburg; **72.Q1** Axel Springer Syndication GmbH (Beuth), Berlin; **74.Q3; 49.Q3; 57.Q4; 80.Q3; 48.Q1; 62.Q3; 73.Q2; 75.Q6; 91.Q5** Ullstein Bild GmbH, Berlin; **76.Q9** Picture-Alliance, Frankfurt; **77.Q14** CCC, www.c5.net (Fritz Behrendt), Pfaffenhofen a.d. Ilm; **79.Q2** Bundesarchiv, Koblenz, B 145 Bild-P107546, o.Ang.; **81.Q5** Ilona Szewczuk-Zimmer, Haus der Geschichte Bonn; **82.Q7** Wilhelm Busch - Deutsches Museum für Karikatur und Zeichenkunst (Hannover), Karikatur von H. E. Köhler; **84.Q1** Wilhelm Busch - Deutsches Museum für Karikatur und Zeichenkunst (Hannover). © Wilhelm-Busch-Gesellschaft e. V., Hannover; **85.Q2** Ullstein Bild GmbH (Klöppel), Berlin; **86.Q7** CCC, www.c5.net (Blaumeiser), Pfaffenhofen a.d. Ilm; **87.Q8** Haus der Geschichte (Wolfgang Hicks (Künstler)), Bonn; **88.Q1** Picture-Alliance (dpa/UPI), Frankfurt; **89.Q2** Ullstein Bild GmbH (Sakowitz), Berlin; **92.Q1** Uwe Schmid-Fotografie, Duisburg; **93.Q2** Das Fotoarchiv (Klaus Rose), Essen; **93.Q3** Dennis Meadows u.a., „Die Grenzen des Wachstums. Bericht des Club of Rome zur Lage der Menschheit" Copyright für das Cover © Rowohlt Verlag GmbH, Reinbek bei Hamburg; **94.Q4; 83.Q10; 15.Q2** BPK, Berlin; **95.D3; 132.D1** Bergmoser + Höller Verlag (Zahlenbilder), Aachen; **96.Q1; 97.Q2; 42.Q1** Süddeutsche Zeitung Photo, München; **97.Q3** Haus der Geschichte (Heinz Völkel), Bonn; **98.Q5** Süddeutsche Zeitung Photo (Probst), München; **100.Q1** J.H.Darchinger / darchinger.com, Bonn; **101.Q2** BPK (Jochen Moll), Berlin; **103.Q8** Bundesarchiv (Zentralbild / Erich Zühlsdorf /183-58117-0001), Koblenz; **104.Q1** Audi Medienzentrale @ picturesafe media/data/bank, Hannover; **106.Q1** Ullstein Bild GmbH (Hellgoth), Berlin; **107.Q2** Keystone, Hamburg; **108.Q3** Ullstein Bild GmbH (Rondholz), Berlin; **109.Q5** BPK (Manfred Uhlenhut), Berlin; **110.Q8** Deutsches Historisches Museum, Berlin. © VG Bild-Kunst, Bonn 2015 [Erich Gerlach: Weiterbildung und Mütterlichkeit]; **112.Q1** SLUB Dresden / Deutsche Fotothek / Eugen Nosko; **113.Q2** Kurt Tauber / www.kameramuseum.de; **114.Q3** Bundesarchiv (ADN / Zentralbild / Friedrich Gahlbeck / Bild 183-1983-0926-006), Koblenz; **118.Q5** Süddeutsche Zeitung Photo (IMO Fotoagentur), München; **119.Q7** Picture-Alliance (dpa/ DB/Fabrizio Bensch), Frankfurt; **120.Q1** Christine Faust Verlag, Stammbach / www.aloiskuhn.de [Alois Kuhn: Es lebe der Jubel]; **121.Q3; 78.Q1; 117.Q2; 54.Q1; 8.li; 23.Q3; 28.Q9** Ullstein Bild GmbH (dpa), Berlin; **122.re** Picture-Alliance (dpa / Reinhard Kemm), Frankfurt; **122.li** Picture-Alliance (dpa-Bildarchiv), Frankfurt; **123** Picture-Alliance (Bernd Thissen), Frankfurt; **124.Q1** akg-images (Heinz Ducklau), Berlin; **125.Q2** Ullstein Bild GmbH (C.T. Fotostudio), Berlin; **127.Q6; 29.Q10** Ullstein Bild GmbH (Reuters), Berlin; **128.Q1** Klett-

Archiv (Ingrid Mertens), Stuttgart; **130.Q1** Süddeutsche Zeitung Photo (AP), München; **131.Q2** Haus der Geschichte (Jupp Wolter), Bonn; **133.Q9; 126.Q3; 41.Q11** CCC, www.c5.net (Horst Haitzinger), Pfaffenhofen a.d. Ilm; **134.Q1** Becker, Nikolaus, Berlin; **135.Q3** ddp images GmbH, JADIS, Hamburg [Filmplakat zu: „Good bye Lenin!", Regie: Wolfgang Becker, u.a. mit Daniel Brühl, Katrin Sass, Maria Simon]; **135.Q2** Interfoto, IFPAD, München [Filmplakat zu „Go Trabi, Go", Regie: Peter Timm, u.a. mit Wolfgang Stumph, Claudia Schmutzler, Marie Gruber, Dieter Hildebrandt]; **136.Q6** Löster, Heinz, Markkleeberg; **137.Q7** Picture-Alliance (AP Images / Lionel Cironneau), Frankfurt; **137.Q8** Süddeutsche Zeitung Photo (Ex-Press Fotoagentur), München; **138.Q1** Süddeutsche Zeitung Photo (UPI), München; **139.Q2** Haus der Geschichte (Peter Leger), Bonn; **140.Q3** Picture-Alliance (Wolfgang v. Brauchitsch), Frankfurt; **141.D1** Bundeszentrale für politische Bildung, www.bpb.de / Creative Commons by-nc-nd/3.0 - Prof. Dr. Eckart D. Stratenschulte; **142.Q4** culture-images (Photo12), Köln; **144.D3** Bergmoser + Höller Verlag, Aachen; **145.D4** Quelle: Bundeszentrale für politische Bildung, www.bpb.de (2014): Zahlen und Fakten zur Europawahl: Wahlbeteiligung 1979-2014, online abrufbar unter: http://www.bpb.de/188781; **146.Q2** Henniger, Barbara, Strausberg;

Sollte es in einem Einzelfall nicht gelungen sein, den korrekten Rechteinhaber ausfindig zu machen, so werden berechtigte Ansprüche selbstverständlich im Rahmen der üblichen Regelungen abgegolten.

Inhalt des Online-Bereichs

So funktioniert der Geschichte und Geschehen-Code auf www.klett.de

Der Geschichte und Geschehen-Code führt dich zu weiteren Materialien wie zum Beispiel Informationsblättern.
Geh auf **www.klett.de**. Gib dort den Geschichte und Geschehen-Code aus dem Buch in der Suchleiste ein, zum Beispiel **c4n5d8**.

Das Potsdamer Abkommen
c4n5d8